AS CIÊNCIAS SOCIAIS E OS ESPAÇOS DA POLÍTICA NO BRASIL

AS CIÊNCIAS SOCIAIS E OS ESPAÇOS DA POLÍTICA NO BRASIL

ERNESTO SEIDL

IGOR GASTAL GRILL

(ORG.)

Copyright © Ernesto Seidl e Igor Gastal Grill

Direitos desta edição reservados à
EDITORA FGV
Rua Jornalista Orlando Dantas, 37
22231-010 | Rio de Janeiro, RJ | Brasil
Tels.: 0800-021-7777 | 21-3799-4427
Fax: 21-3799-4430
editora@fgv.br | pedidoseditora@fgv.br
www.fgv.br/editora

Impresso no Brasil | Printed in Brazil

Todos os direitos reservados. A reprodução não autorizada desta publicação, no todo ou em parte, constitui violação do copyright (Lei nº 9.610/98).

Os conceitos emitidos neste livro são de inteira responsabilidade do autor.

1ª edição — 2013

Coordenação editorial e copidesque: Ronald Polito
Revisão: Marco Antonio Corrêa e Sandro Gomes dos Santos
Diagramação e capa: Ilustrarte Design e Produção Editorial
Imagem de capa: © J.D.S/Shutterstock.com

Ficha catalográfica elaborada pela
Biblioteca Mario Henrique Simonsen

As ciências sociais e os espaços da política no Brasil / Ernesto Seidl, Igor Gastal Grill (orgs.). — Rio de Janeiro : Editora FGV, 2013.
336 p.

Inclui bibliografia.
ISBN: 978-85-225-1326-0

1. Ciência política. 2. Ciências sociais. 3. Sociologia política. 4. Poder (Ciências sociais). 5. Elites (Ciências sociais). I. Seidl, Ernesto. II. Grill, Igor Gastal. III. Fundação Getulio Vargas.

CDD – 320

SUMÁRIO

CAPÍTULO 1
A política como objeto de estudo das ciências sociais — 7
Ernesto Seidl e Igor Gastal Grill

CAPÍTULO 2
Saberes em movimento: transações entre "intelectuais", definições de ciências sociais e a "política" — 21
Eliana Tavares dos Reis

CAPÍTULO 3
"Em torno do poder": ciência e instituições políticas — 75
Fabiano Engelmann

CAPÍTULO 4
Esfera política e processos de consolidação dos saberes profissionais — 103
Fernanda Rios Petrarca

CAPÍTULO 5
"A arte de resistir às palavras": inserção social, engajamento político e militância múltipla — 141
Wilson José Ferreira de Oliveira

CAPÍTULO 6
Estudar os poderosos: a sociologia do poder e das elites — 179
Ernesto Seidl

CAPÍTULO 7
Especialização política: bases sociais, profissionalização
e configurações de apoios 227
Igor Gastal Grill

CAPÍTULO 8
Representantes políticos, relações pessoais e reputação 279
Marcos Otavio Bezerra

POSFÁCIO 319
Odaci Luiz Coradini

SOBRE OS AUTORES 331

CAPÍTULO 1

A política como objeto de estudo das ciências sociais*

Ernesto Seidl
Igor Gastal Grill

Se o proveito das divisões disciplinares entre as ciências sociais pode ser questionado de um modo geral, não temos dúvida de que no Brasil a ciência política tem sido especialmente pouco beneficiada pela imposição de fronteiras temáticas, esquemas teóricos e abordagens metodológicas canonizados. A repetição de certos autores e temas nas ementas das "disciplinas de política", como se costuma dizer, em cursos de graduação em ciências sociais e áreas afins e, muito em especial, em programas de pós-graduação em ciência política é fato conhecido. Embora válido e produtivo, entrar no detalhe das razões que explicam o relativo autocentramento da disciplina no contexto científico brasileiro não constitui interesse fundamental deste livro. Em vez disso, optamos por expediente diverso. O conjunto de textos que compõem esta obra propõe-se a discutir problemáticas contemporâneas do "fenômeno da política" a partir de ângulos, via de regra, ignorados pelos estudos sob a chancela da ciência política ou pautados por sua agenda.[1]

Apoiadas em pesquisas empíricas recentes e com base em temáticas e em recortes mais ou menos específicos, estas discussões

---

* Este livro contou com apoio financeiro da Fapema e de projetos Capes Procad e Procad-NF.

[1] A proposta deste livro filia-se diretamente a um movimento de renovação dos estudos sobre a *política* no Brasil e é fruto de intensas discussões conduzidas por cientistas políticos, sociólogos e antropólogos alocados em laboratórios e grupos de pesquisa diversos e, em especial, debatidas publicamente em mesas-redondas em reuniões da Associação Nacional de Pós-Graduação em Ciências Sociais (Anpocs) e da Associação Brasileira de Ciência Política (ABCP) entre 2009 e 2012.

procuram enfrentar alguns eixos principais de questões. E o primeiro e mais central desses eixos pode ser resumido na concepção segundo a qual a dimensão política do mundo social não se reduz a atividades, espaços, atores ou racionalidades oficialmente reconhecidos como "políticos". Tal ponto de partida teórico permite, por sua vez, uma série de descentramentos na construção de objetos e no desenvolvimento de enfoques e métodos de apreensão da chamada realidade social e política.

Como não poderia ser diferente, um primeiro descentramento toca em cheio em uma das questões mais controversas das ciências sociais — a racionalidade na ação social. A estratégia adotada pelos autores foi evitar a discussão meramente escolar acerca das recorrentes oposições como materialismo × idealismo, ator × estrutura, sujeito × objeto, material × simbólico, coletivo × individual, consciente × inconsciente etc.[2] A superação das falsas alternativas entre objetivismo e perspectivismo se efetiva nas investigações empreendidas mediante o esforço em contemplar tanto as abordagens que enfocam a posição social dos agentes quanto aquelas que privilegiam interações, concepções, lógicas e processos envolvidos nas tomadas de posição.

Assim, cabe salientar a ênfase que os autores conferem ao peso do patrimônio de recursos sociais dos agentes em diferentes momentos de seus trajetos e em disputas travadas nos mais diversos domínios da vida social, com destaque a informações relativas a seu *background* social e cultural. São privilegiados, por um lado, dados referentes a ocupação, escolarização, características dos ascendentes, geração, gênero, origem geográfica e, por outro lado, também os recursos de liderança acionados em transações com seguidores/aliados e clientelas variadas que permitem observar as ramificações (vínculos horizontais e verticais, densidades de laços interpessoais, configurações de redes, círculos de interconhecimento e inter-re-

---

[2] Um balanço acerca dessas dicotomias nas ciências sociais pode ser encontrado em Corcuff (2001) e em Wacquant e Calhoun (1991). Seus desdobramentos nas análises de fenômenos políticos são discutidos em Palmeira e Goldman (1996), Coradini (1999) e Kuschnir e Carneiro (1999).

conhecimento) e as bases sociais dessas conexões (reciprocidade, capital de relações sociais, amizade, parentesco, etnia, classe social). A relevância dada a essas dimensões de estudo adquire maior destaque em virtude do predomínio na ciência política brasileira de perspectivas que se caracterizam por uma progressiva dessociologização dos objetos. Dito de outro modo, em sua grande maioria as reflexões tendem a adotar um enfoque internalista dos fenômenos políticos, no qual são sublinhadas as chamadas dinâmicas organizacionais ou institucionais, notadamente as regras, normas, recompensas, gratificações e critérios de seleção próprios às instituições examinadas. Os indicadores e as variáveis contemplados reduzem, assim, os universos empíricos aos princípios internos de recrutamento, aos condicionantes visíveis no interior das fronteiras institucionais. Paradoxalmente, tal tratamento é mais condizente com situações sociais e históricas nas quais é possível perceber maior autonomização da esfera política — caso de países centrais —, dado que sequer é mencionado ou problematizado nos debates em voga.

O encaminhamento dos trabalhos em direção às análises chamadas sociográficas, por meio de diversidade de variáveis mobilizadas para captar estruturas compósitas e amalgamadas de recursos multidimensionais, não deve ser confundido, contudo, com reducionismo sociologizante ou mero sociologismo.[3] Nem tampouco com uma adesão irrefletida à rotina científica pela qual os usuários ignoram os pressupostos teóricos e metodológicos de suas escolhas, bem como seus limites.[4] Com efeito, nos textos aqui reunidos as instituições e suas clivagens internas não são tomadas como simples expressão direta de clivagens sociais mais amplas, mas também como responsáveis pelo trabalho político e simbólico de objetivação de grupos e identidades a partir das práticas

---

[3] Ver, em especial, a crítica a essa postura elaborada por Palmeira e Goldman (1996) e Coradini (1999).

[4] Sawicki (1999) aponta uma tendência nesse sentido nos estudos sobre elites políticas.

discursivas e não discursivas dos agentes.⁵ A caracterização social dos protagonistas das arenas em questão (via construção de prosopografias/biografias coletivas, realização de entrevistas em profundidade, aplicação de questionários e observações diretas) não constitui, logo, um fim em si mesmo, mas um meio para compreender estruturas de poder e de dominação mais amplas. Do mesmo modo, ao se lançar mão desse instrumento não está excluída a utilização de dimensões analíticas referentes aos condicionantes institucionais e, especialmente, não se desconhece a necessidade de observar os usos, as reconversões e as apropriações dessas bases sociais como trunfos de lutas políticas em âmbitos específicos (o que exige, obviamente, tratamento mais qualitativo).

Uma segunda dimensão central a informar as perspectivas aqui defendidas reside na incorporação de contribuições da sociologia histórica e da socio-história do político. Ao vislumbrar uma história social do político que permite resgatar as dinâmicas que dão sentido e coerência à vida política,⁶ estas subdisciplinas são essenciais a títulos diversos. Antes de tudo, fornecem as melhores ferramentas para um tratamento da política que não compartilha visões evolucionistas, desenvolvimentistas ou modernizantes, vale dizer, tratam de situar histórica e culturalmente as muito variadas possibilidades de expressão do *fenômeno político* sem pretensões de encaixá-las em algum esquema linear nem, consequentemente, estabelecer avaliações normativas sobre as manifestações da política em diferentes épocas, sociedades e culturas.

Ficam excluídas nessa perspectiva, portanto, visões segundo as quais as formas políticas evoluem de sistemas primitivos ou tribais em direção a sistemas complexos, encarnados por um Estado moderno fundado em princípios democráticos, de cidadania, participação e pluralismo político ou poliarquia. Ou, ainda, concepções que tomam fenômenos como as relações pessoais na política, o clientelismo e a patronagem como evidências de atra-

---

[5] Boltanski (1982), Lacroix (1985) e Sawicki (1999).
[6] Badie (1980), Déloye (1999), Déloye e Voutat (2002).

so, como *ausência* de modernidade/racionalidade ou então como resíduos de um passado já superado. Jacques Lagroye (2005:3) sintetiza a necessidade de ruptura simultânea com ideias de *universalismo* e *racionalidade* na política ao dizer que esta não existiu desde sempre; nem sequer existiu em todos os lugares ou sob a mesma forma. Portanto, cada sociedade alimenta a ordem política com aquilo que ela é, ou seja, com as relações que nela mantêm grupos e indivíduos e com preocupações e crenças dos quais são portadores.

Entre as muitas derivações dessas perspectivas que recusam quaisquer definições *a priori* do que é ou não é política, excluem a possibilidade de uma história universal do político e refutam toda pretensão a julgamentos normativos sobre as práticas políticas, algumas merecem breves comentários.

Em primeiro lugar, ao relativizar as dinâmicas assumidas pelo fenômeno político e optar pela ideia de diferentes *configurações do poder*, o enfoque abre uma série de pistas de investigação sobre as lógicas próprias de constituição e transformação das concepções sobre o político e suas instituições (quando existem), sobre os atores e suas práticas concretas. Assim, numa abordagem da política sensível à história, como sugere Déloye, o estudo da gênese do espaço político ocupa lugar de destaque: gênese das instituições (Estado, burocracia, partidos, movimentos sociais), das categorias de pensamento e de compreensão que dão sentido ao jogo político (direita, centro e esquerda, liberal e conservador, cidadania, civismo), dos rituais, festas e símbolos do poder (campanhas, formas de publicidade e manifestações, cotidiano dos gabinetes e das assembleias, posses, discursos), das atividades e dos atores mais ou menos especializados na política (governantes, assessores, militantes, funcionários, marqueteiros, analistas)...

Como consequência lógica, tal expediente permite que entre em pauta a reflexão quanto ao maior ou menor grau de autonomização da dimensão política e à questão de como os grupos ou os agentes pensam e recortam as atividades políticas. Logo, que se trate de forma não reificada as relações de poder e de dominação, a atuação de grupos sociais variados e os conceitos e categorias que, comumente, são apresentados sob um mesmo rótulo: *a política*.

Essa problemática conduz diretamente a uma segunda derivação trazida pelas abordagens historicizantes do político, a qual encerra uma das questões mais espinhosas aos pesquisadores cujos universos empíricos situam-se em sociedades *periféricas* — como a brasileira —, que são justamente os efeitos de uma condição periférica sobre a dinâmica do social e do político. Em termos genéricos, entra no horizonte de compreensão toda a complexidade dos processos de importação e adaptação de modelos de organização do político evidenciados em sociedades (re)estruturadas a partir do fenômeno de expansão do Ocidente, o qual dá lugar a Estados situados fora do eixo da chamada *dinâmica ocidental*.

Como demonstrado por diversos trabalhos,[7] a situação de dependência dessas sociedades em vários planos implica invariavelmente consecutivos transplantes de conjunto variado de bens simbólicos tais como modelos e instituições de organização do político (Estado-nação, burocracia, partidos, monarquia, presidencialismo, códigos e constituições), filosofias e ideologias sociais e políticas (liberalismo, positivismo, cidadania, democracia, republicanismo). Entretanto, dado que a importação desses bens nunca é acompanhada nem pelos contextos históricos e culturais dos quais são fruto nem, portanto, pelos esquemas e lógicas de consumo desenvolvidos pelos agentes sociais naqueles contextos de origem, trata-se sempre de processos de adaptação de produtos exógenos a situações *sui generis*. São precisamente as condições dessa apropriação (baseada em "traduções" e "deslocamentos") e, sobretudo, os efeitos concretos gerados pelos usos que os produtos importados recebem com base em novas racionalidades que constituem a grande questão a emoldurar aquilo que se classifica como *o político* nessas sociedades.

---

[7] Badie (1986, 1992), Badie e Hermet (1993), Bayart (1989, 1996), Eisenstadt (1973), Faoro (1958), Schmitter (1971), Schwarz (1977), Schwarztman (1988), Trindade (1985).

Em tais contextos *híbridos*, a inexistência de um processo de autonomização e relativa diferenciação entre as diversas esferas sociais, com suas regras de funcionamento, *éthos* e princípios de hierarquização próprios, delineia contornos altamente fluidos de uma esfera política que tende a ser atravessada por múltiplas lógicas ou racionalidades. Para ficar somente em alguns exemplos recorrentes na bibliografia brasileira, pode-se mencionar a clássica problemática do Estado neopatrimonial, o clientelismo em suas várias dimensões, o faccionalismo e o personalismo políticos, as dificuldades no estabelecimento de relações de cidadania, a instabilidade derivada dos problemas de legitimação do poder (militarismo, autoritarismo, populismo, golpismo) ou ainda a grande multiplicidade de princípios de classificação e legitimação em disputa no jogo político.

Tomado pelo ângulo inverso, o fenômeno da baixa diferenciação entre os espaços sociais em sociedades periféricas aparece com força naquilo que Badie e Hermet (1993) chamam de *hiperpolitização* da vida social. Dada a fluidez dos critérios de regulação dos diferentes espaços ou esferas — carreiras/profissões, instituições, artes, religião, cultura e intelectualidade —, a lógica da política tende a servir como trunfo aos agentes sociais nos embates pela ocupação de melhores posições e cargos, pela notoriedade e consagração. O envolvimento com a política através da inserção em redes de relações estruturadas em torno de disputas pelo poder (facções partidárias, clubes, agremiações, sindicatos, corporações, movimentos sociais) e nas burocracias públicas, assim como as tomadas de posição e rupturas daí resultantes funcionam, pois, como estratégia corrente na tentativa de acúmulo de um capital simbólico ativo em diferentes espaços. Invariavelmente, essa interseção que mescla princípios das lutas político-eleitorais, das burocracias do Estado e de carreiras profissionais assenta-se em relações de reciprocidade, fundamentalmente, o clientelismo e a patronagem.[8]

---

[8] Entre outros estudos publicados no Brasil que apontam nessa direção, consultar Anjos (2006), Bezerra (2007), Coradini (1996), Engelmann (2006), Fernandes (2008), Grynszpan (1990), Grill (2007, 2008), Larratea (2004), Miceli (1979, 1996), Oliveira (2008), Pécaut (1990), Petrarca (2009), Quintella (1984), Seidl (2008), Tavares dos Reis (2007).

Como consequência, a condição periférica dos universos empíricos considerados impõe a necessidade de se mobilizarem referenciais capazes de dar conta das relações pessoais que se estabelecem de forma voluntária ou involuntária, que estipulam obrigações difusas ou específicas e que podem configurar alianças simétricas ou assimétricas. Da mesma forma, esses referenciais procuram perceber como se constituem diferentes formas de coalizões sociais ou grupos diádicos não corporados (facções, *cliques*, conjuntos de ação) e a personificação das disputas em voga.[9] Considerando esse arsenal conceitual buscado na tradição anglo-saxônica e tomando distintos cenários da vida social como lócus de investigação, os autores da coletânea grifam a prevalência de uma concepção de política baseada no princípio da reciprocidade e na personificação do capital simbólico. Ambos se mostram associados à centralidade da função de mediação entre domínios variados e entre níveis da hierarquização social, bem como ao princípio de legitimação carismático.[10]

Como ressaltado antes, a fraca autonomização dos espaços sociais e a consequente dependência em relação ao âmbito do poder político e dos centros da vida social em geral (nacionais e internacionais) qualificam os mediadores como especialistas dos jogos políticos, bem como elos de intermediação ou justaposição de lógicas e registros marcados pela multidimensionalidade. A incipiente ou inexistente objetivação de esferas sociais e de princípios específicos de seleção e recrutamento dos porta-vozes, isto é, de mecanismos objetivos e institucionalizados (aparelhos, empresas, diplomas, títulos) que garantam a distribuição desigual e impessoal de ganhos, torna a dominação exigente em termos de investimento na administração de relações pessoais e na demonstração da posse de qualidades políticas e/ou intelectuais que são apresentadas como pessoais ou associadas à "família".

---

[9] Landé (1977), Boissevain (1966, 1974) e Mayer (1977).
[10] Coradini (1999).

Em síntese, a reflexão coletiva aqui proposta está fundamentada em investigações que lançam mão de noções tais como *trajetória* e *estratégia* visando a evidenciar o trabalho ativo de agentes e de ações sociais sobre a chamada *política*. Do mesmo modo, são destacados os papéis de diferentes grupos sociais na construção de modalidades práticas e simbólicas de intervenção política, associando-as às propriedades sociais dos agentes e às representações coletivas que contribuem para a própria existência desses grupos sociais. Em outros termos, as ênfases de análise recaem sobre os espaços de hierarquização e distinção mediante o exame de recursos, práticas e princípios de legitimação considerados de maneira relacional e multidimensional (ligados aos diferentes domínios sociais). À importância da discussão em torno das referidas dimensões de análise conjuga-se a oportunidade de interlocução entre pesquisadores que matizam as fronteiras flutuantes que definem e redefinem o que é a "política", seus mecanismos de desencastramento em relação ao "social" e suas apropriações (definições e sentidos atribuídos). Como consequência, propõe-se cotejar tais enfoques com a agenda hegemônica da ciência política e evidenciar a importância das interfaces com a sociologia histórica do político e com a antropologia da política.

A agenda de pesquisas apresentada, todavia, não se afasta de temas canônicos da ciência política, como o "Estado", as "instituições", a "participação política", os "políticos profissionais", as "profissões" compatíveis com a atuação política, os "intelectuais", o "clientelismo", a "corrupção", as "elites". O viés compartilhado pelos autores é que desloca, por um lado, as questões formuladas do terreno normativo, prescritivo, crítico ou apologético para uma discussão em torno de esquemas analíticos e da explicitação dos seus fundamentos teórico-metodológicos e, por outro lado, do tratamento reificante ou substancializante para o modelo de processo e de interdependências.

Por fim, gostaríamos de destacar que, além da crença na unidade epistemológica das ciências sociais, outra preocupação une os investigadores que conceberam este livro. Ela diz respeito à própria concepção de fazer e ensinar as três disciplinas das ciências sociais. Tal concepção partilha do princípio que situa "teoria" e "prática" científicas sob o mesmo teto ou, ainda, que toma a teoria como práxis. Afasta-se, portanto, de tradições manualescas e teóricas de transmissão do saber sobre o mundo social — ainda correntes nas universidades — e se preocupa, em vez, com as condições de aquisição concreta de ferramentas que permitam ao estudante e ao jovem pesquisador apreender o mundo social de um modo específico ao cientista do social.

No plano do ensino, entra em conta a exigência (algo trabalhosa) de produzir programas e atividades didáticas fundamentalmente a partir de, e apoiados em, material oriundo de pesquisas empíricas variadas, clássicas e contemporâneas, próprias e de outros estudiosos. Um ensino pelo exemplo, em que comentários e demonstrações de casos ocupam mais espaço do que abordagens genéricas, exposições de correntes, "escolas" ou de nomes sagrados. No plano da prática de pesquisa, tem-se o desafio complicado de confrontar constantemente os esquemas teórico-metodológicos já adquiridos com novos achados e novos objetos empíricos. A aplicação desse princípio da reflexividade teórica não está desvinculada, assim, de uma ruptura com temáticas de estudo consagradas por agendas de pesquisa fixadas pelo *mainstream* acadêmico. No caso específico da ciência política brasileira, como sabido, uma agenda altamente enrijecida pela adoção de vertentes teóricas como o neoinstitucionalismo e a teoria da escolha racional.

REFERÊNCIAS

ANJOS, J. C. G. dos. *Intelectuais, literatura e poder em Cabo Verde*: lutas de definição da identidade nacional. Porto Alegre: EDUFRGS, 2006.

BADIE, B. *L'Etat importé*: essai sur l'occidentalisation de l'ordre politique. Paris: Fayard, 1992.

_____. *Le développement politique*. Paris: Economica, 1980.

_____. *Les deux Etats*. Paris: Fayard, 1986.

____; HERMET, G. *Política comparada*. México: Fondo de Cultura Económica, 1993.

BAYART, J.-F. *L'Etat en Afrique*. La politique du ventre. Paris: Fayard, 1989.

____ (Org.). *La greffe de l'Etat*: les trajectoires du politique. Paris: Karthala, 1996.

BEZERRA, M. O. Modalidades de interação e visões sobre os poderes públicos. *Tomo*, n. 11, p. 123-138, 2007.

BOISSEVAIN, J. *Friends of friends*: networks, manipulators and coalitions. Oxford: Blackwell, 1974.

BOISSEVAIN, J. Patronage in Sicily. *Man*, v. 1, n. 1, p. 18-33, mar. 1966.

BOLTANSKI, L. *Les cadres*: la formation d'un groupe social. Paris: Minuit, 1982.

CORADINI, O. L. A extração social dos candidatos: as eleições de 1990 e de 1994 no Rio Grande do Sul. *Cadernos do Nuap*, p. 1-80, 1999.

____. "Grandes famílias" e elite profissional na medicina no Brasil. *História, Ciências, Saúde — Manguinhos*, v. III, n. 3, p. 425-466, 1996.

CORCUFF, P. *As novas sociologias*: construções da realidade social. Bauru: Edusc, 2001.

DÉLOYE, Y. *Sociologia histórica do político*. Bauru: Edusc, 1999.

____; VOUTAT, B. (Org.). *Faire de la science politique*: pour une analyse socio-historique du politique. Paris: Belin, 2002.

EISENSTADT, S. *Traditional patrimonialism and modern neo-patrimonialism*. Beverly Hills: Sage, 1973.

ENGELMANN, F. *Sociologia do campo jurídico*: juristas e usos do direito. Porto Alegre: Sérgio Antônio Fabris Editor, 2006.

FAORO, R. *Os donos do poder*: formação do patronato brasileiro. Porto Alegre: Globo, 1958.

FERNANDES, L. M. S. de M. *O Estado aos cinemanovistas*: inserção em redes sociais e multiposicionalidade. Tese (doutorado em ciência política) — Instituto de Filosofia e Ciências Humanas, Universidade Federal do Rio Grande do Sul, 2008.

GRILL, I. G. "Família", direito e política no Rio Grande do Sul: os usos do parentesco e dos títulos escolares no exercício do *métier*. *Tomo*, v. 10, p. 85-111, 2007.

_____. Processos, condicionantes e bases sociais da especialização política no Rio Grande do Sul e no Maranhão. *Revista de Sociologia e Política*, v. 30, p. 65-87, 2008.

GRYNSZPAN, M. Os idiomas da patronagem. *Revista Brasileira de Ciências Sociais*, v. 14, n. 5, p. 73-90, out. 1990.

KUSCHNIR, K.; CARNEIRO, L. P. As dimensões subjetivas da política: cultura política e antropologia da política. *Estudos Históricos*, v. 13, n. 24, p. 227-250, 1999.

LACROIX, B. Ordre politique et ordre social: objectivisme, objectivation et analyse politique. In: GRAWITZ, M.; LECA, J. (Dir.). *Traité de science politique*. La science politique; L'ordre politique. v. 1. Paris: PUF, 1985.

LAGROYE, J. (Org.). *La politisation*. Paris: Belin, 2005.

LANDÉ, C. H. Group politics and dyadic politics: notes for a theory. In: SCHMIDT, S. W. et al. (Ed.). *Friends, followers and factions*. A reader in political clientelism. Berkeley: University of California Press, 1977. p. 506-509.

LARRATEA, M. G. *Representações sociais, atores e interesses*: a formação das políticas públicas em habitação no Rio Grande do Sul (1999-2002). Dissertação (mestrado em ciência política) — Instituto de Filosofia e Ciências Humanas, Universidade Federal do Rio Grande do Sul, 2004.

MICELI, S. *Imagens negociadas*: retratos da elite brasileira (1920-40). São Paulo: Companhia das Letras, 1996.

_____. *Intelectuais e classe dirigente no Brasil (1920-1945)*. São Paulo: Difel, 1979.

OLIVEIRA, W. J. F. de. Gênese e redefinições do militantismo ambientalista no Brasil. *Dados*, v. 51, p. 751-777, 2008.

PALMEIRA, M.; GOLDMAN, M. Apresentação. In: _____; _____ (Org.). *Antropologia, voto e representação política*. Rio de Janeiro: Contracapa Livraria, 1996.

PÉCAUT, D. *Os intelectuais e a política no Brasil*: entre o povo e a nação. São Paulo: Ática, 1990.

PETRARCA, F. R. Atuação profissional, recursos políticos e padrões de investimento no jornalismo no RS. *Estudos de Sociologia*, v. 14, p. 169-189, 2009.

QUINTELLA, M. M. D. Cultura e poder ou Espelho, espelho meu: existe alguém mais culto do que eu? In: MICELI, S. (Org.). *Estado e cultura no Brasil*. São Paulo: Difel, 1984. p. 113-134.

REIS, E. T. dos. A "arte" da intervenção política: carreiras e destinos de protagonistas que "lutaram contra a ditadura" no Rio Grande do Sul. In: CORADINI, O. L. (Org.). *Estudos de grupos dirigentes no Rio Grande do Sul*: algumas contribuições recentes. Porto Alegre: EDU-FRGS, 2008. p. 43-60.

REIS, E. T. dos. *Contestação, engajamento e militantismo*: da luta contra a ditadura à diversificação das formas de intervenção política no RS. Tese (doutorado em ciência política) — Instituto de Filosofia e Ciências Humanas, Universidade Federal do Rio Grande do Sul, Porto Alegre, 2007.

SAWICKI, F. Classer les hommes politiques. Les usages des indicateurs de position sociale pour la compréhension de la professionnalisation politique. In: OFFERLÉ, M. *La profession politique XIX-XX siècles*. Paris: Éditions Belin, 1999. p. 135-170.

SCHMIDT, S. W. et al. (Ed.). *Friends, followers and factions*. A reader in political clientelism. Berkeley: University of California Press, 1977. p. 43-54.

SCHMITTER, P. *Interest conflict and political change in Brazil*. Stanford: Stanford University Press, 1971.

SCHWARZ, R. *Ao vencedor as batatas*: forma literária e processo social nos inícios do romance brasileiro. São Paulo: Duas Cidades, 1977.

SCHWARZTMAN, S. *Bases do autoritarismo brasileiro*. Rio de Janeiro: Campus, 1988.

SEIDL, E. Elites militares, trajetórias e redefinições político-institucionais (1850-1930). *Revista de Sociologia e Política*, v. 16, p. 199-220, 2008.

TRINDADE, H. Bases da democracia brasileira: lógica liberal e práxis autoritária (1822/1945). In: ROUQUIÉ, A.; LAMOUNIER, B.; SCHVARZER, J. (Org.). *Como renascem as democracias*. São Paulo: Brasiliense, 1985.

WACQUANT, L.; CALHOUN, C. Interesse, racionalidade e cultura. *Revista Brasileira de Ciências Sociais*, v. 6, n. 15, p. 76-93, fev. 1991.

CAPÍTULO 2

Saberes em movimento: transações entre "intelectuais", definições de ciências sociais e a "política"

Eliana Tavares dos Reis

INTRODUÇÃO

Os estudos sobre "intelectuais" não raro percorrem questões relacionadas à emergência dessa categoria social; ao papel político e histórico que exercem ou deveriam desempenhar; às ideias ou pensamentos que produzem; às formas de apropriação e recepção de suas elaborações; aos efeitos que engendram em termos de construção de representações sobre o mundo social; à sua composição social; entre outras. A ênfase da discussão que segue recai sobre algumas possibilidades de tratamento do universo dos produtores de bens simbólicos, de sua produção, dos objetos de disputa que os animam e dos instrumentos (recursos e estratégias) que utilizam no sentido de conquistar ou manter determinadas posições em dadas condições históricas e sociais de concorrência.

Segundo Christophe Charle (2001), uma das particularidades de se investigar esse objeto histórico (os "intelectuais") é levar em conta que ele engloba aquilo e aquele que o estuda. Vale sublinhar a relevância da *sociologia dos intelectuais*, mormente para se detectar as injunções que o próprio campo das ciências sociais cria para suas concepções e práticas legítimas. Injunções essas que, mais ou menos rígidas, não necessariamente se traduzem na existência de um campo sociológico relativamente autônomo, mas podem significar imposições de princípios de hierarquização produzidos na intersecção (legítima e valorizada) com distintos domínios sociais. É importante desde já indicar que a defesa persistente de um tipo de sociologia independente o tanto que possível das exigências do campo do poder e com seus critérios específicos de apreciação e consagração, tal como assumida aqui, traz a marca das tentativas de afirmar identidades e posições indissociavelmente científicas e sociais desde a periferia das próprias ciências sociais brasileiras.

Na França, desde a década de 1980, os estudos sobre os "intelectuais" têm seguido basicamente em duas direções: na perspectiva da *história política*, em que as análises privilegiam seus posicionamentos em condições históricas singulares, sobretudo nas situações de crise política; e na abordagem que liga história social e sociologia, buscando perceber as tomadas de posição, mediante o exame das modalidades de expressão e os condicionantes das posições ocupadas por agentes inscritos num dado campo de forças (Matonti e Sapiro, 2009). Essa segunda via é tributária das pesquisas e reflexões de Pierre Bourdieu, e é nela que o presente texto trafega.

Nos termos de Pierre Bourdieu (1984, 1989a), o tratamento de um espaço do qual o próprio pesquisador participa representa uma forma dramatizada de recolocar alguns obstáculos epistemológicos. Desse mesmo modo, se faz imperativo não ceder ao enfoque meramente *externalista*, amparado basicamente na determinação de fatores sociais ou históricos mais amplos, ou *internalista*, que se atém restritamente ao conteúdo das obras ou a uma ideia de autor absoluto (Bourdieu, 1980). Antes que apenas apreciar práticas e representações ou somente tentar combinar "contexto" e "texto", trata-se de relacioná-los aos constrangimentos estruturais que amoldam as "interações e a representação que delas possam ter os agentes que lhe dão existência" (Bourdieu, 1992:82).

Mais precisamente direcionado ao campo cultural, Bourdieu (2004) ressalta:

> (...) consiste em supor que, entre esses dois polos [externalista e internalista], muito distanciados, entre os quais se supõe, um pouco imprudentemente, que a ligação possa se fazer, existe um

universo intermediário que chamo o campo literário, artístico, jurídico ou científico, isto é, o universo no qual estão inseridos os agentes e as instituições que produzem, reproduzem ou difundem a arte, a literatura ou a ciência. Esse universo é um mundo social como os outros, mas que obedece a leis sociais mais ou menos específicas. (Bourdieu, 2004:20)

Tendo em vista o referencial analítico seguido, é necessário considerar que há diferentes planos que aparecem articulados em pesquisas que percorrem o mesmo caminho, quais sejam: a adoção de um modelo de apreensão que orienta o empenho na reflexividade como condição de controle epistemológico e de pôr em questão as razões práticas e os imperativos da razão científica que agem sobre o pesquisador e através dele sobre o mundo social; a investigação de uma economia das trocas simbólicas que abarca as representações (em disputa) e os condicionantes (sociais e históricos) da própria prática das ciências sociais e de seus princípios de hierarquização (na qual o pesquisador inevitavelmente está posicionado); as condições de exercício e de interpelação da análise sociológica sob o estado vigente do espaço intelectual.

Esses níveis se traduzem, pois, na capacidade do sujeito da pesquisa de situar-se no jogo do qual possui o domínio prático das regras e lógicas de funcionamento, o que, por sua vez, lhe permite não somente captar com maior "perspicácia" o que está em jogo, como, por esse intermédio, aumentar suas chances de subvertê-lo; na potencialidade analítica do modelo científico que se fundamenta na ruptura com formas monolíticas de análise, como aquelas dicotomizadas em estudos de cunho externalistas ou internalistas e aquelas baseadas em monoteísmos metodológicos; e na força explicativa de se levar em conta o grau de autonomia ou heteronomia que caracteriza as distintas fases de constituição dos espaços das relações de forças entre agentes e grupos, cujas posições e tomadas de posição podem ser definidas, respectivamente, por critérios e recursos de poder próprios a esses domínios ou múltiplos (vindos de outros espaços dominantes).

Nessa direção, traça-se um programa de pesquisas, dimensões, metodologias e problemáticas pertinentes às ciências sociais que são, ao mesmo tempo, um arsenal na disputa pela imposição de sua definição e de seus porta-vozes legítimos. Ou seja, as condições de exercício das ciências sociais efetivamente como ciência (relativamente autônoma), como proposta "alternativa" (de caráter multidimensional), somente emergem, paradoxalmente, mediante a mobilização do conhecimento como recurso de luta (por reconhecimento) que a própria sociologia disponibiliza. Em suma, não é possível dissociar o que é condição para o exercício da ciência social do que é condição para a existência de posições e especialistas autorizados a falar e que se defrontam em seu nome.

Essas pontuações assumem cores ainda mais candentes quando se está recorrendo a um esquema analítico construído com base em um conjunto de condições intelectuais, escolares e institucionais discrepantes daquele no qual estão situados os esforços de apropriação. Sem deixar de mencionar que as fundamentações epistemológicas e conceituais "decorrem de estratégias de reelaboração e reformulação nos confrontos entre diferentes concepções de ciências sociais vigentes e (...) de sua posição específica ao tentar enfrentar a 'agenda de problemas' subjacentes" (Coradini, 1996:208). E tal "agenda de problemas" parte "do conjunto de avanços e problemas então existentes. O que ocorre de novidade é a forma de repor estes problemas em novas bases, a partir de uma posição específica nestes confrontos" (Coradini, 1996:208).

Conjugam-se a isso duas tendências opostas. Por um lado, o uso metafórico ou frouxo de noções como as de *campo*, *capitais* e *habitus* com pretensões muito mais de distinção erudita do que de operacionalização de pesquisa. Por outro lado, numa versão mais sofisticada, a importação da problemática relativa à maior ou menor autonomia dos campos sociais, sem valer-se de mediações de análise mais nuançadas para o exame das dinâmicas extraocidentais. Em que pese a distância dos autores e dos posicionamentos que recorrem a esses usos, há uma espécie de instrumentalização do esquema analítico como trunfo de distinção e afirmação intelectual, logo, de uma concepção de intelectual que se especializa no ofício sociológico da qual, talvez, muito poucos escapem. Quer dizer, é preciso ter ainda mais cautela e atenção para não proceder a uma mera importação direta desses modelos de análise e, também, de seus debates e embates sintetizados no uso irreflexivo e pouco dinâmico de determinadas oposições binárias (Coradini, 2008). Alerta consonante com a proposta de sistematizar alternativas analíticas e metodológicas de tratamento das lógicas e estratégias acionadas por agentes em interação e competição por princípios legítimos de dominação no espaço social, de um modo geral, e cultural, de um modo mais específico.

Tendo em mente tais armadilhas, é possível realçar os ganhos analíticos do referencial proposto por Bourdieu. Entre as vantagens, sublinham-se aquelas apontadas por Anna Boschetti (2006) no que diz respeito à adoção do *olhar bifocal* que atenta tanto para as *estruturas objetivas* como para a *dimensão subjetiva* que constituem a "realidade" dos fenômenos sociais; o investimento numa *dupla historicização* tanto dos conceitos e pontos de vista autóctones como do próprio pesquisador que tende irreflexivamente a operar classificações sobre o mundo social conforme suas categorias mentais; e a possibilidade de apreensão das "condições propícias para a mudança" quando se observa o confronto entre ortodoxias (interesses em manter a ordem que legitima seu poder) e heresias (ambições de modificar essa ordem, valorizando seus próprios recursos de poder). A autora ainda ressalta que "a reflexão sobre o funcionamento do campo científico levou Bourdieu a reconhecer muito cedo a importância de uma política de internacionalização da pesquisa como 'recursos contra os poderes temporais nacionais, sobretudo nas situações de fraca autonomia'" (Boschetti, 2006:488).

É inquestionável a centralidade da questão sobre a maior ou menor autonomia (ou heteronomia) dos campos sociais no debate científico e político suscitado nos trabalhos de Bourdieu, sua equipe e cientistas sociais (de diferentes nacionalidades) interpelados pelo potencial explicativo do esquema em pauta.

Os "intelectuais" ocupam posição central nas transações culturais como importadores/exportadores de modelos de pensamento, de instituições, de valores etc. São, ao mesmo tempo, produtores e "contrabandistas" por excelência de conceitos, interpretações, temáticas, objetos de luta etc., num trabalho de constante invenção de sua posição específica e de tentativa de acúmulo de recursos autônomos de poder (Badie, 1992:158) em oposição ou cooperação com outras "elites dominantes" (Charle, 1987). Sendo, portanto, importante considerar essa dimensão das transações que ocorrem internamente num mesmo espaço nacional: entre diferentes realidades regionais, ou entre campos sociais, ou entre diferentes "elites" no âmbito de um mesmo campo social; e externamente: entre diferentes configurações nacionais, ou num espaço internacional (e as diferentes combinações possíveis entre elas).

O presente texto pretende articular a discussão analítica a aplicações práticas, procurando tocar em alguns aspectos considerados relevantes das questões pontuadas acima. Para isso, o capítulo divide-se em três seções. Na primeira seção se enfatizam as trocas culturais e a interferência dos intelectuais na invenção das tradições nacionais; na segunda são abordados os diferentes vínculos, definições e modalidades de intervenção decorrentes das relações entre os "intelectuais" e a "política"; e na última a reflexão recai sobre como as ciências sociais brasileiras refletem concepções (importadas) de "intelectuais" e "experts".

TRANSAÇÕES CULTURAIS E A INVENÇÃO DAS TRADIÇÕES NACIONAIS

Bourdieu (2009) propôs uma reflexão sobre as condições sociais de circulação internacional das ideias, enfatizando o potencial político e analítico de se perceber a produção desse lugar de produção (e circulação) que extrapola o arbitrário das fronteiras nacionais. Político, porque combina a descrença no *laissez-faire* das trocas internacionais em matéria de cultura, que levaria frequentemente a "fazer circular o pior e a impedir o melhor de circular", com uma convicção de cientista de que, quando se conhecem os mecanismos sociais, ampliam-se as chances de dominá-los. E, por isso, o sociólogo apostava[1] na "importância de um programa de pesquisa científica europeia sobre as relações científicas europeias" (Bourdieu, 2009:29).

Analítico, porque suscita interrogações primordiais para se pensar sobre as transferências culturais ou trocas internacionais e transpor os entraves decorrentes de fatores estruturais criadores de equívocos raramente levados em conta nas apropriações de modelos alienígenas. Em primeiro lugar, é necessário lembrar que "os textos circulam sem seu contexto", ou seja, estão desconectados do "campo de produção do qual são o produto", o que permite aos receptores tomá-los orientados pela estrutura do campo no qual estão inscritos (Bourdieu, 2009:30). Deste modo, "o sentido e a função de uma obra estrangeira são determinados tanto pelo campo de acolhida quanto pelo campo de origem, sendo que, mais comumente, a função e o sentido do campo de origem são ignorados" (Bourdieu, 2009:30). Em segundo lugar, Bourdieu organiza três momentos que devem ser observados no trabalho de "transferência de um campo nacional a outro": 1) as *operações de seleção*, que levam à pergunta, por exemplo, sobre quem traduz? Quem publica? O que traduz? O que publica?; 2) as *operações de etiquetagem* da obra operadas por editoras, tradutores, prefácios (nesses últimos, o autor "apresenta a obra se apropriando e a anexando a sua própria visão" sobre ela ou, ao menos, ele oferece uma interpretação colada na "problemática inscrita no campo de acolhida" e "raramente se empenha no trabalho de reconstrução do que está em jogo no campo de origem"); e 3) a *operação de leitura* na qual

---

[1] O texto em questão foi produzido por ocasião da conferência de inauguração do Frankreich-Zentrum da universidade de Friburgo, centro que foi estimulado por Bourdieu na sua relação com Joseph Jurt. Ver mais detalhes desse vínculo na entrevista concedida por Jurt a Gustavo Sorá (2009).

os "leitores aplicam à obra as categorias de percepção e de problemáticas que são o produto de um campo de produção diferente".[2]

O referido texto de Pierre Bourdieu (2009) foi republicado em coletânea organizada por Gisèle Sapiro (2009a), intitulada *L'espace intellectuel en Europe: de la formation des États-nations à la mondialisation (XIX-XX siècle)*, que parece ser mais um investimento (entre outros que estão em voga) no sentido da retomada e sustentação do lugar central da Europa na definição das profissões intelectuais e suas formas legítimas de intervenção, em oposição à hegemonia norte-americana e aos poderes temporais em tempos de "mundialização". A autora conclama que:

> (...) se os intelectuais europeus têm um papel a jogar, é aquele de defender a autonomia do pensamento crítico conquistado historicamente por essa região do mundo, e constantemente ameaçado pelas forças temporais. Da introdução de métodos de administração do ensino e da pesquisa, às diferentes formas de censura exercidas pelos grandes grupos de comunicação, essa autonomia está hoje em perigo. O espaço intelectual europeu poderia oferecer um lugar onde se organizaria a resistência coletiva a esse perigo. (...). Mas a defesa de sua autonomia não dispensa um retorno reflexivo e crítico sobre o seu funcionamento; os saberes que produz; os interesses que podem servir; os valores que veiculam; as questões que excluem. (Sapiro, 2009a:25)

Nessa circunstância, Sapiro (2009a) defende a adesão à perspectiva comparativa para melhor empreender uma análise estrutural do sistema mais amplo de relações nas quais estão inseridas as dinâmicas específicas. Assim, para ela, é necessário proceder a uma "ruptura com o nacionalismo metodológico que continua a

---

[2] Para uma aplicação primorosa de dimensões como estas, ver o estudo de Mário Grynszpan (1999) sobre os chamados teóricos das elites. O autor examina as trajetórias sociais de Gaetano Mosca e Vilfredo Pareto, situando as condições de circulação e de reinvenção das suas formulações que contribuíram para a afirmação intelectual e política desses fundadores de uma "genealogia consagrada".

prevalecer na história intelectual" para reforçar a dimensão comparativa entre Estados nacionais (Sapiro, 2009a:10). O que não significa dizer que não seja imprescindível a "reconstituição minuciosa dos espaços de referência" (Sapiro, 2009a:12), uma vez que "o espaço internacional se constrói historicamente a partir das estruturas nacionais, e ele pode ter por efeito tanto o de reforçar as especificidades nacionais quanto o de desnacionalizar as práticas de pesquisa" (Heilbron, 2009:310).

Johan Heilbron (2009) preocupa-se em levar a sério a questão das "tradições nacionais" nas ciências sociais, uma vez que em muitos lugares estas nascem como uma "ciência de governo", isto é, como produtoras de "saberes administrativos e políticos ao serviço dos estados nacionais emergentes" (Heilbron, 2009:306). Dessa forma, antes da afirmação das ciências sociais como disciplina universitária no século XX, conquistando condições profissionais para garantir a produção de conhecimento com relativa autonomia em face da demanda estatal, elas tinham seus saberes pautados pela relação com os Estados. Além disso, as próprias formas de sua institucionalização foram condicionadas pelo "papel central das estruturas estatais", o que sugere a pertinência de se "comparar a estrutura política das ciências sociais conforme os países e, mais singularmente, considerar os efeitos do grau de centralização ou de descentralização dos estados nacionais" (Heilbron, 2009:307).

Tarefa extremamente difícil quando as próprias ciências sociais contribuem para a existência dos estados, das nações e devem parte da sua existência às adesões inconscientes ao mundo social e à busca da solução dos "problemas sociais" (Bourdieu, 1996a). Exigem que o olhar comparativo leve em conta "a forma que assume a demanda social de conhecimento do mundo social (...), sobretudo nas burocracias de estado", assim como "o grau de autonomia do sistema de ensino e do campo científico em relação às forças econômicas e políticas dominantes" (Bourdieu, 1996a:97).

Independência intelectual e prática do espírito crítico se constituem em condições indispensáveis, sendo, portanto, mais bem desenvolvidas as ciências sociais em realidades históricas que contaram com o assentamento de princípios de liberdades de opinião e expressão (ou os chamados "direitos civis"). O que, de certo modo, já pode indicar a fraca institucionalização e autonomia intelectual no âmbito das ciências sociais em países da América Latina em que a expansão dessas áreas de conhecimento ocorre, paradoxalmente, durante regimes ditatoriais, com incentivos de organizações internacionais (principalmente americanas).

Sem diferenciar fases históricas, uma questão que se propõe para configurações como a brasileira é sobre as estratégias de importação/exportação de modelos estrangeiros tendo em vista a hierarquização das "tradições nacionais", ou seja, nos marcos das relações entre centro e periferia na configuração internacional. Uma contribuição importante nesse sentido foi a oferecida por Bertrand Badie e Guy Hermet (1993) e Badie (1992), que descreveram, justamente, a especificidade da *dinâmica ocidental* e o sucesso das estratégias universalistas ou de universalização do modelo europeu, comprovado, notadamente, por sua fixação como "fonte de inspiração" privilegiada por "demandadores" provenientes de países periféricos. Interessados em "aperfeiçoar", "modernizar", "mundializar" ou *reinventar* instituições, valores, posições etc., *de* ou *em* seus países de origem, os porta-vozes "terceiro-mundistas" buscam, enfim, redefinir o que se joga em suas fronteiras. É claro que o resultado destas *estratégias de importação* não é uma reprodução das estruturas políticas, culturais, econômicas, religiosas etc. do centro na periferia.

Observa-se que Bourdieu (2009) destacava a circulação internacional das ideias na Europa e apontou dimensões que se referem à recepção das obras. Badie e Hermet (1993), por seu turno, estão problematizando uma dinâmica mais ampla de transação de modelos culturais entre países dominantes e dominados conduzidas por agentes habilitados a ativá-las.

O processo de ocidentalização remete muito mais à afirmação dos modelos centrais como ponto de referência, como fontes ideais, dos quais as *dinâmicas órfãs* não conseguem fugir. Na batalha imperialista pelo *monopólio da dominação legítima do mundo*

(Bourdieu, 2003), a eficácia na afirmação de "padrões particulares como padrões universais" é tanto maior quanto menos são percebidos como imposições pelos dominados, o que é proporcionado pela existência de homologias estruturais entre os dois polos da dominação (Dezalay e Garth, 2000).

É relevante, por um lado, detectar as formas políticas tradicionais de legitimação, as estratégias a fim de objetivar posições e os valores acionados para isso. E, por outro lado, apurar as condutas oposicionistas e a forma como interpretam e transformam em objeto de disputa projetos de inovação política. Os importadores e os objetos selecionados (símbolos, modelos, tecnologias, noções etc.) dificilmente se impõem sem que sejam adequados aos códigos próprios (ou *tradicionais*) da dinâmica na qual buscam ser aplicados. Processo este que, somado às interferências das disputas internas (entre domínios, forças, "grupos" ou "personalidades") — que pode ser resultado ou ter estimulado as estratégias de importação —, promove deslocamentos dos sentidos, dos formatos, das representações e das posições dos agentes que conformam esta mistura de elementos *endógenos* e *exógenos*.

No que tange às estratégias de importação de modelos políticos ocidentais, em primeiro lugar, não necessariamente elas são movimentos desencadeados por "decisões mais ou menos forçadas dos atores (...). [os movimentos] resultam frequentemente de um efeito de composição de escolha, de processos sociais e políticos que nenhum ator controla diretamente e no qual a realização é tanto mais irreversível" (Badie, 1992:145). Em segundo lugar, elas desencadeiam "processos tanto mais diferenciados das nações ocidentais porquanto o amálgama de modelos externos e sua adequação às realidades internas acabam constituindo realidades insólitas" (Anjos, 1998:22). Logo, mediante uma sociologia da transação de modelos culturais, é possível debruçar-se sobre o "jogo de imposição de novas classificações e princípios de identidade que se expressa nos diferentes estados do campo político e intelectual local" (Anjos, 1998:6). Por esse intermédio, desvendam-se os princípios subjacentes, os recursos de sustentação e as estratégias acionadas pela "elite" cultural estabelecida, acima de tudo os investimentos dos "intelectuais" visando conquistar ou manter posições de poder.

Nesta dinâmica, os "intelectuais" chamam para si a função de intermediários políticos, portanto, mesclam suas lutas no espaço de produção cultural (leitura de "sentimentos" difusos na população) com as atribuições relacionadas ao destino dos seus países (harmonização e indicação de rumos para a "nação"). Estamos diante daquilo que Sigal (2002) nomeou como *campo cultural periférico*, pois os porta-vozes da cultura estruturam suas lutas por duas referências externas e interligadas: a legitimação pela razão universalista (buscada no Ocidente) e o papel de intérpretes dos caminhos da modernidade política (inspirada nas lutas políticas). Partindo, então, dessa noção, pode-se realizar um exercício reflexivo acerca do papel dos "intelectuais" na invenção do "nacional" em situações periféricas.

Como exercício para o desdobramento da discussão, retoma-se a atenção sobre as características da mobilização social que pressupõe o domínio e a capacidade de acionar valores identitários, erguidos nas ambiguidades entre os códigos externos e internos. Correlativamente, sua apreensão requer um conjunto de procedimentos teóricos e metodológicos a fim de concatenar o exame da luta política com as estratégias dos agentes. Ideias como as de "nação" e de "identidade nacional" podem ser tratadas sem "estabelecer uma divisão entre aqueles que afirmam e aqueles que negam sua existência", mas com o intuito de suscitar indicações sobre "a lógica específica das lutas em torno de sua invenção e definição ou a verdade das lutas que têm como objeto — entre outras coisas — a verdade" (Bourdieu, 1988).[3]

---

[3] José Carlos dos Anjos (1998), em estudo sobre o tema do nacionalismo em Cabo Verde, grifou o caráter paradoxal dessa dinâmica em que a *nação* é, por um lado, importada do Ocidente como uma categoria que pretende fixar a oposição em relação à dominação externa e, por outro lado, ela é utilizada como símbolo de desenvolvimento que se opõe aos padrões culturais tradicionais. A capacidade de congregar duas dimensões aparentemente contraditórias (afirmação local ×

No Brasil, alguns elementos históricos parecem reveladores dos condicionantes institucionais que incidiam sobre a formação dos "intelectuais". Em primeiro lugar, a homogeneidade da elite promovida pela educação, apontada por Carvalho (1996) como a singularidade brasileira na América Latina, foi evidenciada no peso da formação jurídica dos herdeiros da oligarquia em Coimbra "como parte de uma política sistemática do governo português [de] nunca permitir a instalação de ensino superior nas colônias" (Carvalho, 1996:59). Essa conduta teve um impacto unificador entre as elites de várias regiões que formavam uma minoria educada, cosmopolita (alimentada pelo repertório europeu) e com "vocação política" em um país constituído por uma maioria de analfabetos.

Os movimentos que geraram o fim do período Imperial (1870) contaram com a articulação desses porta-vozes que não se constituíam (como passou a ser definido na França mais ou menos no mesmo período)[4] como um "grupo social cuja atividade exclusiva fosse a produção intelectual", passível de ser claramente distinto dos "políticos". Ao contrário, "a existência de uma única carreira pública centralizada no Estado, incluindo desde empregos no ensino até candidaturas ao parlamento, fazia da sobreposição de elites política e intelectual a regra antes que a exceção" (Alonso, 2002:30).

É nessa tradição de unidade herdada do Império que Pécaut (1990) identificou o modelo de constituição de uma camada intelectual que se afirma como apta para dirigir a política. Até mesmo as rupturas estéticas e teóricas se coadunam com as agendas das classes dirigentes e suas estratégias em definir a "cultura nacional", através da seleção de influências externas sob a égide dos projetos de "nação", cuja unidade raramente é posta em questão.

As lutas pela definição da "identidade nacional" ocorreram a partir dos anos 1920, graças à existência de um centro definido e

---

dominação externa e modernização × comportamento tradicional) parece ser a chave de compreensão da ideologia nacionalista em contextos periféricos.
[4] Sobre o "nascimento dos intelectuais" na França entre 1880-1900, ver Charle (2001).

com grande poder de penetração (o Estado teve um processo de centralização precoce) na sociedade, esta com débil capacidade de mobilização (Trindade, 1985). O que colaborou para a atração dos "pensadores da nação" para e pelo Estado. E, ao mesmo tempo, a disposição daqueles em se situarem como uma categoria com preocupações convergentes com as das classes dirigentes (e mesmo como seus integrantes), incidindo na formação de uma elite política e cultural unificada (social, cultural e ideologicamente) e marcada pela continuidade desde o período colonial.

Desta forma, se anteriormente os "pensadores" comungavam com a ideia de inexistência de uma cultura "tipicamente brasileira" e adotavam como padrão das suas atividades o cosmopolitismo, a década de 1920 foi o marco inicial das preocupações com a "consciência nacional". Nesse momento, imperava o sentimento de inconformidade com a ineficiência do Estado em unificar a "nação". Essa "missão política" foi tomada como atribuição daqueles que podiam agir mediante a produção de uma literatura de "recuperação da nacionalidade" e, principalmente, através da influência das ciências sociais, que permitiam calçar ideias como "nacionalismo", "modernização cultural", "antiliberalismo" etc. Afirma-se, pois, "uma modernidade ideológica e irônica (...) que mescla o cosmopolita e o nacional, mas que representa, sobretudo, uma opção pelo nacional" (Pécaut, 1990:27).

Isto, segundo Garcia Jr. (1993), indicaria a relevância de se estudar as condições históricas da decadência da ideologia do cosmopolitismo (definida pela relação dos letrados locais com a cultura erudita europeia, especialmente francesa) e a ascensão de uma "atitude nacionalista". E não é possível entender esse deslocamento sem levar em conta a decadência econômica das antigas famílias dirigentes e seu investimento em "competências sociais e culturais" que permitiam a seus herdeiros reivindicar a manutenção de suas posições dominantes concebendo as características que deveria assumir a "nação" (Miceli, 1979).

Ao estudar duas trajetórias exemplares, Alberto Torres e Nelson Werneck Sodré, Garcia Jr. (1993) sintetizou o trabalho de criação de uma "consciência nacional" no Brasil, revelando alguns aspectos basilares. Em primeiro lugar, no concernente à ambivalência entre a valorização e a definição da cultura nacional e o processo de modernização (valor Ocidental). Em segundo lugar, no tocante ao deslocamento de uma ênfase negativa dos "traços nacionais" para uma ênfase positiva, que representava as estratégias de reconversão dos "intelectuais", cujas trajetórias eram descendentes no plano econômico e político (eleitoral), levando-os a perceber o Estado e a nação como garantia de posições de comando. Em terceiro lugar, no referente aos elos entre domínios culturais e políticos, bem como ao seu controle a cargo de agentes dotados de recursos sociais e culturais raros (títulos escolares, formação no exterior, conhecimento de ideias estrangeiras, tradição política familiar etc.).

Desta forma, a reconstituição das duas trajetórias sociais permitiu entender como os condicionantes e os efeitos do trabalho intelectual, bem como a alocação de seus porta-vozes e produtos estão submetidos à problemática legítima em vigor no espaço do poder mais amplo (tendo em vista a heteronomia que perpassa os domínios culturais). Contudo, ao mesmo tempo que essa problemática define os espaços dos possíveis produtores de bens simbólicos, circunscrevendo as bases em que racionalizam o Estado, ela também pode ser modificada por ele, que contribui para a legitimação de nova matriz de "pensamento" e, portanto, de posições e tomadas de posição compatíveis. Assim, a consciência nacional dos anos 1930 encontra bases harmoniosas no "pensamento" de Torres, já falecido há mais ou menos 17 anos, e isso graças às mudanças políticas ocorridas e às urgências de "reconstrução do Estado central" que ele haveria "antecipado". Garcia Jr. demonstrou que só seria possível entender os princípios de produção daquela "profecia em vias de realização" detendo-se na trajetória do autor, abrangendo suas origens e disposições sociais, concepções sobre o Estado, a política, modalidades de atuação política e profissional, percepção sobre sua própria biografia. E situando os debates e as modificações nas diferentes esferas sociais que favoreciam determinados empreendimentos e a edificação de novas representações sobre o "Brasil", a "cultura", os "intelectuais" etc.

Tal padrão de trajetória teria se expandindo no momento subsequente, em que o mercado editorial se fortalece e a valorização dos temas nacionais se consolida. Neste sentido, os intelectuais lançam mão do cabedal de conhecimentos cosmopolitas de que dispunham para definir a identidade nacional e sua posição social. Atendem, assim, a uma demanda que colaboraram para formar (Garcia Jr., 1993; Pécaut, 1990; Miceli, 1979). Portanto, explica-se a difusão das obras de Torres e de suas preocupações (o Estado como elemento unificador, estruturador da sociedade nacional e potencializador da sua essência).

Sérgio Miceli (1979) focalizou as relações entre os "intelectuais e a classe dirigente no Brasil" no período de 1920 e 1945, concentrando-se nas estratégias ativadas pelos próprios agentes com vistas a ocupar posições no setor público e privado e, por esse intermédio, enfatizou três eixos centrais de análise: a) a relação entre o declínio das famílias dos agentes e a expansão do trabalho político e cultural; b) a progressiva expansão do setor editorial; c) e a influência do poder público sobre o mercado de trabalho intelectual.

No que pese tal reconfiguração refletir-se em transformações nos perfis, nas modalidades de produção, nos produtos e nas condições de reconhecimento do trabalho intelectual, Miceli (1979) grifa a persistência da determinação das estratégias de reprodução familiares nos investimentos dos agentes em profissões intelectuais. Assim, uma relação significativa explorada pelo autor foi a "história social das famílias e a disposição dos intelectuais para seguir determinadas carreiras", que lhe permitiram detectar polarizações do universo (redesenhadas em consonância com as modificações do espaço social e intelectual) em padrões mais dominantes e dominados (polígrafos, "herdeiros", "homens sem profissão", "primos pobres", autodidatas...).

(...) a distribuição dos agentes nas diferentes carreiras possíveis depende da posição em que se encontram as famílias desses futuros intelectuais em relação ao polo dominante da classe dirigente e, de outro, do montante e dos tipos de capital escolar e cultural disponível conforme o setor da classe dirigente a que pertencem. (Miceli, 1979:xxi).

As mudanças no mercado de trabalho intelectual resultaram da diversificação e expansão do mercado de diplomas universitários que formou públicos favoráveis ao consumo de determinados produtos culturais (estudantes universitários, professores, profissionais liberais etc.); investimentos no mercado editorial; existência de "financiadores dos produtos culturais"; e a afirmação de produtores e produtos de bens culturais variados, mormente, com influência norte-americana, deslocando o eixo das transferências culturais até então marcados pela ascendência europeia. O desencadeamento de um processo de expansão do mercado editorial fomentado pela produção de obras sobre os "problemas nacionais" e os romances regionais, atrelado ao aumento da taxa de escolaridade, deu o suporte necessário para o trabalho político encabeçado pelos "intelectuais brasileiros" de reinvenção das instituições políticas e econômicas em um projeto de construção nacional nos anos de 1930 (Miceli, 1979).

Esses fatores interferiram no recrutamento e na hierarquização dos agentes detentores de diferentes capitais (sociais, escolares e culturais) nas posições disponíveis no mercado de postos administrativos, técnicos e intelectuais, consonantes com sua disposição (no duplo sentido) para a ocupação dessas posições. Dá-se a "expansão da máquina burocrática" no decorrer do regime Vargas (anos 1930) e o uso de mecanismos de cooptação empregados pelo Estado, resultando na incorporação de agentes com a *griffe* de "intelectuais" no chamado *estamento burocrático*. Esses, por sua vez, podiam reconverter trunfos acumulados nos meios políticos e administrativos para os domínios intelectuais, ocupar lugares em instâncias de consagração "propriamente" culturais como a Academia Brasileira de Letras e distinguir-se internamente pela vinculação ou não do trabalho burocrático ao trabalho intelectual — haja vista que seus bons rendimentos e disponibilidade de tempo poderiam "sustentar" sua produção cultural.

A "geração de intelectuais" atuante entre os anos de 1925 a 1940, conforme Pécaut (1990), teria fornecido os "modelos" para a construção das instituições capazes de organizar a "nação" e permitir a emergência de uma identidade latente, da qual eles seriam os decifradores. Enquanto a geração de 1954 a 1964, período anterior ao golpe militar, abasteceu os projetos de desenvolvimento econômico, de emancipação das classes populares e de independência nacional. Ambas demonstram a percepção da *"intelligentsia* nacional" de que sua intervenção na atividade política seria o resultado natural de uma categoria que se localiza "acima do social", portadora da identidade nacional e conhecedora das leis de evolução histórica (Pécaut, 1990). Vê-se forjar uma "cultura política", própria a um grupo (os "intelectuais"), formadora de sua identidade, de uma matriz geral e dos conteúdos que originam as legitimidades dos atores como reveladores da "realidade nacional" e, então, como elite dirigente (Pécault, 1990).[5]

A partir dos anos de 1950, um novo nacionalismo entrou em cena, agora orientado pela perspectiva de resistência ao imperialismo e como propulsor das massas. Neste contexto, instituições como o Instituto Superior de Estudos Brasileiros (Iseb) e os Centros Populares de Cultura (CPCs) propunham a aproximação com o "povo", e seus membros consideravam-se veículos da consciência política. No nacionalismo popular, o "projeto de nação" proposto pelos intelectuais baseava-se na capacidade dos mesmos em fa-

---

[5] No Brasil a intervenção dos "intelectuais" dá-se no sentido de estabelecer dissensões no interior de consensos, ora baseados no pressuposto de busca da unidade política, econômica e cultural, ora calcados em um projeto de "independência e libertação nacional" (Pécaut, 1990). Ao contrário da dinâmica argentina, em que a organização política do presente sempre é pautada por uma possibilidade de integração nacional no futuro, que busca na construção do passado as reflexões sobre as "mazelas da divisão nacional" (Sigal, 2002; Neiburg, 1998; Quattrocchi-Woisson, 1992).

lar em nome das "classes populares" e dois símbolos dão forma à ideologia proposta: ruptura e racionalidade.

O golpe militar de 1964 surpreende e desorienta os intelectuais nacionalistas que passam a redefinir a urgência de sua "tarefa histórica": representar as classes populares silenciadas pela repressão; resgatar a coesão de uma esquerda fragmentada; e impedir que a radicalização do movimento estudantil resulte no seu isolamento (Pécaut, 1990:201). Herdeiro dos "nacionalistas críticos" da Universidade de São Paulo (USP), o sociólogo Fernando Henrique Cardoso e o Centro Brasileiro de Análise e Planejamento (Cebrap), a partir de 1969, se sobressaíram na condução das estratégias intelectuais de "mediação entre as diversas correntes marxistas e entre as correntes marxistas e não marxistas; teorização em relação direta com a conjuntura; abertura para as organizações políticas", posicionando-se entre os principais porta-vozes do "partido intelectual" durante a década de 1970 (Pécaut, 1990). A posição de destaque conquistada por FHC e o Cebrap está diretamente relacionada à trajetória de investimentos intelectuais e políticos do primeiro, associado ao financiamento internacional do centro (Fundação Ford), que se constituiu num espaço em que "pesquisadores e professores em ciências sociais, expulsos das instituições universitárias", puderam seguir suas "atividades de pesquisa sem abandonar o país" (Garcia Jr., 2004:293-294).

RELAÇÕES ENTRE OS "INTELECTUAIS" E A "POLÍTICA"

Gisèle Sapiro (2004) pesquisou o processo de autonomização do campo literário na França, evidenciando a "diversificação dos princípios de estruturação" a partir da emergência de "figuras concorrentes de autor e de instituições da vida literária". Das posições dominantes demarcadas, tem-se desde uma "aristocracia literária" do século XVII e o século XVIII (o "escritor do Estado") ao "escritor profissional" da segunda metade do século XX (com "formas de mobilização mais corporativistas"); passando pelo reconhecimento do "artista vocacionado" do início do século XIX (que decreta "a irredutibilidade do valor estético ao valor mercantil do produto", levando em conta o julgamento estético dos seus pares e críticos, em detrimento dos profanos). Especialmente esse último singulariza-se como gênese da constituição do mercado de bens simbólicos e de um campo literário relativamente autônomo, que consagra a separação entre o *campo de produção restrita* e o *campo da grande produção* (Bourdieu, 1996b, 1992).

A figura do "artista" criador na sua "torre de marfim" é posta em questão muito devido ao engajamento dos escritores católicos que ativam a ideia de "responsabilidade". Esta, por sua vez, será reapropriada pelos "pensadores" em seu engajamento político contra os "poderes públicos estabelecidos" e aqueles (moralistas e nacionalistas) que falavam em nome da "Razão de Estado". Tal problemática, conjugada à reivindicação da autonomia literária, redundou no nascimento da categoria de "intelectual", descrita por Charle (2001) na análise do *"affaire* Dreyfus" ocorrido entre o final do século XIX e início do século XX. Esse evento se singularizou por sua "ação coletiva sustentada no capital simbólico do grupo com vocação ético-política", com uma modalidade específica de intervenção (propagada e institucionalizada) que é a petição (Sapiro, 2004).

No entanto, a afirmação da eficácia do engajamento dos "intelectuais" gerou um risco à sua conquista de autonomia devido à "dependência da oferta política e das tentativas de captação e de desvio desse capital simbólico pelos partidos e por outras organizações políticas". A chance de emancipação é retomada no processo de profissionalização do "ofício de escritor" decorrente da complexificação e diversificação das "instâncias profissionais (sociedades de autores e, depois, sob a Terceira República, associações e sindicatos de autores), bem como de instâncias de difusão (edição, imprensa, escola) e de consagração (revistas, prêmios literários)", nas condições de "liberalização econômica" e "política" (Sapiro, 2004:97-98). Deste caminho seguido, a autora conclui que:

Toda a etapa de autonomização suscita uma nova forma de dependência: o Estado libera do clientelismo e delega o poder literário aos especialistas, mas exige em contrapartida o serviço ao rei; o mercado libera do Estado, mas torna a literatura dependente das sanções do público; a reivindicação da responsabilidade do escritor diante dos poderes políticos choca-se com a lógica de reapropriação política; a profissionalização leva, por sua vez, a uma maior dependência ante as imposições editoriais e os novos procedimentos de marketing (Sapiro, 2004:101).

No Brasil, ainda há poucos estudos sistemáticos que apontem para as metamorfoses e características objetivas e estruturais dos domínios culturais de um modo mais amplo. Mas há pesquisas importantes que amparam seus questionamentos na relação que esses profissionais da manipulação dos bens simbólicos estabelecem com a "política" ou o "Estado". Podem-se mencionar as discussões como as de Luciano Martins (1987), que distinguiu a *intelligentsia* brasileira (em analogia à *intelligentsia* russa, também por ele analisada) por seu "sentido de missão social" e carência de utopia (ao menos no período tratado), e de Renato Ortiz (1985), que concebeu o papel do intelectual como *mediador simbólico*, isto é, o indivíduo decifrador do popular e construtor do nacional.

Ressaltam-se os escassos estudos voltados para o intercâmbio de produtos entre os espaços "intelectuais" e "políticos" que oportunizam reflexões sobre as possibilidades ou não de verificação dos processos de autonomização e de intersecção entre esferas sociais, principalmente do que diz respeito às relações entre as ciências sociais e as demandas sociais e políticas.

Os trabalhos de Sérgio Miceli (1979), Afrânio Garcia Jr.(1993) e Odaci Luiz Coradini (2003a, 2003b) possuem em comum o fato de partirem de um mesmo referencial de análise, ainda que se diferenciem por assumirem formas diversas de recortes empíricos, fontes e dimensões de pesquisa privilegiadas. O que permite não somente reunir uma riqueza de possibilidades de construção de objetos e problemáticas pertinentes, como também de suscitar pistas no sentido da melhor adequação e aperfeiçoamento dos instrumentais de investigação ao universo em questão. Pelo mesmo motivo, os pesquisadores se aproximam na tentativa de não ceder nem a uma "história heroica dos intelectuais" que consagra os "grandes vultos" da cultura como descolados do seu "contexto de pertencimento social e histórico", nem de lançar mão de "procedimentos da ciência e da teoria para desvalorizar seus adversários" (Charle, 1987:7).[6]

Outro aspecto importante que pode ser desde já ressaltado diz respeito à relevância das dinâmicas históricas e sociais de transformação nas quais os autores situam seus universos de análise. Constituem-se numa das dimensões principais de construção do objeto de pesquisa esses momentos históricos singulares de redefinição do papel social e político dos intelectuais, das condições de exercício de suas atividades e de recepção de seus produtos, tendo em vista a preocupação com os processos de autonomização do campo intelectual.

Miceli (1979) realizou uma pesquisa com ênfase sociográfica, relacionando, de forma mais direta, as condições sociais de origem; as estratégias de reprodução e de reconversão de capitais; o sistema disposicional; as condições de expansão e diversificação do mercado editorial e de diplomas à posição social e profissional conquistada pelos agentes. O exame do período entre a década de 1920 até os anos 1940 é justificado por ser esse um momento-chave de transformações produzidas e produtoras de diferenciações políticas e intelectuais que vão viabilizar a emergência de um mercado de bens culturais relativamente autônomos (sem a exclusão de estratégias eficazes de cooptação dos intelectuais pelo Estado). Dessa forma, Miceli desvendou as condições sociais de renovação do campo cultural na literatura, nas artes plásticas e na arquitetura no bojo de um projeto político reformista do poder oligár-

---

[6] Cabendo destacar que um procedimento profícuo, indicado por Christophe Charle (1987), é justamente o de considerar trabalhos desse tipo para examinar alguma fase da história dos intelectuais, de seus debates e teses que os distinguem.

quico (produtor de novas demandas culturais), de remodelagem do campo intelectual (transição entre os padrões de dependência e formação de um grupo restrito de escritores profissionais); e a intersecção entre as demandas estatais e a profissionalização intelectual. Ou seja, trouxe à tona condicionantes importantes dos processos de redefinição das relações entre campo cultural e campo do poder político.

Afrânio Garcia (1993) optou como estratégia metodológica e analítica por centrar-se em um intelectual já consagrado no *pantheon* dos pensadores do Brasil e, por essa via, focalizou as condições sociais e históricas de produção e recepção das obras. Revela-se nesse estudo que o reconhecimento das figuras intelectuais é tributário das origens sociais e dos investimentos culturais dos agentes sob determinadas condições históricas políticas e do mercado de bens simbólicos. Soma-se a isso a interferência das relações entre as produções e os "interesses" de diferentes segmentos sociais de consumidores localizados em distintas (e não necessariamente coincidentes) fases históricas e posições no espaço social, notadamente, político e cultural.[7] Ou seja, para ele é necessário, seguindo as recomendações de Castro Faria (2002), atentar para os significados atribuídos às obras por outros intérpretes, inscritos em diversas configurações relacionais de luta, com múltiplos interesses em jogo. Assim, é preciso ponderar sobre as condições de recepção e usos sociais e políticos dos produtos intelectuais. Isto é, os interesses, as disputas e a problemática legítima em vigor, que envolvem o trabalho de apropriação do "pensamento do autor" e que não necessariamente são "contemporâneos" ao momen-

---

[7] Garcia Jr. e Sorá trazem uma agenda de pesquisa semelhante àquela empregada por Castro Faria (2002) para a análise das celebrações e detrações de Oliveira Viana e de sua produção: os dois estudos faziam parte do projeto realizado no final dos anos 1980 que visava investigar a "relação entre trajetórias sociais e intelectuais de escritores relevantes do 'pensamento social brasileiro'" (Garcia e Sorá, 2002:14). Ou seja, a preocupação desses trabalhos, entre outras, foi de relacionar as fases biográficas dos autores com os momentos de produção, edição, reedição de cada trabalho, amarrando "ator e autor", trazendo à superfície descontinuidades e regularidades que criam o produtor, a produção e sua serventia social.

to de sua geração, mas que definem igualmente sua contingencial consagração no panteão intelectual (ainda que seja sempre passível, pelos mesmos motivos, de experimentar desqualificações ou reclassificações). Garcia Jr. sofisticou as mediações entre as abordagens externalistas e internalistas quando indicou a relevância de se ir além das condições sociais e históricas que interferem no tipo e no conteúdo da produção dos "intelectuais", nos investimentos operados pelos agentes ao longo de trajetórias sociais, nas suas concepções e destinos.[8]

Odaci Luiz Coradini (1998, 2003b) se concentrou na pesquisa das "elites culturais e concepções de política no Rio Grande do Sul" durante o século XX e, sem descuidar das dimensões até então citadas, sublinhou a importância, em determinadas situações, de se perceber a criação de outros elos e conexões que alicerçam os reconhecimentos, representações, posições e posicionamentos de agentes que se afirmam como "intelectuais". Nesse caso, *éthos* ou éticas, bem como identidades étnicas, por exemplo, podem ser relacionados às bases sociais dos agentes, constituindo-se em elementos imprescindíveis para a apreensão do que define o "intelectual" como tal e o valor relativo da sua produção sob demarcadas condições. É importante ressaltar que os trabalhos citados acima (Miceli e Garcia Jr.) tinham como espaço geográfico de referência o centro do país e, quando se desloca o olhar para situações localizadas, outros elementos entram em cena, como as interferências mesmo das relações centro/periferia. Apesar de constatar que existem tendências que se aplicam de forma mais ampla, como "o fortalecimento ou maior centralização do Estado" e a "associação da condição de 'intelectual' com esse processo" e com o "regionalismo", Coradini (2003b:125-126) sustenta que é preciso analisar

---

[8] Nessa mesma linha, Anna Boschetti (2006:504) sugeriu que: "a análise da 'recepção' das obras culturais demanda a reconstituição da distância entre os esquemas de percepção e de apreciação dos produtores e dos leitores, elemento tanto mais necessário em razão da distância temporal (no caso das obras do passado) e/ou cultural entre o espaço de origem e o espaço de acolhimento (no caso da circulação transnacional dos textos)".

essas realidades específicas com seus condicionantes mais ou menos singulares.

O tratamento dado por Miceli (1979), Garcia Jr. (1993) e Coradini (2003b) revela a potencialidade explicativa de se desenvolverem trabalhos sociológicos que enfatizam a morfologia, o recrutamento social, as inserções e/ou representações sociais de agentes que ocupam determinadas posições sociais. Isso sem sucumbir nem a um tipo de "sociografia empiricista" — para a qual os "determinismos sociais moldam a individualidade" do intelectual —, nem ao "culto romântico da biografia" próprio de uma ideologia do "gênio criador" ou da "utopia de um 'mandarinato intelectual' fundado nos princípios de uma aristocracia da inteligência e de uma representação carismática da produção e da recepção das obras simbólicas" (Bourdieu, 1992:183-187).[9]

O investimento recorrente das pesquisas sobre "intelectuais" e suas relações com a política é partir de domínios letrados, acadêmicos, culturais para detectar as interferências do jogo político em suas tomadas de posição e, eventualmente, nas reconversões passíveis de serem operadas para se constituírem como porta-vozes instituídos ou não em cargos e postos políticos. Para tanto, geralmente é tomada alguma personalidade da galeria de notáveis profissionais da manipulação de bens simbólicos e analisadas as suas trajetórias sociais, profissionais e intelectuais. Parece pertinente testar hipóteses e diretrizes analíticas suscitadas por esses

---

[9] Ainda restaria detalhar as conexões dos fatores descritos com uma "coerência transnacional", haja vista que, conforme Christophe Charle (2009, p. 106), "os diferentes modelos de emergência dos intelectuais no fim do século XX e as relações contrastadas que eles estabelecem com a política não refletem somente as histórias culturais e sociais específicas". Para tanto, este mesmo autor propõe que se questionem aspectos como: 1) "qual o grau de autonomia do campo intelectual de cada país?"; 2) "quais são as relações da religião (ou religiões) e do Estado (ou Estados)?"; 3) "qual é a natureza das relações entre o campo intelectual e o campo do poder"?; 4) como ocorrem as diferentes relações de dominação, entre as diferentes formas de atividade intelectual, no âmbito de um mesmo campo intelectual? (idem, p. 107). Apesar de o autor estar preocupado com a Europa, essas questões são pertinentes para a análise de fenômenos semelhantes em qualquer lugar.

pesquisadores para o exame de outros domínios sociais, mantendo as mesmas correlações. Nesse caso, sugere-se a pertinência de se voltar o olhar para a via de acesso que vai da "política" para o "mundo intelectual" como possibilidade de explorar e pontuar a premência dos recursos legitimados como "intelectuais" para o êxito político tanto quanto a contundência dos trunfos políticos para o reconhecimento intelectual.

A reflexão em torno da *autonomia* e *heteronomia* do campo intelectual ocupou uma posição central nos trabalhos desenvolvidos por Pierre Bourdieu e sua equipe (Bourdieu, 1989b, 1984; Bourdieu e Saint-Martin, 1987; Charle, 2001, 1990, entre outros), que investigaram os processos históricos e sociais que levaram ao estabelecimento de fronteiras relativamente inflexíveis entre esferas sociais, mantidas por gratificações e disputas próprias e por seus limites. O mesmo pode se dizer para a constituição histórica de Estados nacionais mais ou menos dependentes ou independentes de outros, tendo em vista seu lugar no terreno internacional. Portanto, a problemática relacionada à *autonomização* está, é claro, diretamente relacionada com a questão das transações e circulações operadas por agentes inscritos nesses diferentes espaços e engajados na produção e na manipulação de bens simbólicos.

É possível, de forma muito rápida, observar três tipos de abordagens possíveis sobre o tema, a saber: pesquisas que refletem mais amplamente sobre as transações de modelos culturais (seja numa mesma entidade territorial como a "Europa", seja entre nações distribuídas com base nas relações centro *versus* periferia); estudos dedicados a apreender as condições de autonomia ou heteronomia dos campos e subcampos sociais em um espaço nacional; e outros mais pontuais que procuram compreender a movimentação de múltiplos recursos e estratégias no âmbito de um mesmo domínio social, como a legitimação de recursos escolares, econômicos, profissionais no espaço político. De uma forma ou de outra, sublinha-se que as fronteiras não obstruem, ainda que possam constranger, a circulação dos produtos levada a cabo por agentes localizados justamente nos *limites híbridos* entre um campo e outro. Evidentemente, por um lado, os "contrabandos" são mais facilmente operados nas "fronteiras mal guardadas e nas zonas de soberania incerta" e, por outro, as transferências se efetuam em referência às regras do universo importador, o que supõe "um jogo de constrangimentos formais e intelectuais", mais rigoroso no caso da "ciência" (Siméant, 2002:36-37).

Seguindo esses achados, pesquisadores como Brigitte Gaïti (2002), Johana Siméant (2002), Benoît Verrier (2002), Lilian Mathieu (2002), Frédéric Lebaron (2000), Delphine Dulong (1996), entre outros, investigaram as trocas entre os mundos *savant* e *político* visando entender os mecanismos de afirmação de recursos advindos de outras esferas sociais em competências propriamente políticas. Ressalta-se, neste caso, o trabalho de Benoît Verrier (2002), que examinou as estratégias agilizadas por militantes socialistas para traduzir um recurso de *expertise* — advindo da combinação dos registros tecnocráticos, intelectuais e políticos — em recurso militante que acabou redefinindo as "maneiras socialistas de fazer política" durante as décadas de 1960 e 1970 na França.

Para o caso brasileiro, foi realizada uma pesquisa sobre os perfis e debates de um conjunto de militantes, associados a diferentes organizações políticas e correntes ideológicas que, na segunda metade da década de 1970, atuaram no Instituto de Estudos Políticos, Econômicos e Sociais (Iepes) do Movimento Democrático Brasileiro (MDB) no Rio Grande do Sul. Esse instituto, definido como um "guarda-chuva institucional" e uma "universidade política", se caracterizou como um espaço de aglutinação (o que implica socialização, sociabilidade e constituição de redes de relações), de trânsitos em variadas instâncias e de disputa entre grupos políticos na segunda metade do regime militar brasileiro (Reis, 2001, 2004). O Iepes se notabilizou como um vetor de comunicação, nomeadamente, entre políticos, intelectuais, estudantes e militantes. Aliás, ele teria sido concebido nos meios universitários (estudantes de economia e sociologia) que o justificaram (retrospectivamente mediante entrevistas) como uma ocasião propícia para a existência de um *locus* de debate entre essas categorias. A ideia seria a de fazer um "cebrapinho" (em referência ao já citado Cebrap) dentro do MDB e imitar algo que um "intelectual trabalhista", que à época era assessor desse partido na Assembleia Legislativa, havia conhecido no Partido Social Democrata alemão. Um *marco geracional* das atividades do Iepes foi a realização de seminários e grandes conferências com personalidades acadêmicas como José Álvaro Moisés, Paul Singer, Bolívar Lamounier, Francisco de Oliveira, Francisco Weffort e Fernando Henrique Cardoso. A participação nesse tipo de atividade no âmbito partidário refletia o empenho das personalidades intelectuais do centro do país no trabalho de politização. Conforme apontou Pécaut (1990), mediante a sustentação de uma "coalizão das organizações da sociedade civil" (própria a Fernando Henrique Cardoso), sem desconsiderar a existência de empreendimento da mesma espécie, no entanto através de "incitações à ruptura radical" (como em Florestan Fernandes).

De uma forma ou de outra, tinha-se a definição de uma agenda de problemáticas atinentes ao engajamento político durante o processo de redemocratização em sintonia com as estratégias de afirmação de lideranças de esquerda. No que pese possuírem perfis sociais e percorrerem carreiras políticas e profissionais heterogêneas, naquele momento elas posicionaram-se e confrontaram-se num espaço que se pretendia de formulação teórica, informado pela conjuntura, nos moldes do centro paulista que já referenciava as discussões do grupo fundador na universidade. O estudo das trajetórias de militantes que entraram na política via mobilizações de luta contra a ditadura no Brasil nos anos 1960 e 1970 permitiu focar uma dinâmica de reformulação da oferta e da expansão do espaço dos possíveis políticos e intelectuais, em que os militantes puderam colocar em questão as bases da caracterização do social e os projetos de sociedade disponíveis (Reis, 2007, 2001).

Como outra opção de análise, partindo igualmente dos usos políticos dos trunfos intelectuais, isto é, permitindo conhecer as conexões entre práticas e concepções políticas e intelectuais, realizou-se uma reflexão sobre engajamento político a partir do estudo de trajetórias de agentes que se especializaram em carreiras político-eleitorais, contando com a conquista do reconhecimento como "intelectuais" (Reis e Grill, 2008). Nesta pesquisa, foram examinados os percursos de personagens que se lançaram em carreiras políticas com aspectos geralmente lidos como "tradicionais", sem deixar de aplicar-se na acumulação de instrumentos de expressão legítimos, "signos de riqueza e de autoridade delegada e/ou pessoal" (Bourdieu, 1996c:89). Eles produziram poesias, contos, ensaios, artigos jornalísticos, trabalhos acadêmicos, composições musicais etc. e puderam, por esse intermédio, assumir posições sobre a "história", a "cultura" e a "política", em diferentes sentidos. No referido artigo foi assinalado que "nem escrever é uma novidade praqueles que exerceram atividades políticas, nem intervir nos domínios políticos é uma novidade para esses escritores" (Reis e Grill, 2008:131). A questão central, porém, foi saber: quem são eles? Como atuam? Como se distinguem? Que posições conquistam? Enfim, em que condições históricas e sociais mais ou menos favoráveis a sua recepção, esses agentes conseguem, a um só golpe, se constituir, instituindo-se, como manipuladores de bens culturais e especialistas da arte da dominação política (Reis e Grill, 2008:131). Campo de estudos consagrado em outros países, o trabalho intelectual dos homens políticos se constitui em terreno fértil para pesquisas no Brasil, no entanto pouco explorado.

Num desdobramento desse estudo (Grill e Reis, 2012) foram analisadas as interferências de investimentos intelectuais, notavelmente a publicação de livros, na seleção, hierarquização, afirmação e exercício de atividades políticas, para agentes que ocuparam cargos de deputado federal e/ou de senador, em todo o Brasil. De um universo de 1.181 casos localizados nos verbetes do *Dicionário histórico-biográfico brasileiro* (no qual foram obtidos dados relativos a origem geográfica, conjunturas de atuação e tipos de textos aos quais os agentes se dedicaram), chegou-se a um conjunto de 299 casos de agentes selecionados em função do seu duplo e sistemático investimento na arena política e em publicações. Para eles foram testadas correspondências entre os gêneros de escrita que priorizaram e variáveis como: os períodos históricos de inserção, a posição conquistada na hierarquia política e a posição social lograda. Destes foram examinados 10 casos que explicitam exemplarmente o duplo investimento político e intelectual dos agentes, suas estratégias de conversão de notabilidades, de administração de imagem, de atualização de repertórios, enfim, os mecanismos que lançam mão nas constantes adaptações às problemáticas legítimas, segundo os trunfos detidos e os condicionantes das carreiras seguidas.

Retomam-se ainda aqui cinco aspectos gerais sobre os possíveis princípios subjacentes aos investimentos de escrita dos agentes que funcionam como diretrizes e hipóteses de pesquisa que ainda precisam ser mais qualificadamente testadas. Sinteticamente, a primeira e mais geral diz respeito à existência de cruzamentos entre os domínios sociais e intercruzamentos de lógicas que resultam e propiciam trânsitos e estratégias de legitimação dos agentes em via dupla.

A segunda aponta que as aplicações na escrita não são simplesmente escolhas com vistas à distinção, mas revelam uma forma de submissão ao jogo social mais amplo e outras coerções e autocoerções específicas decorrentes da posição de excelência que escrever ocupa como forma de produção de bens simbólicos, e das relações de interdependência mútuas e múltiplas a que estão enredados (Elias, 2001). Justamente por isso, escrever se impõe como um trunfo significativo (evidentemente não exclusivo) na luta não só interna (como princípio de hierarquização endógeno), mas também externa, por exemplo, na competição com agentes de domínios midiáticos, jurídicos, religiosos e universitários, pelo trabalho de definição do que é a "política" e o "político", ou na consolidação de problemáticas legítimas. Sobretudo em tempos de descrédito da política e da valorização do conhecimento técnico que se refletirá em modificações nos gêneros de escrita priorizados pelos agentes investigados. A quarta orientação é pensar o espaço político como um "campo de censura" e um "meio de expressão" que circunscreve o espaço dos possíveis e dá brechas à inventividade (Bourdieu, 1996b). Por isso, pode-se considerar a escrita como uma oportunidade de subversão (mais ou menos controlada) do jogo. E, finalmente, como objeto destas batalhas, tem-se o reconhecimento dos agentes como representantes legítimos e qualificados. A "arte de escrever" e a "arte de representar" combinam-se como princípio gerador de práticas e efeitos de fronteiras, ainda que consideravelmente precários (Grill e Reis, 2012).

Vale acentuar a pertinência de focalizar os condicionantes do trabalho de mediação política e cultural para a pesquisa de universos que não se definem por princípios de consagração e de exclusão próprios e rígidos. Isto é, as esferas sociais como a da política, da cultura e da religião não foram formadas como o resultado de um processo histórico de separação entre os profissionais e os profanos, ou conquista de autonomia relativa. As pesquisas devem, então, considerar tanto a especialização no papel de intermediação entre localidades e centros da vida política nacional e de trânsito entre domínios (Coradini, 1998; Grill, 2008), quanto a investigação das lógicas levadas a cabo por agentes detentores de determinados tipos de capitais e reconhecimentos sociais que garantem sua multiposicionalidade e respaldam seu papel de mediador/intérprete cultural (Seidl, 2007; Coradini, 1998).

Pode-se ainda mencionar a carência de empreendimentos visando revelar os intercruzamentos dessas lógicas políticas, culturais e religiosas. Uma série de estudos tem abordado o papel e a influência da Igreja Católica na constituição de valores e práticas políticas e culturais no Brasil. Esses trabalhos têm salientado as transformações que ocorreram nas últimas décadas (sobretudo a partir dos anos 1960) nas formas de mobilização e associativismo militante de diferentes tipos. Porém, ainda é preciso realizar investigações sistemáticas acerca do processo histórico de expansão e diversificação de um mercado de bens culturais e políticos relativamente à formulação e oferta de produtos religiosos e políticos. Dois investimentos contrastantes em objetos de pesquisa compatíveis com essa proposta merecem destaque.

O primeiro trabalho parte da instituição católica para discutir os intercruzamentos entre *engajamento religioso* e *engajamento político* mediante a análise das lógicas e critérios que levam à ocupação, por um lado, de cargos do alto escalão administrativo da Igreja e, por outro lado, daquelas posições garantidas pelo reconhecimento intelectual dos agentes (Seidl, 2009). Os aspectos identificados por Ernesto Seidl (2009) reúnem dimensões importantes da constituição de uma crença no engajamento religioso e político, o peso de determinados recursos para uma condição de intelectual e profissional, sobretudo, como se dá a tradução desses elementos enquanto princípios de hierarquização do universo eclesiástico:

> (...) a politização individual através da inserção no sistema de ensino religioso e a vivência de experiências ligadas ao percurso seminarístico e a conjunturas sociopolíticas; o afastamento ou a reafirmação de determinadas posições políticas ao longo do itinerário profissional; o estabelecimento e manutenção de contatos com indivíduos, grupos e instituições políticas (grupos/movimentos católicos, partidos, sindicatos, ONGs, associações, etc.) cujos vínculos são rentáveis em termos de notoriedade no espaço religioso e/ou no espaço político; as tensões entre pertencimento e hierarquia institucional e posicionamento 'político' pessoal (Seidl, 2009:13).

O segundo se concentra na atuação inaugural em movimentos de juventude católica e a militância política para a socialização e formação, durante os anos 1970 e 1980, enfocando a importância para a acumulação de um capital filosófico para agentes que vão, posteriormente, constituir o *campo da filosofia* brasileiro (Ferreira, 2009). Como no estudo anterior, Daniela Maria Ferreira (2009) preocupa-se em desvendar as características sociais dos agentes e os trunfos (teóricos e práticos) adquiridos no militantismo e, assim, demonstrou:

> Que a aplicação dos saberes adquiridos na militância política na formação do campo filosófico não deve ser reduzida a uma relação direta e automática, mas é, sim, o resultado de "investimentos sociais múltiplos", para o qual o peso do capital familiar (cultural e

financeiro) foi fundamental; [e que há] semelhança entre as atividades desenvolvidas na militância política e aquelas necessárias e adaptadas à organização dos espaços de debates filosóficos desenvolvidos durante as décadas de 70 e 80 (Ferreira, 2009:207).

Os filósofos investigados participaram de movimentos de juventude católica nos quadros da Ação Popular, em locais de engajamento direcionados como a Juventude Estudantil Católica (JEC) e a Juventude Universitária Católica (JUC). Aliás, muitos foram os militantes que posteriormente seguiram carreiras políticas e universitárias que inauguraram sua intervenção política nessas entidades da Ação Católica e estiveram sob a influência do posicionamento de teólogos e intelectuais, brasileiros e de outras nacionalidades, com posicionamentos ideológicos diferentes para disseminar novas interpretações sobre o papel da Igreja e dos seus adeptos.

No decorrer dos anos 1960 e 1970, a Igreja e seus porta-vozes, muitos deles estrangeiros distribuídos ao longo do território brasileiro, afirmavam-se como que investidos de uma "missão crítica" de, ao mesmo tempo, questionar as desigualdades sociais e contribuir para o "desenvolvimento cultural e econômico das populações do terceiro-mundo" (Mathieu, 2002:252). O mais interessante da análise das tomadas de posição assumidas por uma corrente católica progressista inspirada pelo marxismo nesses termos é que elas são reveladoras, como sustenta Mathieu (2002) quando examina a teoria pedagógica de Paulo Freire, "de uma concepção de atividade intelectual como necessariamente orientada em direção à transformação social. O *savant* é investido de uma missão política e seu trabalho somente pode encontrar sentido e legitimidade se ele se posiciona ao serviço das vítimas da opressão" (Mathieu, 2002:252).

A "Teologia da Libertação" foi concebida nesse processo e ela desvela as apropriações das ciências sociais por parte dessas "heterodoxias" para "incluir novas problemáticas legítimas" aos repertórios de mobilização (Coradini, 2004b). Assim, elas geraram "novos 'amálgamas' da teologia com determinadas disciplinas", notadamente, das ciências sociais e, ainda, "na medida em que estas heterodoxias conseguem legitimar a intervenção de agentes da Igreja em outras esferas sociais, sua capacidade de mediação, inclusive em âmbito internacional, também se afirma" (Coradini, 2004b:32-35).

AS CIÊNCIAS SOCIAIS: ENTRE "INTELECTUAIS" E "EXPERTS"

Coradini (2004a, 2004b, 2003a, 2003b, 1998) e Reis (2008, 2007) têm evidenciado a existência de uma via dupla de atuação e consagração advindas de interpenetrações entre os espaços universitários, culturais e políticos. Assim como Pécaut (1990) e Sorj (2001), corrobora-se a constatação de que as transformações ocorridas no mundo universitário nos anos 1960 e 1970 auxiliaram na complexificação dos elementos articulados nas relações entre o mundo intelectual e o político, devido à "incorporação progressiva e 'sempre conflituosa' de novos 'grupos', 'missões', 'interesses' e esferas de atuação, mas sempre perpassado pela política" (Coradini, 1998:8).

Nestas circunstâncias, é temerário localizar a constituição não somente de um campo cultural relativamente autônomo como de realização de uma ciência social em bases profissionais tão avançadas que produzam efeitos contundentes sobre as "estratégias dos produtores e as propriedades dos produtos" (Boschetti, 2006:493). O impacto desses efeitos seria a "instauração de um modo de funcionamento e um *nomos* particular, de princípios de visão e de divisão específicos, e de um corte mais ou menos acentuado em relação aos profanos" (Boschetti, 2006:493).

Os efeitos da recomposição do mundo universitário nos anos 1960 e dos usos das ciências sociais em especial levaram a uma redefinição das possibilidades de sua instrumentalização e apropriação com vistas às mais variadas formas de militância e engajamento em diversos domínios sociais (Coradini, 2002, entre outros; Reis, 2008, 2007; Oliveira, 2008). Reatualizando, desta maneira, o intercruzamento de lógicas que caracterizam determinadas formações históricas (como é o caso da brasileira) em que as ligações entre domínios universitários, culturais, políticos, religiosos e outros são preponderantes. Assim como a própria definição e prática das ciências humanas e sociais se constroem no cerne mesmo dessas relações sempre originais e persistentes entre tais domínios. A disposição para o engajamento em determinadas "causas", ou o sentido de intervenção, se apresenta como a matriz comum desses múltiplos referenciais. Logo, tal matriz estrutura os universos sociais disponíveis para a atuação e afirmação dos agentes.

Em pesquisas anteriores sobre militantes da "luta contra a ditadura" e seus destinos sociais, foram buscadas pistas das interferências de "saberes" provenientes daquelas ciências nas estratégias de legitimação de posicionamentos "engajados" e de produção de repertórios de mobilização ativados por agentes inscritos em diferentes domínios de atividades profissionais. Mediante a análise das tomadas de posição dos protagonistas foi possível apreender o trabalho ativo de interpretação ou formulação de perspectivas construídas a partir da associação de conhecimentos e princípios das áreas específicas de atuação (medicina, direito, arquitetura, psicologia, jornalismo, pedagogia, entre outras), com os produzidos no âmbito das ciências humanas e sociais. E tais operações visam constituir um instrumental de intervenção (fundado num sentido de "missão") para a "transformação" das condições de existência do "público" ao qual se direciona. Sendo necessário frisar também que está em pauta uma concepção de "intelectual" que se define na dinâmica de produção e apropriação das ciências humanas e sociais em suas múltiplas relações com outros domínios sociais (Reis, 2008).

Essas concepções e usos foram evidenciados nos depoimentos coletados e também no exame das inserções variadas dos agentes (atuação política, sindical, administrativa...) e sua produção escrita — haja vista que muitos deles escrevem artigos para jornais e/ou revistas e/ou livros, para um público acadêmico e/ou em geral. Em muitos casos tal produção é relacionada ao desempenho da docência em universidades.

Sobre esse último ponto, algumas considerações são pertinentes. Há uma significativa disposição dos agentes para posicionar-se sobre o que se pode chamar de uma "agenda de problemas sociais". Assuntos como "ecologia", "educação", "universidade", "juventude" são frequentes. Podendo-se, ainda, geralmente observar a aplicação dos "pressupostos marxistas" ou associados a "correntes de pensamento de esquerda" em temas como aqueles relativos à "justiça social", "igualdade", "combate à exploração". Há também temas conjunturais diretamente relacionados à condução política como a "segurança pública", "saúde pública", "política salarial" etc. que são recorrentes. Considera-se que a construção e tomadas de posição sobre as "problemáticas sociais" são resultantes dos movimentos de pressão e expressão, dos discursos e das forças sociais que os consagram e legitimam, nos quais os "especialistas", principalmente aqueles associados aos saberes das ciências sociais, jogam um papel decisivo.

Os posicionamentos sobre as temáticas, as tentativas de redefinição de seus conteúdos e as proposições no sentido de solucioná-las ou aperfeiçoá-las informam estratégias de afirmação de competências. Isto é, da legitimação dos agentes portadores de determinados conhecimentos compatíveis para o tratamento de determinadas problemáticas legítimas por eles mesmos identificadas.

A afirmação dos novos instrumentos de intervenção, a comprovação de sua eficácia e, assim, o estabelecimento da distinção em relação a valores e práticas dominantes e legitimadas em outras instâncias inexoravelmente se refletem na redefinição do papel profissional dos agentes. A defesa de uma "medicina popular"; ou o empenho em falar em nome de um tipo de jornalismo ou de direito "alternativos"; ou a pedagogia voltada para os "oprimidos" e "comprometida" com a "transformação social"; ou ainda a defesa da formação de um arquiteto ou engenheiro que não busca meramente as questões "estéticas" ou "técnicas", mas procura compatibilizá-las com as "questões sociais" (como a "moradia", o espaço público), são exemplos disso. É importante salientar a recorrência de associações entre as temáticas que podem se desdobrar em tomadas de posição diferenciadas, em domínios variados, pelo mesmo agente, entretanto sempre obedecendo a uma mesma (di)visão de intervenção e de atuação profissional. Ademais, cabe atentar para o fato de que a produção de textos é percebida e valorizada como a forma exemplar para a explicitação das tomadas de posição, de intervenção, de afirmação, de disputa (Reis, 2007).

Os agentes investigados comungavam as seguintes características: 1) socialização e experiência inaugural; 2) peso da formação universitária realizada num momento em que a matriz marxista e seus intérpretes autorizados tinham contundência para o público de esquerda de um modo geral; 3) investimento na produção escrita ao longo das carreiras profissionais; e 4) vínculo com partidos políticos e, eventualmente, a ocupação de cargos administrativos, não raro, utilizando esses registros em discursos e propostas de políticas públicas.

Com a análise das *carreiras profissionais* e *políticas* seguidas por agentes que estrearam sua intervenção pública em movimentos de contestação ao regime militar foi possível detectar diferentes modalidades de especialização dos agentes (militante, técnico-administrativa, universitária, político-partidária e em profissões liberais). O exame do conjunto das carreiras evidenciou a constituição de um duplo e indissociável reconhecimento como exigência para a intervenção política. Por um lado, a notoriedade de "intelectual" fundada na detenção de um tipo de "saber letrado" — decorrente da familiaridade, principalmente, com temáticas e interpretações das ciências sociais, conquistada em instituições universitárias, em círculos de sociabilidade, no contato com produções acadêmicas, entre outros — é certificada no percurso de investimentos na defesa de "problemas sociais" em domínios profissionais variados. Por outro lado, a reputação do "comprometimento político" — obtida via biografia de engajamentos, de dedicação, mais ou menos sistemática, na defesa de "causas" legítimas em arenas ou lugares específicos etc. — é edificada na capacidade de formulação, de elaboração, de mediação, de interpretação e tradução viabilizadas pelo acesso àqueles "saberes" (Reis, 2008, 2007).

A localização desses agentes como "intelectuais" das atividades políticas e profissionais que exercem levaria a tratá-los por outro viés. Atualmente a ênfase que se tem dado aos processos de acumulação mais concentrada de capital escolar agilizado para a intervenção no mundo social vem com o acento na dimensão mais técnica, especializada ou os chamados recursos de *expertise*. Observa-se, inclusive, uma tendência a opor ou substituir, por antecipação (de características, valores e formas de inscrição), as figuras sociais classificadas como *experts* daqueles "intelectuais" e "militantes". Contudo, antes que simplesmente embarcar na classificação normativa e dicotômica dessas categorias, é necessário ponderar sobre sua aparição, legitimação, efeitos que provocam nas lutas pela imposição de princípios de visão e di-visão do mundo social.

A afirmação do *expert* nos EUA e sua exportação para outros lugares são resultantes do "progresso da divisão do trabalho intelectual", em que essa figura emerge para apresentar diagnósticos amparados por uma "competência certificada em um domínio particular". No século XIX, algumas profissões, como a psiquiatria e a medicina higienista, já se atribuíam "tarefas de *expertise*", e "competência de *expertise*" nasce no âmbito da administração "com a formação de um corpo de engenheiros de altos funcionários" (Sapiro, 2009b:27). E a constituição de profissionais das ciências sociais como dedicados a produzir um conhecimento especializado (*expert*) para a elaboração de políticas públicas e sua institucionalização (se inserindo na categoria de *think tanks*), por sua vez, somente ocorre durante o século XX (Matonti e Sapiro, 2009).

Importado pela França, esse tipo compete com o "intelectual 'universalista", legitimado para "intervir sobre todas as frentes e se prevalecendo do capital simbólico que ele adquiriu em sua especialidade". Quer dizer, a figura do *expert* concorre com aqueles modos de atuação estabelecidos (do *intelectual crítico universalista* ao *agrupamento contestatório vanguardista*) e é contra ele que o modelo de *intelectual específico* foucaultiano se opõe, reivindicando a restrição da função crítica do intelectual ao seu domínio de competência (Matonti e Sapiro, 2009:6). A importação desse modo de intervenção recoloca a questão mais geral dos efeitos da circulação internacional das ideias e dos modos de evolução das formas do engajamento dos intelectuais, bem como do papel político e de mediação que eles exercem.

O "intelectual universalista" e o "expert" estão nas duas pontas da tipologia proposta por Gisèle Sapiro (2009b) sobre os modos de intervenção política dos intelectuais (franceses) *enquanto intelectuais*. Os tipos ideais foram construídos com base na combinação de três dimensões fundamentais que estruturam e definem a distribuição dos agentes no campo intelectual, a saber: o capital simbólico pessoal e/ou coletivo detido; a independência que desfrutam ou não em relação à demanda política externa; e o grau de especialização da sua atividade nos diferentes estágios de institucionalização relativos ao plano profissional.

> Os resultados encontrados foram os que seguem: o *intelectual crítico universalista* é o tipo mais "tradicional", que exerce seu profetismo legitimado pela posse de um capital simbólico pessoal (carismático) e, com autonomia, preza a crítica fundada em princípios éticos e políticos e "em nome de valores universais como liberdade e justiça"; inversamente ao anterior, o *guardião da ordem moralizador* é o "notável" que não conta com capital simbólico específico significativo e, subordinando seu pensamento às "autoridades tradicionais" (Estado e Igreja), posiciona-se em nome da conservação e reprodução da ordem social em detrimento da atividade intelectual crítica. O *contestatório e vanguardista*, em oposição ao anterior, define-se por seu engajamento no sentido de subverter a ordem no plano da criação e, visando transgredir radicalmente as normas éticas e estéticas preservando sua autonomia de julgamento, constitui o agrupamento intelectual e aciona meios dominados de ação coletiva, como os manifestos e as manifestações (capital simbólico coletivo indispensável). O *intelectual de instituição ou de organização política* (que pode ser o da religião ou de partido, como o "intelectual católico" e o "intelectual comunista") dedica-se a "ilustrar e defender a doutrina e/ou a linha ideológica da instân-

cia na qual se inscrevem", portanto sua produção é pautada pelo envolvimento na instituição que confere a autoridade dos seus posicionamentos legítimos. O *especialista consultado pelos dirigentes ou o 'expert'* trata-se de uma figura que nasce dos "processos de especialização e competição em torno da divisão do trabalho de expertise", que funda seu reconhecimento na "competência" em diferentes áreas de atuação para periciar ou produz diagnósticos, avaliações, demandadas por diferentes instituições, graças à certificação da detenção de um "saber científico" para tal. O *intelectual crítico especializado ou o 'intelectual específico'* seria a "forma especializada do intelectual crítico teorizada por Foucault", que nega o profetismo, o militantismo e o tecnocratismo nas ciências sociais, sem abdicar do exercício da crítica, no entanto específica, fundada no saber especializado, para "repensar as categorias de análise do mundo social e redefinir as problemáticas pertinentes, contra as ideias recebidas e os esquemas de percepção rotineiros", sustentando a autonomia de pensamento do intelectual e permitindo a ativação do seu capital simbólico particular em nome de causas (políticas, sociais, profissionais) variadas. E o *agrupamento contestatório especializado ou o 'intelectual coletivo'* aparece como a extensão do engajamento do "intelectual específico" ao "coletivo", concebido por Bourdieu no sentido de consagrar a produção em equipe de um conhecimento cumulativo nos marcos de determinado estágio de autonomização e concorrência do campo científico e é em nome disso ou sob essas condições que se dá a possibilidade da intervenção política coletiva. (Sapiro, 2009b)

Assim, têm-se alguns dos fatores que condicionam a polarização (hierarquização) dos agentes a partir da ocupação de posições mais dominantes ou dominadas, que exercem suas atividades intelectuais de forma relativamente autônoma ou heterônoma e que assumem e justificam posturas de caráter mais "generalista" ou "especializado" em suas tomadas de posição.

Recentemente, uma série de pesquisas vem sendo desenvolvida para tratar do trabalho ativo desses agentes que se caracterizam como *experts* e garantem seu trânsito internacional em diferentes esferas de intervenção, munidos de recursos adquiridos em instituições nos EUA, viabilizando, por esse intermédio, a universalização desses mesmos princípios e a reprodução da hegemonia norte-americana. Dezalay e Garth (2000) têm se destacado nesse investimento, sobretudo a partir das pesquisas sobre a adoção das chamadas políticas neoliberais e a implantação dos princípios do consenso de Washington. E no que esse processo é tributário de outros que demarcaram: a substituição dos bacharéis por técnicos-políticos; a adoção de estratégias internacionais e uso do capital internacional; os desdobramentos das chamadas guerras palacianas; a edificação de lógicas de dolarização do conhecimento; o favorecimento disso pelo paralelismo entre países exportadores e importadores, sobretudo no que diz respeito às profissões e ao conhecimento técnico; e a existência, constatada pelos autores, de homologias estruturais (entre as posições dos agentes atuantes em diferentes países) entre norte e sul (mantidas mesmo com a afirmação de técnicos-políticos, em oposição aos políticos-bacharéis). Sublinha-se que tais evidências estão sustentadas na comparação entre o Chile, o México, o Brasil e a Argentina.

Nicolas Guilhot (2001) partiu desses aspectos para perquirir as lógicas da expansão da indústria de promoção dos direitos humanos e dos processos de democratização desde Washington que resultaram na reconversão de militantes anti-imperialistas em *experts* do Estado. Ou seja, profissionais que foram absorvidos pelas estratégias de gestão de programas internacionais fixados por esse centro, que financiou os mais variados investimentos de "formulação", permitindo que agentes com determinados "perfis" profissionais e capital militante acionassem seus saberes de perícia e de conhecimento de causa no sentido da adesão e consagração da democracia e da causa dos direitos humanos. O que, por sua vez, garantiria a própria sustentação dos discursos e contradições das políticas de estado americano. Nascem, assim, os "profissionais da democratização", "beneficiários" de investimentos econômicos e institucionais, que se constituem como consultores, ONGs, centros de pesquisas universitários, associações profissionais; muitos politólogos que se servem da caução científica para coadunar seus estudos sobre as "transições democráticas" (sobretudo na América Latina) com a agenda. A ambiguidade da sua prática transnacional é a de que, adotando a causa "democrática" de um ponto de vista pretensamente descolado do Estado, eles contribuem na própria produção de uma ideia de Estado. Ou seja, estão inscritos nas chamadas "guerras palacianas" ou nas "lutas não somente pelo controle do Estado, mas também pelos valores relativos dos indivíduos e dos conhecimentos que dão forma e direção ao Estado" (Dezalay e Garth, 2000:164).

Enfatiza-se que esses agentes são detentores de recursos multifacetados, indispensáveis para a legitimidade do seu trânsito entre diferentes esferas, que define o exercício de sua atuação e, dependendo das suas condições (relacionais e concorrenciais) e estratégias de uso, ocupam posições privilegiadas no campo do poder nacional e internacional. Objetivando apontar algumas pistas no sentido de apreender a estrutura interna do espaço dos *think tanks* nos EUA, Tom Medvetz (2008)[10] pondera que os mesmos fatores que levam esses agentes a ocupar uma posição central no campo do poder são também responsáveis por sua vulnerabilidade diante das diferentes áreas específicas que são articuladas na constituição dessa figura híbrida. Neste caso, a discussão entre *heteronomia* em oposição à *autonomia* se complexifica, pois se está diante de múltiplas relações heterônomas (acadêmicas, políticas, econômicas...) que cortam esse

---

[10] Antes que uma oposição entre "intelectuais" e *experts*, Thomas Medvetz (2009), que pesquisou a emergência e afirmação dos chamados *think tanks* e *experts* da política pública nos Estados Unidos, propõe não somente romper com a busca essencialista dos *policy experts* nos "intelectuais genuínos" ou "lobistas disfarçados", como também enfrentar o problema da delimitação empírica do objeto à luz das categorias que constantemente definem suas fronteiras. Para tanto, é preciso concebê-los como *intelectuais híbridos* que transitam em um espaço social relacional, marcado por múltiplos níveis de hibridação estrutural. Neste caso, examinam-se tanto os impactos da intervenção dos agentes individuais nas organizações, como o efeito das instituições sobre o amplo sistema de relações no qual os *think tanks* estão envolvidos, revelando lógicas materiais e simbólicas que os animam e fundam sua autoridade.

universo, se cruzam e geram formas complexas. Cada uma das diferentes demandas sobre a produção de um diagnóstico exige um "custo específico" e uma economia particular, isto é, mesmo que isso não elimine a "busca pela autonomia intelectual", ela será sempre barrada pelo "conflito com os outros princípios" (Medvetz, 2008:10).

Na França, os usos das competências escolares como fundamento de um saber científico acionado (em oposição à "contaminação política" ou "ideológica" do saber) para oferecer aos poderes públicos diagnósticos pretensamente "neutros" (que se enquadram no modelo do *expert* importado dos Estados Unidos) cooperaram na reconfiguração do espaço de concorrência sobre as definições e modalidades legítimas de atuação profissional. Nesta dinâmica, os conflitos emergem das formas de conceber as relações entre a produção de conhecimento sobre o mundo social e a prática política ou sobre as modalidades de intervenção política dos "intelectuais". A luta travada é em torno do desenho das fronteiras entre saber científico e o campo do poder. Num contexto que oportunizou a emergência, de um lado, de um lugar de autonomia do intelectual livre dos constrangimentos externos e, de outro lado, a reivindicação de responsabilidade do intelectual contra os poderes estabelecidos, a política de planificação durante a Ve République chamou economistas, urbanistas e sociólogos para "estudar a conjuntura, a renovação urbana, ou ainda as condições de democratização do acesso à cultura" (Sapiro, 2009b:27).[11]

Michael Pollak (1976), quando tratou das políticas de planificação das ciências sociais na França, a partir de 1958, verificou que, desde a sua gênese, as instâncias de produção dessas "políticas científicas" se situam fora da universidade e se relacionam diretamente com as demandas sociais, suscitando a reflexão acerca do "caráter duplamente relativo" da autonomia de uma disciplina:

---

[11] Sobre as distinções e reconciliações entre o *savant* e o *político* que se sintetizam em três tipos de alternativas para os "intelectuais" franceses, quais sejam, o *intelectual revolucionário*, o *intelectual de governo* e o *intelectual específico*, ver Gerard Noiriel (2005).

Essa autonomia se define, de um lado, pela posição que a disciplina ocupa nas hierarquias próprias ao campo científico, de outro lado, pelas relações que ela estabelece com o campo do poder por meio das disposições estatutárias que regem sua prática ou seu ensino, dos agentes interessados no seu funcionamento, das fontes de financiamento etc. (Pollak, 1976:106).

O conjunto de considerações acima desperta indagações acerca da recepção de esquemas de pensamento e formas de classificação em sociedades como a brasileira, sobretudo no que diz respeito às condições de autonomização e institucionalização de vários campos de saber, especificamente no âmbito das ciências humanas e sociais.

Pode-se afirmar que predominantemente as pesquisas referidas aqui partem do modelo construído por Pierre Bourdieu para testar as conexões entre o campo cultural ou do saber e o campo do poder na França, que informam relações objetivas entre posições somadas às relações objetivas entre as tomadas de posição e que evidencia uma "homologia de estruturas em quiasmo" (Bourdieu, 1996b). O fato, por exemplo, de o campo acadêmico contar com critérios de consagração próprios significa que a ocupação de posições dominantes em seu interior é definida por esses princípios e não por critérios e lógicas exteriores a ele; assim, quanto mais heterônomas, mais dominadas são as posições neste polo. Logo, quanto mais os princípios externos se fortalecem neste campo, maior o seu enfraquecimento, haja vista que, no espaço social em geral, ele ocupa uma posição dominada em relação ao campo do poder, no qual as posições dominantes são distribuídas por critérios de sucesso social, sobretudo, o capital econômico e o prestígio pessoal.

Para o Brasil, Odaci Luiz Coradini verificou que a expansão do ensino universitário não produziu um campo escolar estruturado em eixos de oposição semelhantes aos mencionados; antes disso, o polo acadêmico, além de ser mais heterônomo, também não constituiu um subcampo de produção restrita erguido em bases científicas. Há uma coincidência entre as disciplinas que são associadas ao campo do poder e os cursos que são escolar e socialmente dominantes, e aqueles que seriam propriamente "escolares", como as licenciaturas e bacharelados, são significativamente dominados neste espaço. Assim, "os referenciais de valorização e hierarquização escolar", pelo que se pode constatar, são "os dos cursos dominantes e mais dirigidos às aplicações práticas do conhecimento e seus respectivos estilos de vida e de consumo" (Coradini, 1997:53). Adiciona-se a isso que, ao menos numa "perspectiva mais diretamente corporativa" e "tecnocrática", há a preponderância da "política" nos termos brasileiros, isto é, da "mediação entre lógicas" que são, ao mesmo tempo, das "relações personificadas, [da] representação corporativa e [da] ocupação de postos nas burocracias públicas, em graus e instâncias diversas" (Coradini, 1997:53).

Coradini (1997, 1998, 2002, 2004a, 2004b, entre outros) aponta a existência de uma subordinação das *atividades e carreiras escolares ou acadêmicas* àquelas de *cunho mais 'político' e 'cultural'*, gerando a tendência de fazer, dos atos escolares, atos políticos, para que tenham algum tipo de impacto. O que se traduz na relevância (exercida ou reivindicada) do "engajamento em diferentes esferas de militância e mediação social e cultural" entre os professores universitários das ciências humanas e sociais. Tais inscrições militantes permitem a constituição de um *capital de relações sociais* (não raro acrescido àquele oriundo do grupo familiar) que contribui para a ocupação de determinadas posições no âmbito profissional e, inclusive, político-partidário, assim como favorece o trânsito nacional e internacional dos agentes (Coradini, 2004a:220).

Esses aspectos se refletem em dificuldades para localizar estudos sobre determinados temas em que não predomine o princípio normativo, como é o caso daqueles sobre políticas públicas. Não raro, estes se inscrevem diretamente num universo de discussões orientadas ou pela descrição de mecanismos formais acionados nos processos decisionais, ou de avaliação das temáticas e procedimentos adotados, ou de elaboração de diagnósticos apontando falhas e potencialidades de engenharia política, ou de tentativas de prescrição de alternativas mais eficientes (Reis, 2010).

Neste caso, a questão não é a existência desse polo de produção de conhecimento voltado para as demandas externas, muito menos que não seja importante conceber e operacionalizar políticas eficientes. Parece importante se interrogar sobre como laudos, assessorias e perícias, ou um dever de engajamento, ou a libido para a ocupação de posições de poder político (e suas retribuições materiais e simbólicas) são discerníveis do trabalho acadêmico voltado para a busca de princípios e regularidades que explicam fenômenos cientificamente tratados. Portanto, impõe-se a reflexão sobre as condições de possibilidade de se produzir conhecimento sociológico, relativamente autônomo das exigências externas e, por esse motivo, fielmente crítico, mesmo que seja motivado por aquela crença de cientista mencionada por Bourdieu, de que é preciso conhecer os mecanismos sociais para poder dominá-los.

CONSIDERAÇÕES FINAIS

Observou-se ao longo deste capítulo o papel dos profissionais da manipulação de bens simbólicos na construção da "nação" e da "identidade nacional"; nas transações de modelos institucionais, teóricos, culturais, morais etc.; em múltiplos intercâmbios com domínios sociais distintos (políticos, religiosos, familiares...); reinventando constantemente suas posições tendo em vista as diferentes dinâmicas de concorrência nas quais se inscrevem; inclusive e, sobretudo, no empenho em operacionalizar esquemas analíticos apropriados para o exame de diferentes circunstâncias de produção e atuação de agentes reconhecidos como "intelectuais".

"Pensadores", "intelectuais", "cientistas", "*experts*": são os processos históricos e as relações sociais que produzem seus intérpretes autorizados ou formuladores reconhecidos, agentes que oferecem e disputam explicações sobre o mundo social que tem por sentido construir os sentidos indispensáveis para fazer a existência ter sentido e, por esse intermédio, afirmar o seu próprio sentido de existência (com as vantagens simbólicas e materiais que isto pode implicar).

A pertinência de se realizar uma "sociologia dos intelectuais" é que ela é também uma "sociologia da sociologia". Isso significa que, desvendados os mecanismos históricos e sociais que condicionam o domínio da produção de ideias, conhecimentos e valores, tem-se a oportunidade de conhecer as condições objetivas de realização do trabalho sociológico. Por esse meio, é possível identificar e tomar distância sobre os constrangimentos que pesam sobre o seu exercício sem deixar de perceber o lugar que se ocupa nessas lutas por definição de fronteiras. Olhar crítico que deve ser projetado sobre si mesmo relativamente aos objetos e às condições efetivas para a produção de conhecimento, o que colabora significativamente para o avanço da compreensão dos fenômenos sociais e dos instrumentos analíticos mais adequados à sua apreensão.

Foram retomadas reflexões que abordaram a questão da *autonomia* em oposição à dependência da produção intelectual das demandas externas, estando a *heteronomia* no cerne da constituição de uma posição dominada no interior do campo intelectual ou mesmo de constituição de um *campo cultural periférico*. Neste caso, enfatiza-se a busca das condições das lutas de "competências" das diferentes atividades intelectuais e científicas em distintos países, notavelmente, para o que nos interessa, em *dinâmicas órfãs* ou regiões periféricas no interior dessas dinâmicas. No que são pautados por lógicas e critérios centrais de reconhecimento? Como se relacionam com os demais domínios sociais? Quais as propriedades sociais dos agentes que se dedicam a essas atividades? Como, em que domínios e sob que condições conjunturais e concorrenciais ativam seus trunfos? Quais os princípios que definem a sua hierarquização em dado espaço relacional e seu trânsito social? Como concebem suas atividades? Quais são e como as suas instituições específicas se constituem e que lugar elas ocupam nas estratégias de consagração dos agentes e das categorias de "intelectuais"? Quais as formas e causas que os mobilizam? Qual é seu público-alvo, como recebem sua produção e em que condições históricas e de luta as interpretam? Essas são apenas algumas das indagações que podem orientar um estudo sobre "elites intelectuais" nos termos que aqui foram propostos.

REFERÊNCIAS

ALONSO, Angela. *Ideias em movimento*. A geração de 1870 na crise do Brasil-Império. Rio de Janeiro: Paz e Terra, 2002.

ANJOS, José Carlos dos. *Intelectuais, literatura e poder em Cabo Verde*. Tese (doutorado) — Programa de Pós-Graduação em Antropologia Social, Universidade Federal do Rio Grande do Sul, 1998.

BADIE, Bertrand. *L'État importé*. Paris: Fayard, 1992.

____; HERMET, Guy. *Política comparada*. México: Fondo de Cultura Económica, 1993.

BOSCHETTI, Anna. Les transferts théoriques comme *ars inveniendi*. "Science des oeuvres" et science de la politique (Postface). In: COHEN, Antonin et al. *Les formes de l'activité politique*. Éléments d'analyse sociologique (XVIII-XX siècle). Paris: PUF, 2006. p. 485-507.

BOURDIEU, Pierre. A delegação e o fetichismo político. In: BOURDIEU, Pierre. *Coisas Ditas*. São Paulo: Brasiliense, 2004. p. 188-206.

____. *A economia das trocas linguísticas*. São Paulo: Edusp, 1996c.

____. *A economia das trocas simbólicas*. São Paulo: Perspectiva, 1992.

____. *As regras da arte*. São Paulo: Companhia das letras, 1996b.

____. Critique de la raison théorique. In: BOURDIEU, Pierre. *Le sens pratique*. Paris: Minuit, 1980.

____. Dois imperialismos do universal. In: LINS, Daniel; WACQUANT, Loïc (Org.). *Repensar os Estados Unidos*. Por uma sociologia do superpoder. Campinas; São Paulo: Papirus, 2003.

____. Espíritos de Estado. Gênese e estrutura do campo burocrático. In: ____. *Razões práticas*. Sobre a teoria da ação. Campinas: Papirus, 1996a. p. 91-135.

____. Introdução a uma sociologia reflexiva. In: BOURDIEU, Pierre. *O poder simbólico*. Rio de Janeiro: Difel, 1989a.

____. *La Noblesse d'État*: grandes ecoles et esprit de corps. Paris: Les Editions de Minuit, 1989b.

____. Les conditions sociales de la circulation internationale des idées. In: SAPIRO, Gisele (Dir.). *L'espace intellectuel en Europe*. De la formation des États-nations à la mondialisation (xix-xxi siècle). Paris: La Découverte, 2009. p. 27-39.

_____. Lições da aula. São Paulo: Ática, 1988.

_____. Un livre à brûler? In: BOURDIEU, Pierre. *Homo academicus*. Paris: Minuit, 1984.

_____; SAINT-MARTIN, Monique de. Agrégation et ségregation: le champ des grandes écoles et le champ du pouvoir. *Actes de la Recherche en Sciences Sociales*, v. 69, n. 69, p. 2-50, sept. 1987.

CARVALHO, José Murilo de. *A construção da ordem*. Rio de Janeiro: Relumé Dumará, 1996.

CASTRO FARIA, Luiz de. *Oliveira Vianna. De Saquarema à Alameda São Boaventura, 41 — Niterói. O autor, os livros, a obra*. Rio de Janeiro: Relume Dumará, 2002.

CHARLE, Christophe. Introduction. In: _____. *Les élites de la République (1880-1900)*. Paris: Fayard, 1987. p. 7-25.

_____. *Les intelectuels en Europe du XIX siècle*. Essai d'histoire comparée. Paris: Editions du Seuil, 2001.

_____. Les intelllectuels en Europe dans la seconde moitié du XIX siècle, essai de comparaison. In: SAPIRO, Gisele (Dir.). *L'espace intellectuel en Europe*. De la formation des États-nations à la mondialisation (xix-xxi siècle). Paris: La Découverte, 2009. p. 69-109.

_____. *Naissance des 'intellectuels' (1880-1900)*. Paris: Editions de Minuit, 1990.

CORADINI, Odaci Luiz. A formação e a inserção profissional dos professores de ciências humanas e sociais no Rio Grande do Sul. In: ALMEIDA, Ana Maria F. et. al. *Circulação internacional e formação intelectual das elites brasileiras*. Campinas: Editora da Unicamp, 2004a. p. 213-240.

_____. As elites como objeto de estudos. In: _____ (Org.). *Estudos de grupos dirigentes no Rio Grande do Sul*: algumas contribuições recentes. Porto Alegre, Editora da UFRGS, 2008. p. 7-18.

_____. As missões da "cultura" e da "política": confrontos e reconversões de elites culturais e políticas no Rio Grande do Sul (1920-1960). *Estudos Históricos*, Rio de Janeiro, n. 32, p. 125-144, 2003b.

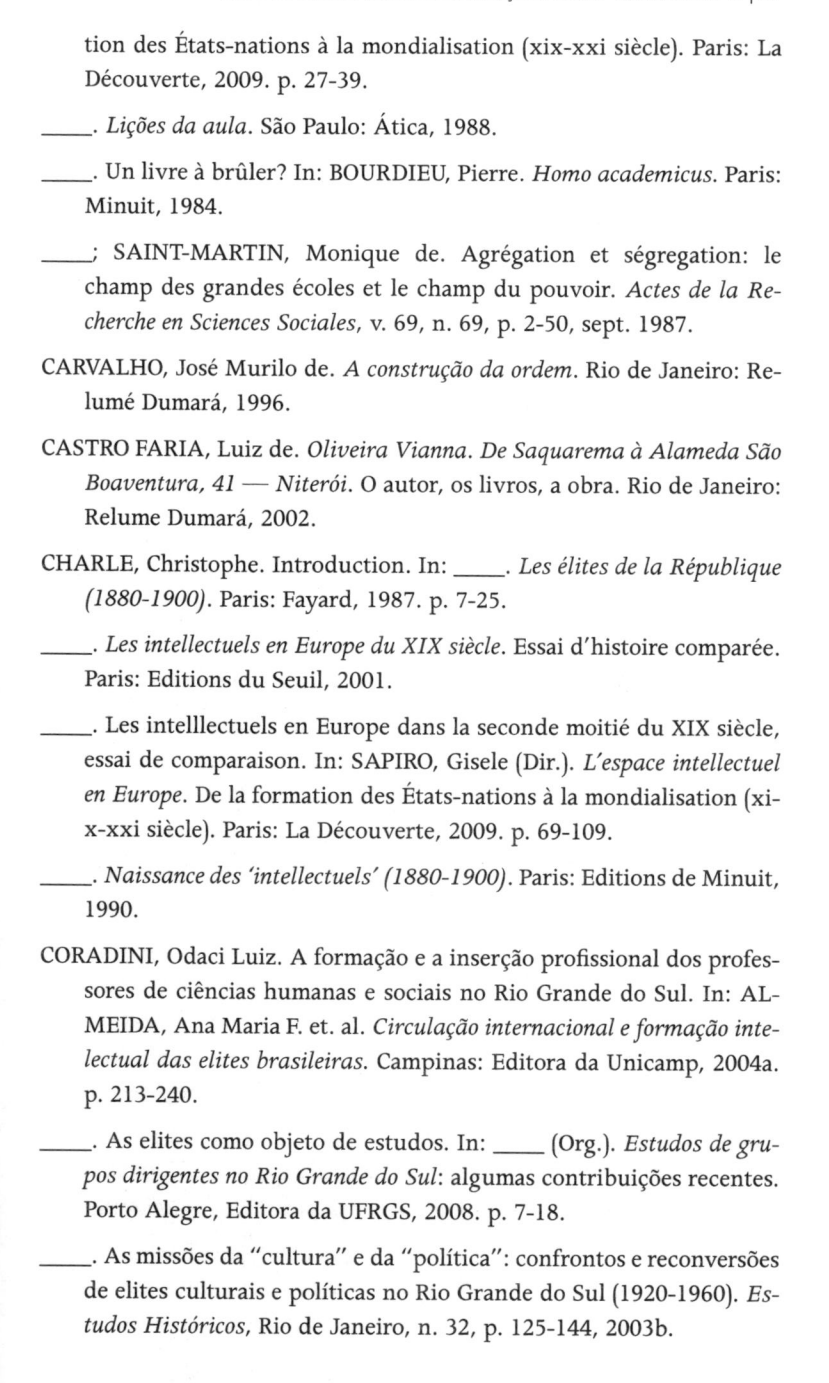

_____. *Elites culturais e concepções de política no Rio Grande do Sul entre as décadas de vinte e sessenta*. Relatório de Pesquisa para CNPq. Porto Alegre, 1998. Mimeografado.

_____. Escolarização, militantismo e mecanismos de "participação" política. In: HEREDIA, Beatriz et al (.). *Como se fazem eleições no Brasil*: estudos antropológicos. Rio de Janeiro: Relumé Dumará, 2002. p. 103-153.

_____. *Expansão e internacionalização do ensino universitário e mediação cultural dos professores de ciências humanas e sociais* (versão resumida). Relatório de Pesquisa, 2003a. Mimeografado.

_____. O "referencial teórico" de Bourdieu e as condições para sua aprendizagem e utilização. *Revista Veritas*, v. 41, n. 162, p. 207-220, 1996.

_____. O ensino universitário de teologia, as relações centro/periferia e os usos das ciências humanas e sociais. In: COLÓQUIO CIRCULAÇÃO INTERNACIONAL E NOVA ORDEM DE CONHECIMENTO, 2004, Campinas. 2004b. Mimeografado.

_____. Origens sociais e princípios de hierarquização escolar: a formação de "intelectuais à brasileira". *Cadernos de Ciência Política*, Porto Alegre, n. 6, p. 1-55, 1997.

DEZALAY, Yves; GARTH, Briant. A dolarização do conhecimento técnico-profissional do Estado: processos transnacionais e questões de legitimação na transformação do Estado (1960-2000). *Revista Brasileira de Ciências Sociais*, São Paulo, v. 15, n. 43, p.163-175, jun. 2000.

DULONG, Delphine. Quand l'economie devient politique. La conversion de la compétence economique en compétence politique sous la V République. *Politix*, n. 35, p. 109-130, 1996.

ELIAS, Norbert. *A sociedade de Corte*. Rio de Janeiro: Jorge Zahar, 2001.

FERREIRA, Daniela Maria. O uso da militância política na constituição de espaços de debates filosóficos no Brasil. *Cadernos Ceru*, série 2, v. 20, n. 1, p. 205-222, jun. 2009.

GAÏTI, Brigitte. La science dans la mêlée: usages croisés des discours savants et militants. In: HAMMAN, Philippe; MÉON, Jean-Matthieu; VERRIER, Benoît. *Discours savants, discours militants*: mélange des genres. Paris: l'Hartmattan, 2002. p. 293- 309.

GARCIA JR., Afrânio. A dependência da política: Fernando Henrique Cardoso e a sociologia no Brasil. *Revista Tempo Social*, São Paulo, v. 16, n. 1, jun. 2004.

____. Les intellectuels et la conscience nationale au Brésil. *Actes de la Recherche en Sciences Sociales*, n. 98, p. 20-33, juin 1993.

____; SORÁ, Gustavo. Prefácio. In. CASTRO FARIA, Luiz de. *Oliveira Vianna. De Saquarema à Alameda São Boaventura, 41 — Niterói. O autor, os livros, a obra*. Rio de Janeiro: Relume Dumará, 2002. p. 11-18.

GRILL, Igor G. *"Heranças políticas" no Rio Grande do Sul*. São Luís: Edufma, 2008.

____; REIS, Eliana T. dos. O que escrever quer dizer na política? Carreiras políticas e gêneros de produção escrita. *Revista Pós Ciências Sociais*, n. 17, p. 101-121, 2012.

GRYNSZPAN, Mário. *Ciência, política e trajetórias sociais*: uma sociologia histórica das elites. Rio de Janeiro: Editora FGV, 1999.

GUILHOT, Nicolas. Les professionnels de la démocratie. Logiques militantes et logiques savantes dans le nouvel internationalisme américain. *Actes de la Recherche em Sciences Sociales*, Paris, n. 139, p. 53-65, 2001/2003.

HEILBRON, Johan. Repenser la question des traditions nationales en sciences sociales". In: SAPIRO, Gisèle (Dir.). *L'espace intellectuel en Europe. De la formation des États-nations à la mondialisation* (xix-xxi siècle). Paris: La Découverte, 2009. p. 301-317.

LEBARON, Frédéric. *La croyance économique*: les économistes entre science et politique. Paris: Seuil, 2000.

MARTINS, Luciano. A gênese de uma intelligentsia — os intelectuais e a política no Brasil, 1920 a 1940. *Revista Brasileira de Ciências Sociais*, v. 2, n. 4, p. 65-87. 1987.

MATHIEU, Lilian. La "conscientisation" dans le militantisme des années 1970. In: HAMMAN, Philippe; MÉON, Jean-Matthieu; VERRIER, Benoît. *Discours savants, discours militants*: mélange des genres. Paris: l'Hartmattan, 2002. p. 251- 270.

MATONTI, Frédérique; SAPIRO, Gisèle. L'engagement des intellectuels: nouvelles perspectives. *Actes de la Recherche en Sciences Sociales — Engagements intellectuels*, n. 176-177, p. 4-7, 2009.

MEDVETZ, Tom. Hybrid intellectuals: toward a theory of think tanks and public policy experts in the United States. *Paper Social Sciences*. Department of Science & Technology Studies Colloquium Series. Cornell University, Jan. 28, 2009.

_____. Think tanks as an emergent Field. *The Social Science Research Council*, Oct. 2008. 10 p.

MICELI, Sergio. *Intelectuais e classe dirigente no Brasil (1920-1945)*. Rio de Janeiro: Difel, 1979.

NEIBURG, Federico. *Os intelectuais e a invenção do peronismo*. São Paulo: Edusp, 1998.

NOIRIEL, Gérard. *Les fils maudits de la République*: l'avenir des intellectuels en France. Paris: Fayard, 2005.

OLIVEIRA, Wilson José F. de. Elites culturais, militantismo e participação na defesa de causas ambientais. In: CORADINI, Odaci Luiz (Org.). *Estudos de grupos dirigentes no Rio Grande do Sul*: algumas contribuições recentes. Porto Alegre: Editora da UFGRS, 2008. p. 103-128.

ORTIZ, Renato. *Cultura brasileira e identidade nacional*. São Paulo: Brasiliense, 1985.

PÉCAUT, Daniel. *Os intelectuais e a política no Brasil, entre o povo e a nação*. São Paulo: Ática, 1990.

POLLAK, Michael. La planification des sciences sociales. *Actes de la recherche en sciences sociales*, v. 2, n. 2.2-3, p. 105-121, 1976.

QUATTROCCHI-WOISSON, Diana. *Un nationalisme de déracinés*. Paris: Editions du Centre National de la Recherche Scientifique, 1992.

REIS, Eliana T dos. *Juventude, intelectualidade e política*: espaços de atuação e repertórios de mobilização no MDB gaúcho dos anos 70. Dissertação (mestrado) — Programa de Pós-Graduação em Ciência Política, Universidade Federal do Rio Grande do Sul, 2001.

_____. A "arte" da intervenção política: carreiras e destinos de protagonistas que "lutaram contra a ditadura" no Rio Grande do Sul.

In: CORADINI, Odaci Luiz (Org.). *Estudos de grupos dirigentes no Rio Grande do Sul*: algumas contribuições recentes. Porto Alegre, Editora da UFRGS, 2008. p. 43-60.

_____. *Contestação, engajamento e militantismo*: da luta contra a ditadura à diversificação das modalidades de intervenção política no RS. Porto Alegre: Gráfica da UFRGS, 2007.

_____. Em nome da "cultura": porta-vozes, mediação e referenciais de políticas públicas no Maranhão. *Sociedade e Estado* (UnB. Impresso), v. 25, n. 3, p. 499-523, set./dez. 2010.

_____. O Iepes do Rio Grande do Sul: "guarda-chuva" institucional e "universidade política" para os militantes de esquerda durante o regime militar. *Revista de História (UFES)*, Vitória, v. 16, p. 33-56, 2004.

_____; GRILL, Igor G. Letrados e votados: lógicas cruzadas do engajamento político no Brasil. *Revista Tomo*, n. 13, p.127-168, jul./dez. 2008.

SAPIRO, Gisèle. Elementos para uma história do processo de autonomização: o exemplo do campo literário francês. *Revista Tempo Social*, São Paulo,v. 16, n. 1, jun. 2004.

SAPIRO, Gisèle. Introduction. In: _____ (Dir.). *L'espace intellectuel en Europe*. De la formation des États-nations à la mondialisation (XIX-XXI siècle). Paris: La Découverte, 2009a. p. 5- 25.

_____. Modèles d'intervention politique des intellectuels — le cas français. *Actes de la recherche en sciences sociales - Engagements intellectuels*, n. 176-177, p. 8-31, 2009b.

SEIDL, Ernesto. Intérpretes da história e da cultura: carreiras religiosas e mediação cultural no Rio Grande do Sul. *Anos 90*, Porto Alegre, v. 14, n. 26, p. 77-110, dez. 2007.

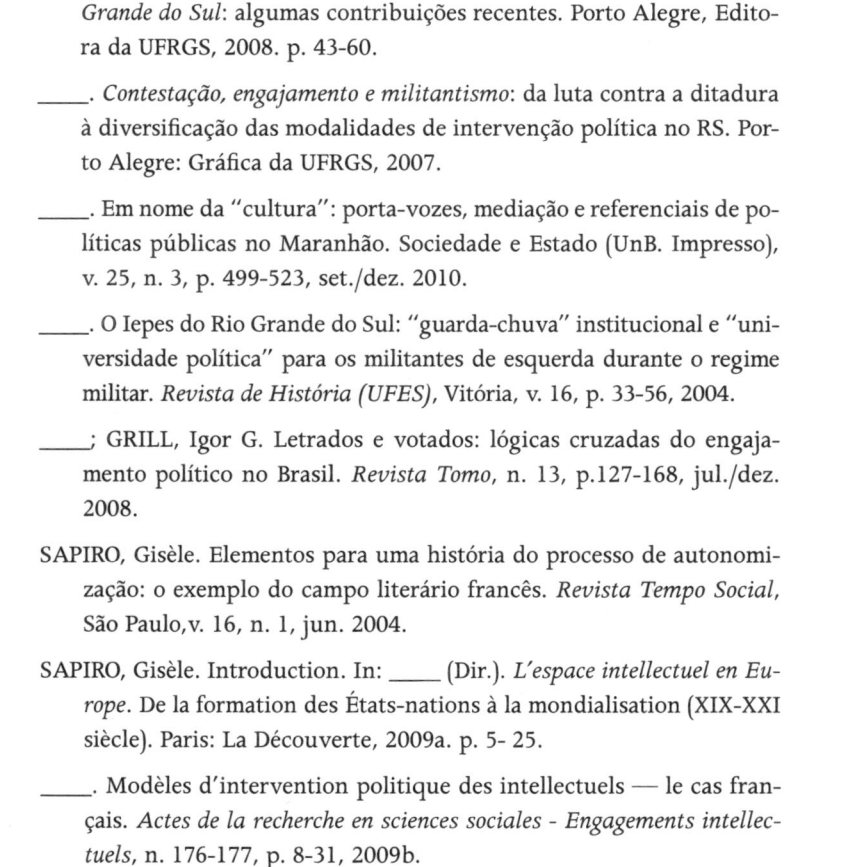

_____. Lógicas cruzadas: carreiras religiosas e política. *Revista Pós Ciências Sociais*, São Luís, v. 6, n. 11, p. 11-27, jan./dez. 2009.

SIGAL, Silvia. Introducción: intelectuales, cultura y política. In: SIGAL, Silvia. *Intelectuales y poder em Argentina*. La década del sesenta. Argentina: Siglo Veintiuno de Argentina Editores, 2002. p. 1-17.

SIMÉANT, Johanna. Friches, hybrides et contrebandes: sur la circulation et la puissance militantes des discours savants. In: HAMMAN,

Philippe; MÉON, Jean-Matthieu; VERRIER, Benoît. *Discours savants, discours militants*: mélange des genres. Paris: l'Hartmattan, 2002. p. 17-53.

SORÁ, Gustavo. Prácticas de oficio. Investigación y reflexión en Ciencias Sociales. *Publicación del Posgrado en Ciencias Sociales UNGS-Ides*, n. 5, dic. 2009. Disponível em: <www.ides.org.ar/shared/practicasdeoficio/2009_nro5/entre2.pdf>.

SORJ, Bernardo. *A construção intelectual do Brasil contemporâneo*: da resistência à ditadura ao governo FHC. Rio de Janeiro: Jorge Zahar, 2001.

TRINDADE, Hélgio. Bases da democracia brasileira. In: ROUQUIE, Alain et al. *Como renascem as democracias*. São Paulo: Brasiliense, 1985. p. 46-72.

VERRIER, Benoît. Expert, idéologue, militant: la production d'une ressource socialiste (1964-1969). In: HAMMAN, Philippe; MÉON, Jean-Matthieu; VERRIER, Benoît. *Discours savants, discours militants*: mélange des genres. Paris: l'Harmattan, 2002. p. 83-107.

CAPÍTULO 3

"Em torno do poder": ciência e instituições políticas

Fabiano Engelmann

INTRODUÇÃO

A expressão "em torno do poder" tem um sentido próprio: para bem analisar o problema das origens da ciência de Estado, é preciso retomar seu lugar de produção, o espaço "em torno do poder", a corte, que torna-se um lugar de produção e de luta intelectual, alternativamente à universidade. Corte e universidade parecem formar, ao final da Idade Média, os dois polos em torno dos quais se desenvolvem as carreiras dos intelectuais (...). De forma que as lutas sociais entre intelectuais podem ser lidas como lutas pela legitimidade política de tal ou qual campo do saber aos olhos do rei[1]. (Anhein, 2000)

Este texto tem por objetivo enfocar a relação entre a produção de conhecimento científico sobre as instituições políticas com as estratégias de poder político de diferentes grupos sociais. Uma primeira questão que se estabelece para este tipo de estudo é analisar o papel desempenhado pelo conhecimento científico-acadêmico na construção da universalidade de teorias, doutrinas e prescrições sobre instituições políticas que são produtos de contextos

---

[1] No original: *L'expression "autour du pouvoir" est à prendre au sens propre: pour bien poser le problème des origines de la science de l' État, Il faut le remplacer dans son lieu de production, l' espace "autour du pouvoir", La cour, qui devient alors un lieu de production et de luttes intelecuelles, alternativement, à l' université. Cour et université semblent former, à la fin du Moyen Âge, les deux pôles autour desqueles se développent les carrières des intellectuels (...). De la sorte, les luttes sociales entre intellectuels pourraient être lues comme des luttes pour la légitimité politique de tel ou tel champ du savoir aux yeux du roi* (Anhein, 2000).

históricos específicos. Busca-se discutir essa questão propondo-se entender as origens e os processos de construção de abordagens e agendas de pesquisa sobre o tema.

Uma segunda questão concerne à abordagem do peso dos agentes políticos na legitimação de modelos em diversos contextos. Nesse sentido, propõe-se a análise da circulação internacional das ideias e dos grupos dirigentes como uma das portas de entrada nesta problemática tomando-se como base estudos realizados sobre a circulação internacional de elites brasileiras.

INSTITUIÇÕES POLÍTICAS E UNIVERSALIDADE

A emergência das diversas espécies de regras burocráticas, textos constitucionais, sistemas de governo e demais arcabouços institucionais que "puseram em forma" o Estado Ocidental pode ser relacionada a longos processos de legitimação do poder político de determinados grupos sociais. Como aponta a sociologia da dominação de Weber,[2] é importante considerar as estruturas sociais que permitiram a legitimação de determinadas práticas de exercício do poder político como esfera social especializada. A diferenciação da esfera política nas sociedades ocidentais ensejou a construção de uma cosmovisão sobre o Estado, assim como de pensadores da política — "espíritos de Estado" — na acepção de Bourdieu (1993). A emergência de categorias de pensamento sobre o correto funcionamento das instituições envolve a batalha entre diferentes intérpretes das conjunturas políticas sobre o saber científico sobre as mesmas.

A análise desses longos processos e suas diferentes variantes é o objeto da sociologia histórica[3] focada na comparação de processos revolucionários que redundaram em reconfigurações na centralização de poder político por diferentes atores. Esta abordagem

---

[2] Ver Weber (1997).
[3] Para um apanhado geral das referências da sociologia histórica ver Badie (1992b), Tilly (1985) e Bendix (1996).

destaca a especificidade de dinâmicas de formação do Estado — rompendo assim com ideias de desenvolvimento político calcadas em supostos universais de desenvolvimento político — e relaciona os cursos de ação dos atores políticos com as cosmovisões nacionais e a emergência das formas institucionais.

Do mesmo modo, acentuando o peso de trajetos e origens sociais dos grupos de dirigentes políticos e das elites intelectuais na França e Europa Ocidental incidindo sobre os séculos XIX e XX, um conjunto de trabalhos contribui para uma história social dos formatos institucionais nesses países acentuando a ação dos intelectuais e da profissionalização da política. Em uma perspectiva comparativa das sociedades europeias, pode-se destacar os trabalhos de Charle (2001, 1987) sobre os intelectuais e as diversas espécies de elites burocráticas na França. Enfocando os grupos dirigentes franceses, o conjunto de pesquisas reunido na coletânea dirigida por Offerlé (1999), que aborda a emergência de profissionais da política, mostra os vínculos entre as características e trajetórias sociais e a construção de recursos políticos na formação do ofício de político.

O conjunto dessas pesquisas não está preocupado apenas com a descrição de "quem são" os grupos dirigentes e as respectivas posições ocupadas no âmbito do poder político, mas em demonstrar como os processos políticos, as batalhas pelo poder político que opõem a mobilização de diversos recursos sociais têm um peso importante na permanente redefinição do sentido das instituições. Ou seja, nesta linha, os formatos institucionais não estão apartados das estratégias de obtenção do poder pelas elites políticas, tampouco aparecem como um epifenômeno da esfera econômica. Estão integrados ao jogo de legitimação dos grupos políticos e têm seu sentido definido ao longo das disputas no espaço social e político.

Nesse caminho, os textos de Lacroix (1985) e Lagroye (1997, 2003) apontam a grande dificuldade epistemológica do estudo das instituições na forma como se constituiu parte significativa dos trabalhos de ciência política. Os autores referem a necessidade de uma ruptura com a "análise política" e postulam o estudo das instituições situadas como fenômeno social. A separação da dimensão política das estruturas e jogos sociais que lhe subjazem contribuiu para a perda da dimensão social e histórica nos estudos que reivindicam a ciência da política. Em um mesmo sentido, pode-se afirmar que a problemática das "ideias que viajam sem seu contexto social e histórico" (Bourdieu, 2002), no caso da ciência política, contribuiu desde sua origem para a formação de supostos universais que foram consagrados, por exemplo, na agenda que conformou as questões e autores legítimos de serem estudados e difundidos pela teoria política.

As concepções de liberdade política, as matrizes da "racionalidade do Estado" que informou a agenda da filosofia política dos séculos XVIII e XIX, as diversas concepções de democracia, representação e a relação com modelos de Estado e contrato social, presentes em Hobbes, Locke, Rousseau, Tocqueville e diversos outros cânones que consagraram temas universais na teoria política podem ser mencionados como exemplares nesse processo de denegação.

Uma detalhada gênese dos supostos que perpassam as categorias de análise das instituições da teoria política escapa aos limites deste texto.[4] O que interessa aqui é que esses pressupostos informaram categorias de análise que ao serem (des)historicizadas repercutiram na formatação dos modelos institucionais tributários da tradição europeia em diversos países. Em especial, nos textos constitucionais que fortaleceram a linguagem e as posições de poder dos juristas no mundo ocidental. Tais artefatos serviram, por exemplo, à legitimação de grupos e atores políticos que construíram instituições nas colônias europeias e africanas. Categorias formais nascidas no contexto histórico da Europa ocidental,[5] como "o Parlamento", "os partidos políticos", "a democracia", "o Esta-

---

[4] Para maior detalhamento ver Lardinois (2000). Bourdieu, Christin e Will (2000) e Anhein (2000).
[5] Uma análise detalhada dos processos de importação de instituições, assim como dos caminhos metodológicos para uma sociologia da importação de modelos políticos e a hibridização em dinâmicas periféricas, pode ser encontrada em Badie e Hermet (1990).

do", se tornaram objeto consagrado também na produção de doutrinas jurídicas e de teorias políticas nativas e se hibridizaram às práticas políticas nesses "novos contextos".

O caminho por onde avançou a construção de uma ciência das instituições foi em muitos momentos o caminho contrário da busca da dimensão social do fenômeno institucional ou do estudo das formas institucionais como um fenômeno social. Por consequência, a produção desse conhecimento científico aproximou-se de uma agenda de temas estreitamente relacionada com a propagação de modelos.

Na França este caminho ficou atenuado com a convivência que se estabeleceu entre as matrizes de estudo da política que se separa dos departamentos de direito público e volta-se em direção à sociologia,[6] e para a incorporação de métodos históricos e etnográficos. Essa vertente de trabalhos coexiste com as "ciências políticas" direcionadas aos problemas de agenda de governo e formação de quadros para o espaço de poder político[7] crescentemente vinculada à ciência econômica.

Conforme acentuam Cohen, Lacroix et Riutort (2009), a partir dos anos 1970 o nascimento da sociologia política na França está na base da consolidação da ciência política e da construção de uma agenda de pesquisas distinta do direito. Conforme os autores, a partir dos anos 1980 a aproximação com os métodos históricos se faz presente em especial nas problemáticas que têm por foco a gênese dos processos políticos. Essa linha de trabalhos se consolida ao longo dos anos 1990 e 2000 originando os estudos que propõem a realização de uma sócio-história dos fenômenos políticos como método de pesquisa.[8]

No caso americano, o estudo das instituições políticas nasce imbricado à agenda de problemas de gestão do governo em uma

---

[6] Para uma história do surgimento da ciência política na França, ver Lagroye (1997).
[7] Para uma análise da relação ente a formação em ciência política e a formação de elites políticas na França, ver Garrigou (2001).
[8] Para maior detalhamento sobre a constituição dos estudos de sócio-história da política como uma disciplina, ver Buton (2009).

perspectiva prescritiva.[9] A expansão da "americanização" dos modelos institucionais nos países da África e da América Latina posiciona a ciência política ao lado da ciência econômica como mais um saber voltado para a construção de "novos sentidos" para a universalidade política. Nesses termos, a ciência das instituições imbrica-se à legitimação do poder político de novos grupos dirigentes na reconfiguração do espaço de poder que ocorre nos países latino-americanos após o final de regimes militares, tal como demonstram Dezalay e Garth (2002).

O espaço acadêmico tem um peso fundamental na fusão entre o conhecimento e a definição de formas institucionais. Ao se propor como objeto de estudo o peso do conhecimento científico sobre as instituições como recurso para a definição do sentido de modelos, um dos caminhos é procurar reconstruir os nexos entre a produção intelectual e o espaço do poder político. Em muitas abordagens, o conhecimento científico ou a difusão de ideias é tratada como forma autônoma em relação ao espaço de poder.

As redes transnacionais de *experts*, ideólogos e *think tanks*[10] (entidades que produzem análise de cenários e dados) com influência em arenas decisórias governamentais não podem ser analisadas apenas como redes de conhecimento autônomas. A análise da produção e difusão de *expertises* em escala internacional pode ser apreendida como uma internacionalização das "guerras palacianas". Conforme a definição de Bourdieu (1989), as guerras palacianas implicam não apenas o controle sobre o Estado, mas também sobre as definições legítimas dos modelos institucionais. A análise da imbricação do conhecimento científico ao espaço de poder e da formação acadêmica permite tratar a produção de *expertises* sobre modelos de instituições como um campo onde agem diversos princípios de hierarquização.

As elites que acumulam um capital internacional a partir de percursos formados pela inserção em organizações internacionais,

---

[9] Para uma história da ciência política nos Estados Unidos, ver Lowi (1994) e Feres Jr. (2000).
[10] Ver Boucher e Royo (2004).

assim como contatos e conhecimentos técnicos, mobilizam também capitais endógenos derivados de origens e trajetos sociais. A complexa combinação de recursos sociais, reconvertidos em recursos políticos com a mobilização do conhecimento científico, permite a construção da posição de mediador de modelos institucionais ao possibilitar a grupos o acesso ao espaço político na condição de *expert* ou, utilizando a expressão cunhada por Dezalay e Garth (2002), de "técnico-político".

UMA CIÊNCIA AMERICANA DAS INSTITUIÇÕES

Em um texto sobre a globalização da ciência política, Schmitter (2002) apresenta um conjunto de questões que propõe como desafio às teorias explicativas da ciência política contemporânea, entre os quais se podem destacar três: 1. "o problema das teses convergentes", que envolve a homogeneização de variáveis, métodos, conceitos e diminuição das peculiaridades nacionais e regionais; 2. "o problema da profissionalização", que favorece a marginalização de pesquisadores fora do *mainstrean*; e 3. "o problema do universalismo", ressaltando, o autor, que as instituições americanas e o civismo nos Estados Unidos são tomados como referência para a construção de variáveis de trabalho em detrimento de consideração mais detalhada de contextos históricos regionais e nacionais (Schmitter, 2002).

Outros trabalhos que se propõem a analisar as condições de emergência da ciência política americana reconhecem a imbricação da formulação desse saber disciplinar com a busca por um conhecimento científico normativo sobre as instituições profundamente relacionado com o espaço de poder.[11] A afinidade da ciência política americana com o governo e com a pauta de problematização das instituições a partir de um ponto de vista normativo, por diferentes vias, assume o mesmo viés da teoria política de matriz europeia.

---

[11] Ver maiores detalhes em Feres Jr. (2000), Lowi (1994) e Munck (2006).

O trabalho de Munck (2006), ao analisar a história dos paradigmas da análise política nos Estados Unidos, aponta na década de 1950 a chamada "Revolução behaviorista" como representando uma tendência que introduziu métodos de trabalho empíricos influenciados pela psicologia experimental e teve por um de seus focos combater as análises institucionalistas formais presentes na teoria política, desqualificada como não ciência. Com foco em estudos de "socialização política", o movimento comportamentalista propunha uso de descrições objetivas, generalizações empíricas, métodos quantitativos e multidisciplinaridade com outras ciências do comportamento. Essa vertente representou o marco da introdução de métodos empíricos e da profissionalização dos cientistas políticos nos Estados Unidos, como indica também o trabalho de Peres (2008).

Na década de 1960, conforme Peres (2008), as teorias comportamentalistas calcadas no individualismo metodológico da economia alcançaram força na ciência política subsidiando estudos sobre comportamento eleitoral e a introdução da modelização matemática do comportamento político. Assim, desenvolveu-se uma linha de estudos dedicada ao comportamento eleitoral com a aplicação das teorias da escolha racional; um dos casos mais representativos é o livro de Downs (1999), que propõe uma "teoria econômica da democracia".

Pode-se notar que se origina desse período a maior aproximação da construção de uma ciência das instituições calcada em métodos importados da ciência econômica. Portanto, há uma crescente aproximação com o espaço dos problemas de governo e com a introdução de questões de pesquisa que deslocam os temas da teoria política mais clássica, típico das "teorias do Estado". Assim como reduzem a importância das questões trazidas pelo *behaviorismo* em uma perspectiva interdisciplinar como os estudos de "socialização política". A agenda predominante tende para temas como "políticas públicas", estudos de "sistema partidário", "regras eleitorais" e "estudos legislativos". A aproximação dos trabalhos de ciência política com os métodos da economia insere esta em uma divisão do trabalho no espaço do poder — fortemente marcado pela "americanização" das economias — onde os referenciais construídos pela teoria política clássica baseada na histórica política europeia já não são suficientes para fornecer categorias explicativas para a complexificação da execução de políticas e do funcionamento do sistema representativo.

Em outro sentido, os estudos sobre "cultura política" que firmam a oposição legítima aos modelos calcados no predomínio das instituições sobre os agentes também geram uma agenda vinculada ao modelo da universalização das virtudes cívicas americanas. Partindo de uma noção predeterminada de cultura política favorável ou desfavorável a "valores cívicos", tais estudos abriram uma linha de pesquisa de atitudes políticas e também de comparação entre países. Nesse caminho destaca-se a coletânea publicada por Almond e Verba (1963).

A análise cultural desenvolvida a partir da perspectiva desses autores, entretanto, subordina a análise da cultura que permeia as relações políticas ao teste de aceitação, adesão ou predisposição à participação nos regimes democráticos. As variáveis e categorias de análise destinam-se a medir, portanto, uma cultura de adesão à cosmovisão que embasa determinados formatos institucionais construídos a partir da suposta universalidade das formas de organização da sociedade civil americana.

A partir da década de 1980, conforme Hall e Taylor (2003), a abordagem neoinstitucionalista traz novamente ao centro da análise as instituições. Influenciado pelos conceitos da nova economia institucional que vai destacar nos trabalhos de North (1996), que as "instituições contam" no desempenho macroeconômico e na estabilização das economias e dos regimes democráticos; o (neo) institucionalismo contrapõe-se às teorias econômicas que acentuam o comportamento dos agentes.

Entretanto, é a combinação da análise institucionalista com as teorias da escolha racional que possibilita considerar como unidade de análise relevante a escolha dos atores de forma independente em relação às determinantes históricas e culturais de regimes e contextos de relações políticas específicas. Na agenda de estudos derivada dessa perspectiva, a problematização da política e das instituições enquanto fenômeno social inexiste ou é tratada como um fenômeno político residual em detrimento da autonomia explicativa das instituições como estruturadoras da interação estratégica entre os atores políticos.

Ao propor as formas institucionais enquanto variável independente em oposição ao modelo de estudos atitudinais do behaviorismo — que diluía o fenômeno político num amplo leque de condicionantes sociais e sistêmicas —, o movimento neoinstitucionalista acaba por retirar da agenda de pesquisas da ciência política a dimensão concernente à socialização dos atores e a possibilidade de incorporar variáveis sociológicas. Essa superposição dos constrangimentos institucionais como fator explicativo foi realizada em nome da construção de uma autonomia epistemológica da ciência política em relação às ciências sociais e à filosofia política.

Esse processo de normatização e afastamento da perspectiva de compreensão dos fenômenos sociais e aproximação com os métodos de modelização matemática afinou-se com a construção de tecnologias institucionais. Nesse sentido, tal encaminhamento da agenda de pesquisas coadunou-se com a construção de um conhecimento científico capaz de fundamentar programas de reforma e construção de instituições especialmente em países da América latina e África, como apontam Dezalay e Garth (2002).

Tem-se, então, uma pauta de pesquisas que fundamenta e legitima uma nova ciência das instituições. Seja através de modelos de prognósticos e prescrições para a "consolidação" de regimes democráticos na década de 1980 na América latina, seja, na década de 1990, nos diversos programas de ajuda ao desenvolvimento previsto nos documentos de organizações como o FMI e o Banco Mundial, ou na década de 2000 nos estudos sobre a "qualidade democrática". Assim, o neoinstitucionalismo e, mais amplamente, a aproximação da agenda da ciência política com a da economia e de outras especialidades disciplinares voltadas para a "gestão" contribuíram para a formação dos novos consensos científicos sobre o papel da escolha das elites políticas e a reconstrução de instituições democráticas em países periféricos.[12]

CIRCULAÇÃO DE IDEIAS E FORMATAÇÃO DAS INSTITUIÇÕES

A análise da relação entre a formação acadêmica das elites dos países periféricos e seus vínculos com os países centrais é uma das portas de entrada que permite a apreensão do espaço de produção de novos consensos sobre modelos institucionais nos espaços nacionais. Uma das estratégias de redefinição de posições dos grupos dirigentes está nos estudos no exterior que possibilitam a inserção em um campo internacionalizado de importação-exportação de bens simbólicos. Em um mesmo sentido, a circulação internacional, além da aquisição de *expertises*, permite a acumulação de um capital de relações reconvertido na ocupação de posições no espaço de poder nacional.

No caso brasileiro, a expansão dos cursos de pós-graduação e de programas de bolsas para estadas no exterior põem em pauta diretamente o efeito desse processo nos campos profissionais em que repercutem os produtos gerados na forma de *expertises* no uso operacional do conhecimento científico. Nesse sentido, a análise das bases da diferenciação de um espaço de produção de tecnologias institucionais e de gestão do Estado é um dos pontos de partida para a apreensão dos padrões de utilização desse conhecimento nos respectivos campos profissionais, bem como na esfera do poder político. Os usos de tais *expertises*[13] estão relacionados às estratégias mobilizadas pelos agentes que disputam posições de poder e ao sentido das definições das instituições políticas.

---

[12] Para uma análise crítica das teorias das transições na América latina, ver Monclaire (2001).
[13] Para maior detalhamento sobre o uso de *expertises* e do conhecimento científico como recurso estratégico na luta política, ver Hamman et al. (2002).

A problemática da circulação internacional de ideias relacionadas às estratégias de legitimação de grupos dirigentes em diferentes dinâmicas nacionais tem sido objeto de trabalhos que propõem uma sociologia política das instituições. Tais pesquisas têm como preocupação central o estudo do conhecimento erudito e científico como bem simbólico mobilizado na construção de modelos institucionais e estratégias de ocupação de espaço no campo acadêmico (Bourdieu, 2002).

Quando se pauta como objeto a relação entre dinâmicas centrais na produção de conhecimento com dinâmicas que podem ser consideradas periféricas, em especial ex-colônias, a circulação internacional das elites e sua afirmação como mediadoras de conhecimentos e modelos de instituições assumem um papel-chave na construção da dimensão nacional dos modelos. Nesse sentido, os bens simbólicos importados são redefinidos, justapostos e mediados pelas diversas estratégias nas disputas entre os segmentos da elite política e intelectual dos países, tal como referem Badie e Hermet (1990) e Badie (1992) ao analisar o longo processo de "ocidentalização da ordem política".

Em trabalho sobre a América latina, Dezalay e Garth (2002) enfocam o papel da circulação internacional das tecnologias institucionais, onde se firma um polo produtor (Europa e mais recentemente Estados Unidos) e os polos importadores (formados por ex-colônias). Os autores enfatizam os usos do conhecimento produzido no âmbito universitário imbricado ao espaço de ONGs, *think thanks* e as instituições políticas nas estratégias de legitimação de uma nova categoria de *experts* em reformas institucionais. Em especial, como determinados grupos de economistas multiposicionados (no espaço da produção intelectual, no espaço da consultoria a governos e no espaço estatal) conseguem impor um "novo universal" que corresponde a uma redefinição dos princípios de legitimação no espaço do poder[14] latino-americano.

---

[14] Um panorama amplo da relação entre estudos no exterior, para o caso brasileiro, e sua repercussão na conformação de diversos campos profissionais pode ser encontrado em Almeida (2004).

As estratégias de importação podem envolver tanto a reconversão de setores tradicionais com posições sociais ameaçadas, quanto a legitimação de novos grupos. Nesse sentido, a problemática específica do que Badie e Hermet (1990) denominam de uma "dinâmica órfã", ou seja, "Estados que se caracterizam pela importação de modelos de instituições que não são produtos de sua história social e política" (Badie e Hermet, 1990:180), está na base das principais diferenças em relação à estruturação das instituições em países periféricos. Principalmente os efeitos de hibridização e justaposição entre os modelos importados e os respectivos padrões de relação com esses produtos. Conforme Badie (1992), tais bens simbólicos podem servir a diversas estratégias de legitimação dos segmentos das elites políticas e intelectuais:

> Frequentemente concebida como arma de poder, a importação de modelos ocidentais serve tanto para os projetos conservadores como para os projetos revolucionários; alvo da maior parte dos movimentos contestatórios, ela se infiltra até nas suas temáticas e suas práticas políticas cotidianas; instrumento de ação e de governo, ela serve largamente para o jogo das elites intelectuais, em qualquer corrente de pensamento ou de linguagem e em qualquer ideologia (Badie, 1992:127).

Nesses termos, o estudo da configuração de modelos de instituições em países que são caracterizados como dinâmicas periféricas aponta a importância de se construírem esquemas analíticos que permitam a relação entre a circulação internacional do conhecimento e das elites com a posição social, intelectual e política e as diversas esferas em que os agentes reconvertem tais produtos no espaço de poder. Um dos caminhos para a explicitação desse efeito de exportação/importação é a análise dos padrões de formação acadêmica no exterior e sua relação com as diversas áreas de reconversão de *expertises* no espaço político.

Como um caso representativo, pode-se tomar a relação entre a expansão da rede de pós-graduação no Brasil e os incentivos para estadas no exterior como um espaço de produção de bens simbólicos vinculado a demanda por redefinições e (re)fundamentação do universo dos operadores da burocracia pública. Nesse caso, além de confrontar as diversas "abordagens teóricas", categorias que permeiam a construção das definições institucionais, é produtivo compreender os usos políticos desse conhecimento.

Tal caminho implica retomar o esboçado no início e inserir o debate científico no estado de lutas que permeia o campo do poder político. Analisar a difusão de ideias e *expertises* como conhecimentos especializados sobre reformas e cosmovisões sobre a política em conjunto com as estratégias de ascensão no espaço do poder em diversas esferas de grupos acadêmicos e políticos. Ou seja, como a mais abstrata discussão sobre a "esfera pública", os "novos atores políticos", a "importância do estado de bem-estar social" ou a "racionalidade do mercado" relaciona-se com a ascensão de modalidades de militantismo afinadas ao espaço das ONGs e com o fortalecimento de determinados grupos profissionais ou *experts* em consultoria.

No que concerne às prescrições para o "bom funcionamento" das instituições na América Latina após a onda da literatura das "transições para a democracia", que tem seu auge no final da década de 1970, seguem-se trabalhos que terão por foco propor prescrições para a reforma das instituições ao longo da década de 1990.[15] Tais prescrições sugerem a (re)formatação do espaço estatal e subsidiam o discurso das reformas que emerge na agenda política dos países latino-americanos, a "reforma eleitoral", a "reforma da previdência", a "reforma do Judiciário", a "reforma do Estado". Também na linha dos estudos sobre "cultura política", propõem-se medir a "expansão da sociedade civil" e a consolidação de valores favoráveis aos regimes democráticos.[16]

---

[15] Para uma análise de esquemas teóricos utilizados pela literatura das "transições", ver Monclaire (2001).

[16] Os trabalhos de Rennó (2001) e Lopes (2004) podem ser tomados como representativos da discussão sobre a construção de indicadores para a mensuração da "cultura política" em escala latino-americana.

Nesse contexto, proliferam organizações que visam construir indicadores e informações sobre o desempenho das democracias na América Latina, como diversas ONGs de observação de processos eleitorais. Santos (2001), ao analisar a construção dos indicadores de avaliação das democracias nos "países em desenvolvimento", aponta que após o "fim da guerra fria a condicionalidade política é justaposta à condicionalidade econômica pelas agências de ajuda ao desenvolvimento", favorecendo a valorização dos cientistas políticos, em conjunto com os economistas, na definição de programas de reformas institucionais.

Também, nos programas de "ajuste da economia" que são utilizados na América Latina na década de 1990, entram em pauta, para além dos ajustes econômicos, as reformas institucionais. Isto aumenta as condições de possibilidade de ascensão das *expertises* dos cientistas políticos que possuem relações com essas matrizes de produção de programas de reformas. Dezalay e Garth (2002) demonstram que a América Latina se transforma em um laboratório de reconstrução de instituições e de reconversão de diversos segmentos de grupos dirigentes ao longo dos regimes militares e na passagem para a afirmação de "instituições democráticas". Processo que se evidencia tanto no debate político, quanto no debate acadêmico.

Esse contexto aponta as tensões entre prescrições de modelos (presentes em programas de ajuda ao desenvolvimento) e tradições sociopolíticas específicas, que opõem determinados grupos profissionais e suas *expertises*, como economistas e cientistas políticos aos juristas. Nesse contexto, as reformas que contemplam o casamento entre a democracia, a racionalidade das instituições e sua afinidade com a ordem econômica tiveram larga difusão. Representativa desse ideário é a doutrina do *Rule of Law* americano, referencial presente nos documentos de agências que promovem programas de gestão e "boa governança".[17]

---

[17] Como representativos dessas agências pode-se mencionar o Banco Mundial, *think thanks* como *Freedom House*, ONGs como *Judicial Watch* ou especialistas em análise de risco de investimentos como *World Markets on line*. Sobre os *think thanks* e sua influência no mercado internacional de consultoria a governos, ver Boucher e Royo (2004).

O debate intelectual em torno da reforma das instituições tem como intermediários juristas, economistas e cientistas políticos vinculados ao ambiente do que se pode denominar de um espaço do poder político internacionalizado. Nesse sentido, a oposição de modelos de desenvolvimento econômico, *keynesianos* × *Chicago boys*, fortalecimento do estado de bem-estar social × estado mínimo, entre outros, envolve a oposição de grupos profissionais e a legitimação de *expertises*, assim como o deslocamento de grupos dirigentes no espaço de poder.

No caso brasileiro, pode-se referir, como exemplo, o enfraquecimento dos juristas nas arenas de decisão de políticas e a autonomização do campo jurídico (Engelmann, 2006), assim como a legitimação de grupos que falam em nome da gestão (Engelmann, 2011), da administração pública, ou, em um sentido geral, da "cultura econômica" (Lebaron, 2000; Loureiro, 1997) no âmbito de diversas arenas do Estado.

A emergência dos discursos de reformas e dos grupos cosmopolitas afinados com a "globalização" no espaço de poder dos países da América Latina tem lugar no momento da expansão da indústria no "terceiro-mundo", na desregulação dos mercados de capitais e expansão das transnacionais. A visão de economias nacionais parcialmente fechadas e de um Estado nacional controlador cede espaço para a abertura interna da economia e uma doutrina da diminuição da intervenção estatal. Essa mudança de paradigma econômico afeta diretamente a agenda das reformas institucionais abrindo espaço para os setores mais cosmopolitas que têm seus contatos e *expertises* internacionais valorizados.[18]

Em um mesmo sentido, tensiona os governos a adequarem modelos para fornecer um ambiente favorável à atração de investimentos estrangeiros, gerando processos de reformas no âmbito dos espaços nacionais de poder que se coadunam com uma oferta de modelos e cosmovisões que fundamentam esses processos de reforma. Uma síntese das proposições do Banco Mundial para a re-

---

[18] Nesse sentido ver análise de Santos (2006).

forma de instituições fornece indicações relevantes para o estudo da legitimação de um novo consenso sobre os modelos.

Em um primeiro período de proposições, de 1980 a 1990 tem-se por foco a ideia de "ajuste estrutural" das economias; o segundo período, de 1990 a 1999, se relaciona à emergência da ideia de "governança" e, finalmente, a partir de 1999, um terceiro período tem por norte a ideia de "desenvolvimento compreensivo".[19] Esses três períodos se relacionam às mudanças de concepções de desenvolvimento econômico. O período do "ajuste estrutural", conforme Santos (2006), foi marcado pelo choque da liberalização e desregulamentação das regras trabalhistas e representou o período de introdução da ideia do *Rule of Law* nas políticas de ajuste dos países endividados visando subsidiar as reformas econômicas. Esses "ajustes" contemplavam a introdução de reformas fiscais, liberalização do trabalho, reforço dos direitos de propriedade, fim de subsídios e privatização de empresas estatais, entre outras intervenções em direção à construção de arcabouços institucionais e normativos favoráveis ao desenvolvimento da economia de mercado.

Nota-se aqui que, em contrapartida à ideia de "ajuste econômico", em que o discurso centrava-se na diminuição do espaço estatal em diversos contextos, está presente a ideia de construção de instituições adequadas ao mercado ao se enfatizar modelos de "governança" e racionalização da gestão pública. Essa vertente de posições favorece a expansão dos trabalhos baseados na análise institucional (na ciência política e na ciência econômica) em detrimento das teorias econômicas "puras" que fundamentam as teses do "ajuste", conforme apontam Dezalay e Garth (2002).

A terceira vertente de proposições do Banco Mundial, que contempla a ideia de "desenvolvimento compreensivo", tenta dar conta das críticas aos modelos neoliberais e de tendência à financeirização nos modelos macroeconômicos, colocando como centrais nos modelos de desenvolvimento os "aspectos sociais e humanos"

---

[19] Para maior detalhamento sobre as políticas do Banco Mundial para os países periféricos, ver também Castro (2008).

e a ideia de "desenvolvimento sustentável". Nesse sentido, a forma de "amenizar" o modelo da desregulamentação conforma o espaço dominado na divisão do trabalho estatal ocupado pelas ONGs e pelos teóricos do "capital social" — entendido como cultura cívica favorável ao bom desempenho das instituições[20] —, que redefinem a noção de "política social", calcados ao mesmo tempo em diversos perfis de militantismo e ativismo político-social.

ELITES COSMOPOLITAS E MEDIAÇÃO DE MODELOS INSTITUCIONAIS

Para a compreensão desse espaço de formulação de ideias e modelos de instituições mediado por agências de ajuda ao desenvolvimento aos países periféricos, seguindo as pistas definidas por Bourdieu (2002) e Dezalay e Garth (2002), é fundamental considerar as estratégias das elites cosmopolitas, dos atores com circulação internacional e inserção simultânea no espaço internacional e no espaço decisório nacional. Considerar o peso dos trajetos educacionais, universitários, profissionais e as formas de acumulação e gestão do capital internacional e político das elites cosmopolitas implica analisar a multiposicionalidade de agentes e grupos dirigentes que circulam internacionalmente ao mesmo tempo que participam de redes sociais e políticas que permitem a ocupação de postos no interior dos espaços decisórios.

Pode-se afirmar que a grande dificuldade, neste tipo de enfoque, é demonstrar como ocorre a reelaboração, no âmbito do poder doméstico, de prescrições e modelos que estão vinculados a centros hegemônicos que subsidiam avaliações e construção de indicadores de organizações multilaterais. O peso da legitimação desses modelos no espaço político nacional implica a combinação

---

[20] Para maior detalhamento sobre os estudos sobre a relação entre a cultura cívica e ao desempenho institucional a partir da noção de capital social, ver Putnam (2006).

de redes sociais e políticas e o uso do conhecimento científico e acadêmico por parte das elites cosmopolitas.

Portanto, o desafio é construir análises que tratem de forma interdependente três dimensões que recorrentemente são tratadas de forma separada. A difusão de ideias e *expertises* sobre as instituições, como recurso importante de legitimação de posições de poder, os efeitos do recrutamento das elites cosmopolitas, suas estratégias e combinação de recursos mobilizados em diversos espaços decisórios, e os formatos institucionais que predominam.

No caso do Brasil, pode-se tomar como referência um conjunto de trabalhos que tem por foco a circulação internacional de elites[21] e o intercâmbio universitário, e tem mostrado o peso jogado por essas estratégias internacionais na recomposição dos grupos dirigentes e o espaço universitário como lócus de redefinições do sentido das instituições.

No que concerne aos cientistas políticos, Canêdo (2009) mostra a ação da Fundação Ford por meio da concessão de bolsas de estudo para a formação da primeira geração de acadêmicos brasileiros recrutada majoritariamente entre alunos da Universidade Federal de Minas Gerais e com formação de pós-graduação em universidades americanas. O peso do grupo que construiu o espaço da ciência política no âmbito das ciências sociais brasileiras foi fundamental para a ligação com centros acadêmicos americanos e para a recepção de modelos de "saber fazer" ciência política no Brasil. Em especial para a batalha no âmbito das ciências sociais pela abordagem da "política como variável autônoma", bem como para a base da formação de outras gerações com vínculos com diversas agências americanas. O processo de legitimação desse grupo e da autonomia disciplinar da ciência política envolveu a disputa com grupos acadêmicos já constituídos que detinham o monopólio do estudo das instituições brasileiras, como os bacharéis em direito e o grupo de sociólogos da USP.

---

[21] Para um panorama desses trabalhos, ver Almeida e colaboradores (2004), Garcia Jr. e Munoz (2009) e Santamaria e Vecchioli (2008).

O sucesso alcançado por essa primeira geração na construção de um espaço no âmbito das demais ciências sociais e na diferenciação em relação aos trabalhos baseados na filosofia política e na sociologia de inspiração francesa foi fundamental para a posterior existência da ciência política como disciplina universitária, bem como para a emergência do "cientista político" como intérprete legítimo dos processos políticos diante de um público mais amplo do que o acadêmico.[22]

Com maior êxito do que os cientistas políticos em construir espaços no interior de arenas decisórias, os economistas, como indica Loureiro (1997), legitimaram-se na construção do monopólio da formulação e condução de políticas macroeconômicas no Brasil já ao longo da década de 1970. A intensificação da formação em universidades americanas coadunou-se com o deslocamento dos modelos de cultura econômica de seus representantes vinculados a uma geração desenvolvimentista pelo grupo formado na linha monetarista. Essa última, ao ascender a posições-chave nos ministérios que definem as políticas macroeconômicas na década de 1990, contribuiu para a recepção no Brasil dos modelos das agências de ajuda ao desenvolvimento e para a propagação das teses do ajuste das economias na América Latina.

Da mesma forma, os conhecimentos em administração como disciplina derivada da economia sofrem processos de diversificação e recomposição homólogos à expansão das empresas brasileiras que ao longo da década de 1990, em função dos processos de abertura da competição econômica internacional, passam a se adequar com maior velocidade às regras de competição. A passagem dos executivos por Master Business of Administration (MBAs) nos Estados Unidos torna-se obrigatória, assim como para profissionais oriundos de outras especialidades disciplinares que se reconvertem à "gestão" e se afinam com a recomposição das organizações empresarias e dos perfis dos *patrons* brasileiros (Grun, 2004; López-Ruiz,

---

[22] Para uma discussão acerca dos métodos e da institucionalização da formação de cientistas políticos no Brasil, ver Forjaz (1997) e Araújo e Reis (2005).

2007). Da mesma forma, na formação acadêmica em administração, uma crescente expansão de programas de mestrado e doutorado no Brasil consolidou a legitimação das diversas espécies de conhecimentos vinculados à gestão empresarial americana.[23]

Em alguma medida resistindo à expansão dos grupos profissionais e *expertises* que se legitimam no campo do poder mobilizando a cultura econômica na construção de espaços e de conhecimentos sobre as instituições, os juristas apresentam-se na década de 1990 e 2000 como guardiões do Estado. Essa posição fica evidenciada na resistência nas batalhas em torno do sentido das proposições de reforma do Judiciário, da Previdência e da Constituição através do posicionamento público de suas entidades corporativas. Da mesma forma, é o segmento da elite estatal com menor circulação internacional especialmente em universidades americanas, conforme Engelmann (2008). As bases da recomposição do campo jurídico brasileiro e do conhecimento jurídico, após a redemocratização, assim como a expansão do ensino de pós-graduação em direito replicaram um reforço das fronteiras nacionais das instituições e, por consequência, efeitos de resistência às prescrições das reformas das agências internacionais.

Investimentos bastante distintos realizam os advogados de negócios na medida em que a inserção no mercado de trabalho ainda como estagiários de escritórios, a familiaridade com o saber-fazer do mundo dos negócios afastam o direcionamento para longos cursos de doutorado no exterior ou mesmo no Brasil. Os cursos realizados no estrangeiro invariavelmente são curtos e financiados pelas sociedades de advogados onde esses bacharéis estão pré-inseridos. O capital internacional, nesse caso, é formado por redes de contatos que afirmam a posição de "negociador" e representante judicial de multinacionais em vez da inserção em redes temáticas e a acumulação de um capital internacional vinculado a contatos acadêmicos.

---

[23] A esse respeito, ver Engelmann (2011).

No início da década de 2000, com a expansão dos grandes escritórios de advocacia internacionalizados que cresceram ao longo dos processos de privatização na metade da década de 1990, advogados mais próximos do mercado econômico promoveram a importância de adequação da aproximação das instituições judiciais com a economia. No contexto desse processo proliferaram publicações e redes temáticas sobre o movimento *Law & economics* tendo por foco a difusão das definições da economia institucional sobre as teorias do direito e os modelos de reforma das instituições judiciais.[24]

CONSIDERAÇÕES FINAIS

A dificuldade de apreender as diversas bases da relação entre a produção do conhecimento sobre as instituições e a legitimação de grupos sociais no espaço de poder político amplia-se com a diversificação e expansão da produção acadêmica e dos grupos que concorrem pelo sentido legítimo das instituições. A expansão de redes de intercâmbio universitário e a circulação de grupos dirigentes entre centros produtores e centros predominantemente importadores de conhecimento científico tornam mais complexa a tarefa de relacionar esses conjuntos de conhecimentos com os respectivos espaços e espécies de instituições que seus porta-vozes constroem ou remodelam em contextos específicos.

Um dos desafios postos aos estudos que partem das ciências sociais sobre as instituições é, pois, dar conta da complexificação e internacionalização desse campo de poder, na acepção de Bourdieu (1989), formado, de um lado, por espaços crescentemente diversificados de *expertises* e, de outro lado, pela competição entre as elites que detêm diferentes formas de poder político derivado dessas *expertises*. Esse caminho implica abordar a própria ciência

---

[24] Sobre a relação entre os movimentos de aproximação do direito e economia no Brasil e os programas de reformas das instituições judiciais, ver Engelmann (2009).

política como parte do campo do poder e dos especialistas que reivindicam a leitura científica sobre as instituições.

REFERÊNCIAS

ALMEIDA, Ana M. et al. *Circulação internacional e formação intelectual das elites brasileiras*. Campinas: Ed. da Unicamp, 2004.

ALMOND, Gabriel A.; VERBA, Sidney. *The civic culture*. Princeton: Princeton University Press, 1963.

ANHEIN, Étienne. Culture de cour et science de l'État dans l'occident du XVI siècle. *Actes de la Recherche en Sciences Sociales*, n. 133, p. 12-19, juin. 2000.

ARAÚJO, Cícero; REIS, Bruno W. A formação do pós-graduando em ciência política. In: MARTINS, Carlos B. (Org.). *Para onde vai a pós-graduação em ciências sociais no Brasil*. Bauru, SP: Edusc, 2005. p. 45-51.

BADIE, Bertrand. Analyse comparative et sociologie historique. *Revue Internationale des Sciences Sociales*, n. 133, p. 67-81, août. 1992b.

_____. *L'État importe*: l'occidentalisation de l'ordre politique. Paris: Fayard, 1992a.

_____; HERMET, Guy. *Política comparada*. México: FCE, 1990.

BENDIX, Reinhard. *Construção nacional e cidadania*. São Paulo: Edusp, 1996.

BOUCHER, Stephen; ROYO, Martine. *Les think tanks*: cerveaux de la guerre des idées. Paris: Félin, 2004.

BOURDIEU, Pierre. La circulation internationale des idées. *Actes de la Recherche en Sciences Sociales*, n. 145, p. 6-11, déc. 2002.

_____. *La noblesse d'Etat*. Paris: Minuit, 1989.

_____. Les esprits d'état: genese et structure du champ bureaucratique. *Actes de la Recherche en Sciences Sociales*, n. 96/97, p. 49-62, 1993.

_____; CHRISTIN, Olivier; WILL, Pierre Étiene. Sur la science de l'Etat. *Actes de la Recherche en Sciences Sociales*, n. 133, p. 3-9, juin 2000.

BRAUD, Philippe. *Sociologie politique*. Paris: LGDJ, 2006.

BUTON, François. Portrait du politiste en socio-historien: la "socio-histoire". ____; MARIOT, Nicolas. *Pratiques et méthodes de la socio-histoire*. Paris: PUF, 2009. p. 24-37.

CANÊDO, Letícia B. Les boursiers de la Fondation Ford et la recomposition des sciences sociales brésiliennes. Le cas de la science politique. *Cahiers de la Recherche sur l'Education et les Savoirs*, hors-série n. 2, p. 21-40, juin. 2009.

CASTRO, Luiza C. O desenvolvimento guiado por um elemento estrangeiro: as relações entre o Banco Mundial e os países periféricos. In: SANTOS, Ana B. et al. (Org.). *Estado, desenvolvimento e políticas públicas*. Teresina: Ed. UFPI, 2008.

CHARLE, Christhophe. *La crise des sociétés impériales*. Paris: Seuil, 2001.

____. *Les élites de La République* (1880-1900). Paris: Fayard, 1987.

COHEN, Antonin; LACROIX, Bernard; RIUTORT, Philippe. *Nouveau manuel de science politique*. Paris: La Decouverte, 2009.

DEZALAY, Yves. Les courtiers de l'international: héritiers cosmopolites, mercenaries de l'imperialisme et les missionaires de l'universel. *Actes de la Recherche em Sciences Sociales*, n. 151-152, p. 15-23, 2004.

DEZALAY, Yves; GARTH, Bryant. *The internationalization of palace wars*: lawyers, economists and the contest to transform Latin American States. Chicago: University of Chicago Press, 2002.

DOWNS, Anthony. *Uma teoria econômica da democracia*. São Paulo: Edusp, 1999.

ENGELMANN, Fabiano. Estudos no exterior e mediação de modelos institucionais: o caso dos juristas brasileiros. *Revista de Sociologia e Política*, v. 16, p. 145-157, 2008.

____. Internacionalização e legitimação da formação acadêmica em administração no Brasil na década de 90 e 2000. *Revista Tomo*, v. 13, p. 240-262, 2008.

____. Los abogados de negocios y la Rule of Law en el Brasil en las décadas del 90 y 2000. *Política*: Revista de Ciencia Política de la Universidad del Chile, v. 52, p. 21-41, 2011.

_____. *Sociologia do campo jurídico*: juristas e usos do direito. Porto Alegre: Safe, 2006.

FERES JR., João. Aprendendo com os erros dos outros: o que a ciência política americana tem para nos ensinar. *Revista de Sociologia Política*, n. 15, p. 97-110, 2000.

FORJAZ, A. Emergência da ciência política no Brasil. *Revista Brasileira de Ciências Sociais*, São Paulo, v. 12, n. 35, p. 1-17, 1997.

GARRIGOU, Alain. *Les élites contre la République*: Sciences Po et l'ENA. Paris: La Découverte, 2001.

GUILHOT, Nicolas. Os profissionais da democracia em ação. In: LINS, Daniel; WACQUANT, Loïe (Org.). *Repensar os Estados Unidos*: por uma sociologia do superpoder. Campinas: Papirus, 2003. p. 209-239.

GRUN, Roberto. O MBA como um brevê de internacionalização e modernidade profissional entre engenheiros. In: ALMEIDA, Ana M. et al. *Circulação internacional e formação intelectual das elites brasileiras*. Campinas, SP: Ed. da Unicamp, 2004. p. 31-46.

HAAS, Peter. Introduction: epistemic communities and international policy coordination. *International Organization*, v. 46, p. 1-35, 1992.

HALL, Peter A.; TAYLOR, Rosemary C. R. As três versões do neoinstitucionalismo. *Lua Nova*, n. 58, p. 193-224, 2003.

HAMMAN, Philippe et al. (Org.). *Discours savants, discours militats*: mélange des genres. Paris: L' Harmattan, 2002.

HENRI, Odile. Entre savoir et pouvoir: les professionnel de l'expertise et du conseil. *Actes de la Recherche en Sciences Sociales*, n. 95, p. 9-14, déc. 1992.

LACROIX, Bernard. Ordre politique et ordre social: objectivisme, objectivation et analyse politique. In: GRAWITZ. M.; LECA, J. (Dir.). *Traité de science politique*. Paris: PUF, 1985. v. 1, p. 34-50.

LAGROYE, Jacques. *La politisation*. Paris: Belin, 2003.

_____. *Sociologie politique*. Paris: Presse Science Po, 1997.

LARDINOIS, Roland. L'invention de Tocqueville. *Actes de la Recherche en Sciences Sociales*, n. 135, p. 2-8, dec. 2000.

LEBARON, Frédéric. *La croyance économique*: les economistes entre science et politique. Paris: Seuil, 2000.

LOPES, Denise Mercedes. Para pensar a confiança e a cultura política na América Latina. *Opinião Pública*, v. 10, n. 1, p. 162-187, 2004.

LÓPEZ-RUIZ, Osvaldo. *Os executivos das transnacionais e o espírito do capitalismo*. Rio de Janeiro: Azougue Editorial, 2007.

LOUREIRO, Maria R. *Os economistas no governo*: gestão econômica e democracia. Rio de Janeiro: Ed. FGV, 1997.

LOWI, Theodore. O Estado e a ciência política ou como nos convertemos naquilo que estudamos. *BIB — Revista Brasileira de Informação Bibliográfica em Ciências Sociais*, São Paulo, n. 38, p. 3-14, 1994.

MONCLAIRE, Stéphane. Democracia, transição e consolidação: precisões sobre conceitos bestializados. *Revista de Sociologia Política*, n. 17, p. 61-74, 2001.

MUNCK, Gerardo. The past and present of comparative politics. In: SNYDER, Richard (Org.). *Craft, and method in comparative politics*. Baltimore: Ed Johns Hopkins University, 2006.

NORTH, Douglas C. *Institutions, institutional change and economic performance*. Cambridge: University Press, 1996.

OFFERLÉ, Michel. *La profession politique (XIX-XX siècles)*. Paris: Belin, 1999.

PERES, Paulo. Comportamento ou instituições? A evolução histórica do neoinstitucionalismo da ciência política. *Revista Brasileira de Ciências Sociais*, v. 23, n. 68, p. 53-71, 2008.

PUTNAM, Robert. *Comunidade e democracia*: a experiência da Itália moderna. Rio de Janeiro: Ed. FGV, 2006.

RENNÓ, Lúcio. Confiança interpessoal e comportamento político: microfundamentos da teoria do capital social na América Latina. *Opinião Pública*, v. VII, n. 1, p. 33-59, 2001.

SANTAMARIA, Ângela; VECCHIOLI, Virgínia (Org.). *Derechos humanos en America Latina*: mundialization y circulación internactional del conocimiento experto jurídico. Bogotá: Ed. Universidad del Rosario, 2008.

SANTOS, Alvaro. The world Bank's uses of the 'Rule of law' promise in economic development. In: TRUBEK, David; SANTOS, Alvaro. *Law and economic development*: a critical appraisal. Cambridge: Cambridge University Press, 2006. p. 61-78.

SANTOS, Maria Helena C. Que democracia — uma visão conceitual da perspectiva dos países em desenvolvimento. *Dados*, Rio de Janeiro, v. 44, n. 4, p. 729-727, 2001.

SCHMITTER, Philipe. Seven (disputable) theses concerning the future of transatlanticized or "globalized" political science. *European Political Science*, v. 1, n. 2, p. 20-31, 2002.

TILLY, Charles. *Big structures, large processes, huge comparisons*. Nova York: Russell Sage Foundation, 1985.

WEBER, Max. *Economia y sociedad*. México: Fondo de Cultura Económica, 1997.

CAPÍTULO 4

Esfera política e processos de consolidação dos saberes profissionais

Fernanda Rios Petrarca

PROFISSÃO E POLÍTICA: UM NOVO OBJETO PARA AS CIÊNCIAS SOCIAIS?

Apesar da vasta tradição internacional sobre os mundos profissionais e a política, a relação entre esses universos tem se constituído como um objeto recente de um conjunto de investigações. Uma das questões centrais que vêm se configurando como foco de indagação está relacionada às possibilidades de ampliação e intensificação das discussões, já consagradas na sociologia, do papel e do peso das profissões nos processos de construção do Estado nacional e da importância que assumiu, historicamente, a esfera política na constituição de um projeto profissional.

Desse modo, a relação entre Estado, esfera política e projeto profissional se tornou um objeto legítimo de um conjunto de pesquisas que suscitou divergentes interrogações. A literatura referente à chamada sociologia das profissões tem destacado que o poder profissional está diretamente associado a uma menor influência e intervenção do Estado, e do campo político de modo geral, no controle e na organização das profissões. Essa escola, apesar de internamente diferenciada no que diz respeito às concepções sobre os processos de profissionalização, foi marcada pela análise do sistema de credenciamento social e dos critérios fundamentais de admissão numa profissão. Para os funcionalistas,[1] que marcaram

---
[1] Entre os autores a se destacarem nesta corrente podemos citar, além de Parsons, o mais proeminente deles, também: Carr-Saunders e Wilson; Willensky e Millerson.

uma longa tradição na análise dessa temática, a profissionalização e a exigência de critérios legais se tornavam fundamentais para garantir a qualidade dos serviços prestados, uma vez que os clientes não dispunham de competências específicas para apreciar tais serviços. Nessa perspectiva, o Estado tinha meramente o papel de conceder o monopólio legal às profissões reconhecendo a superioridade técnica das atividades profissionais (Parsons, 1962).

Entretanto, é com base nas críticas à escola funcionalista que as gerações seguintes relacionaram o processo de profissionalização à formação de um mercado fechado, a um instrumento de poder e à base de um monopólio. Por um lado, alguns estudiosos, voltados à sociologia interacionista,[2] relacionaram a preservação do controle profissional e a organização para manter a autonomia aos processos de interação social (Hughes, 1981). Por outro lado, a crítica ao modelo internalista da análise das profissões cedeu lugar às novas teorias que se desenvolveram no curso dos anos 1970-1980 (Dubar e Tripier, 1998). Esse momento é marcado pelo contexto social e ideológico da época, no qual havia um acentuado antiprofissionalismo e uma dura crítica às profissões como um sistema injusto e desigual (Rodrigues, 2002). Entre os autores a ganhar proeminência, nesse contexto, estão Magali Larson e Eliott Freidson. Esses autores, de maneiras diferentes, relacionaram o processo de profissionalização a um conjunto de estratégias coletivas para estabelecer o monopólio sobre um mercado específico de serviços com a ajuda do Estado. Nesse sentido, o Estado permite à profissão a autoridade legal para selecionar, recrutar, examinar, licenciar, reavaliar desempenhos e estabelecer os limites formais da sua jurisdição. Contudo, a distância da política governamental é essencial para marcar a independência das profissões com

---

Mais detalhes sobre esta perspectiva podem ser encontrados em Rodrigues (2002).
[2] Este termo é utilizado tal como definido por Dubar e Tripier (1998) e designa a perspectiva operacionalizada pelos sociólogos da Escola de Chicago, especialmente Everett Hughes e aqueles que foram os seus alunos, mais tarde seus colegas, como Howard Becker e Anselm Strauss.

relação ao universo político. Ao construir uma política própria, as profissões protegem-se dos interesses específicos do mundo da política. Portanto, o domínio da *expertise* e a demarcação de fronteiras no mundo do trabalho são as características principais da profissionalização.

Tais autores permitiram destacar um papel mais ativo do Estado e demonstraram que, em determinados contextos sociais, políticos e econômicos, a história das profissões tem sido marcada pela progressiva autonomia concedida a determinados grupos profissionais pelo Estado para realizar a função de reprodução e controle do mercado (Barbosa, 1993; Freidson, 1998, 2001). Nessa linha, as profissões não estão separadas do processo político de construção do Estado moderno, que concede menor ou maior autonomia aos grupos profissionais na definição dos critérios de acesso aos postos. Destacou-se como objeto de análise: o papel do Estado como intermediário deste processo, considerando seu maior ou menor poder de influência; seu grau de centralização; o desenvolvimento do Estado-providência e o tipo de intervenção sobre os sistemas de ensino e formação (Rodrigues, 2002).

Enquanto nas abordagens funcionalistas o Estado responde quase que de maneira passiva na aprovação das competências específicas das profissões e nos direitos das associações profissionais, nas análises posteriores o poder profissional aparece associado ao poder do Estado, uma vez que as instituições do profissionalismo necessitam do Estado para se manterem e estabelecerem espaços reservados de atuação (Freidson, 1996). Contudo, um dos limites principais desse modelo centrado no mercado é o de não considerar os processos de institucionalização das profissões como uma maneira de ter acesso aos recursos do Estado e de fazer das carreiras profissionais uma forma de se promover no Estado e conquistar funções políticas e profissionais.

Em situações como a brasileira, um conjunto vasto de trabalhos tem demonstrado que a regulamentação das profissões e a exigência da formação acadêmica voltaram-se não só para uma reserva de espaços, mas se constituíram como recursos fundamentais para atuar na esfera política. Nesse sentido, o processo de profissionalização das profissões envolveu tanto o Estado, que ofereceu oportunidades para que as elites profissionais usassem seu conhecimento para investir na construção política do país, como os segmentos sociais de elite que se organizaram para influenciar o processo político através do conhecimento formal, obtido em universidades. Estudos sobre o direito (Bonelli, 1999; Dezalay e Garth, 2002) revelam uma relação dinâmica entre Estado e direito, em que os advogados brasileiros, por meio das associações profissionais, exploraram um diversificado conjunto de possibilidades para influenciar o Estado e não exclusivamente controlar o mercado. Assim, o Estado atuou como promotor da cooptação profissional, apadrinhando, inclusive com nomeação para postos públicos, os membros dessas organizações. Processo semelhante aconteceu com os economistas (Loureiro, 1997), em que os conselhos técnicos e outros que foram criados pelo Estado contribuíram para formação do campo dos economistas no Brasil, além de consolidá-los como novo segmento da elite dirigente capaz de, por meio do conhecimento técnico, ocupar os postos oferecidos pelo Estado. Por conseguinte, as competências profissionais pouco eram avaliadas pelas capacidades técnicas e uma das características principais era a inserção dos profissionais em outras atividades para elevar seu prestígio social e profissional.[3]

Assim, o processo de formação das profissões e a imposição dos critérios legais se constituíram como uma forma de se ter acesso ao Estado e, de modo geral, à esfera política que está na base de todo esse processo. A regulamentação e a exigência de critérios oficiais, como o diploma, se constituíram como recursos vitais

---

[3] Os trabalhos de Coradini (1997a) e Coelho (1999) mostram a importância, no caso dos médicos, da posse de um conjunto de outros recursos, além do diploma (como o amplo domínio de uma língua estrangeira, o conhecimento dos modelos médicos que se destacavam na Europa, elevada origem social, posse de uma cultura humanística e referências sociais, obtidas pelo intenso contato e pelas redes de relações de amizade e de reciprocidade) para garantir o reconhecimento e prestígio profissional.

para agir em outras esferas sociais e, consequentemente, colocar a profissão a serviço de causas sociais diversas. Em função disso, as instituições de defesa da categoria exerceram tanto o papel de controle do exercício profissional e sua institucionalização quanto se constituíram como instâncias de acumulação de recursos sociais fundamentais para permitir um investimento na política estatal. Portanto, profissionalização e intervenção política não são atividades antagônicas, muito pelo contrário, as instituições acadêmicas e as entidades de defesa dos profissionais que mais se destacaram foram justamente aquelas que também exigiram de seus membros, ao mesmo tempo, profissionalização e inserção política. Isso implica afirmar que o poder profissional, nestas condições, está associado ao poder de intervenção na esfera política (Bonelli, 1999; Barickman & Love, 2006; Coelho, 1999; Pécaut, 1990).

Desse modo, não há como compreender o fenômeno profissional brasileiro considerando as profissões como submetidas apenas às regras de mercado ou do Estado. Para compreender os processos de profissionalização, em situações como a brasileira, há que se considerar o processo de imbricação entre as esferas política e profissional. Diante de tais considerações, torna-se crucial a consideração de alguns eixos norteadores fundamentais para dar conta da relação entre profissão e política.

Um primeiro eixo que precisa ser destacado nas análises está associado aos processos históricos específicos da relação entre profissão e política, os quais são fundamentais para entendermos a noção de profissão implicada. Assim, é preciso problematizar as condições sociais de desenvolvimento dos títulos profissionais e do peso da formação especializada, fornecida pelo diploma universitário, em situações nacionais específicas.

Uma segunda linha de investigação permite salientar os recursos que caracterizam os processos de profissionalização pelos quais passam as atividades ocupacionais. Isto porque os processos de profissionalização pelos quais passam as atividades ocupacionais não representam apenas uma forma de controle sobre a atividade e reservas de espaços no mercado de trabalho, mas constituem também os confrontos pela definição dos recursos legítimos para o ingresso e exercício profissional (Boiegol e Dezalay, 1997; Dezalay e Garth, 2002; Boltanski, 1982; Bourdieu, 1984). Nesses confrontos, a esfera política e os recursos oriundos dos vínculos e investimentos em tal esfera têm se mostrado, como destaca a literatura nacional,[4] fundamentais para definição de um espaço de atuação profissional. Portanto, sem desprezar a noção de profissão e de profissionalização (Freidson, 1986), trata-se de apreender os recursos sociais e os princípios de legitimação que estão na base dos processos de profissionalização (Boiegol e Dezalay, 1997; Dezalay e Garth, 2002; Boltanski, 1982; Bourdieu, 1984).

Por fim, é crucial que se considere, por meio da análise das trajetórias sociais e das carreiras, o trabalho ativo dos atores e as noções de profissão e política aí implicadas. Um dos problemas que tem sido destacado diz respeito aos processos de reconversões profissionais dos investimentos políticos, uma vez que a experiência na política e os investimentos em organizações coletivas oferecem ganhos e lucros facilitando, inclusive, a inserção no mercado de empregos e contribuindo para a diversificação da atuação profissional (Gaxie, 2005; Gaxie e Offerlé, 1985).

Tais eixos estão, contudo, extremamente conectados e sua relevância está justamente na possibilidade de articulação entre eles. Uma das maneiras de darmos conta, empiricamente, da relação entre eles é através do exame tanto do surgimento dos critérios formais de entrada em uma determinada atividade (como a criação de entidades de representação da categoria, o estabelecimento das instituições de ensino, a imposição de exigências legais como a posse do diploma) como também dos usos sociais dos saberes profissionais e das diversas formas que podem assumir o vínculo com a esfera política. A partir de um conjunto diversificado de pesquisas empreendidas recentemente, apresentaremos algumas pistas e

---

[4] Sobre a importância dos títulos profissionais em situações como a brasileira, ver especialmente os trabalhos de: Barickman e Love (2006); Bonelli (1999); Coradini (1997a, 1997b, 2005), Conniff (2006) e Pécaut (1990).

possibilidades analíticas ainda pouco exploradas pelas pesquisas dominantes sobre os universos profissionais.

CONDIÇÕES SOCIAIS E HISTÓRICAS DE DESENVOLVIMENTOS DOS TÍTULOS UNIVERSITÁRIOS

Como tem se destacado, a relação entre as profissões e a política, mais particularmente o papel do Estado, trouxe novos problemas para a análise das profissões. Nesses novos problemas, trata-se de levar em consideração as condições sociais de cada país e como isso produziu uma relação diferenciada entre Estado, mercado e profissão (Freidson, 2001). Nos países de língua inglesa, como Inglaterra e Estados Unidos, as ocupações organizaram o seu próprio movimento para garantir reconhecimento e proteção estatal. Assim, a classificação oficial e institucional de "profissão" forneceu às ocupações, nestes países, não só prestígio e *status* social, mas o direito legal de exercício exclusivo da atividade e controle sobre as instituições de formação. Esse direito legal constitui-se em um privilégio considerável de controle sobre o próprio trabalho.

Nos Estados Unidos, a profissão funciona como fundamento da hierarquização social e como condutor institucional para o estabelecimento do conhecimento formal. Além disso, o sistema educacional, nesse país, desempenhou um papel importante no processo de profissionalização de muitas ocupações, especialmente no início do século XX. O sistema credencial tornou-se a base de uma luta pelo controle das ocupações e de um modelo de outras formas de monopólio de posições a serem ocupadas.[5] O treinamento das

---

[5] Segundo Collins (1979), a alta diversidade étnica da sociedade norte-americana provocou o aumento do sistema de credenciais. O esforço mais significativo para afirmar uma cultura americana foi na educação: escolas públicas e educadores para *americanizar* os imigrantes. Os conflitos foram canalizados para um sistema institucionalizado e, nesse sentido, o sistema escolar cumpriu a função de resolver o conflito étnico e reduzir a diversidade cultural. Aos poucos, as culturas de

profissões estava ligado às instituições de alta educação e isso teve implicações decisivas para a forma como as profissões desenvolveram o conhecimento. A organização da estrutura produtiva e do sistema de ensino levou à exigência de uma forte preparação escolar para ocupação de postos de trabalho, exigindo habilidades técnicas, e não culturais, fato esse que contribuiu para aumentar o valor do diploma. Consequentemente, o diploma representou um importante recurso para distinguir certos grupos em torno do conhecimento técnico e especializado e reservar espaços em que era possível atuar em nome de uma formação particular. Em contrapartida, o corporativismo profissional, provocado pela organização das profissões, contribuiu para limitar a expansão do ensino entre os cursos que pudessem causar uma inflação nos títulos, ocasionando assim agrupamentos profissionais mais tradicionais, tais como medicina e direito (Collins, 1979). O próprio termo "profissão" está ligado a um período particular da história, de desenvolvimento do processo de industrialização, de urbanização, e inclui um número limitado de países. Não é sem sentido que muitos teóricos definiram o profissionalismo como uma "enfermidade anglo-americana" (Freidson, 2001).

De tal modo, percebe-se que a postura do Estado foi menos ativa e as profissões voltaram-se, mais especificamente, para o controle dos postos no mercado de trabalho. Essa situação fez com que a literatura, sobretudo norte-americana, sobre as profissões fosse considerada irrelevante para a compreensão das profissões na Europa, uma vez que nesse continente, especialmente em países como a França, o Estado desempenhou um papel decisivo. Na França, o Estado atuou no sentido de organizar tanto a capacitação profissional como o emprego e as novas ocupações de classe média; no lugar de buscarem uma classificação de "profissão", ob-

---

grupos específicos foram transformadas num sistema de credenciamento educacional abstrato e as lutas sociais começaram a mudar provocando um aumento na confiança em tal sistema. Essa mudança diversificou não só as escolas, mas também as profissões e a estrutura ocupacional, fazendo com que as universidades tornassem espaços centrais de treinamento profissional.

tiveram seu *status* e segurança por meio das "grandes escolas", ou seja, das instituições de educação superior de elites controladas pelo Estado. A posição ocupada pelas novas profissões, no mercado francês, ocorreu não pela capacitação específica e pelas identidades ocupacionais que reivindicaram, mas pelo prestígio das instituições de ensino superior às quais tais profissões estavam vinculadas (Dubar e Tripier, 1998). Tal configuração marcou profundamente as relações entre profissão, mercado e política, exercendo uma forte influência nas lutas profissionais motivadas pela defesa do autocontrole e autonomia diante do Estado. Assim, muitos grupos profissionais franceses consolidaram seus princípios e identidades específicos voltando-se à defesa dos valores da autonomia, buscando resistir às pressões e sujeições tanto da política quanto do mercado.

Dentro deste quadro, um aspecto fundamental está relacionado ao fato de que é preciso problematizar as lógicas históricas e institucionais que permitem dar às profissões privilégios em diferentes países e de que forma os contingentes históricos permitem conservar e estabelecer as condições de controle da profissão sobre a divisão do trabalho, sobre o mercado, além de permitir a conservação e o estabelecimento das instâncias de formação.

Tais considerações são necessárias para que não se ignore, na análise dos títulos profissionais, as experiências nacionais, como a brasileira, em que a relação com a política assumiu outras características e contornos. A expansão do ensino superior no Brasil resultou não em um mercado fechado, mas em uma diversificação de significados e de usos do título escolar na qual o acúmulo de recursos sociais variados tornou-se fundamental para garantir equivalência ao diploma. O título escolar representou uma forma de recurso que permitiu não só a acumulação de prestígio e consagração social, como também a inserção em várias esferas sociais simultaneamente, com destaque para as esferas políticas e administrativas (Coradini, 1997a, 1997b; Pécaut, 1990).

A formação de um sistema de ensino no Brasil ocorreu, sobretudo, a partir de 1930 e fez parte do processo de construção do

Estado Nacional. A organização desse sistema assumiu um caráter unificado e segmentado, possibilitando às camadas médias e superiores o acesso ao ensino, ao passo que as camadas menos privilegiadas econômica e socialmente mantiveram-se afastadas da escola. Tal sistema estava dividido em duas polarizações: o ensino primário, a escola normal e profissionalizante, ambos públicos, e o ensino secundário privado e o ensino superior público. O ensino secundário destinava-se à formação para o ensino superior, fechando, assim, às outras camadas sociais a possibilidade de acesso à universidade. Além de o ensino não chegar às camadas populares, a escola e, sobretudo, a universidade tornavam-se espaços reservados às elites fazendo com que os diplomas assumissem uma função fundamental na reprodução das camadas médias e superiores. O diploma de nível superior não só tornava as camadas superiores mais distantes das outras camadas sociais como garantia o acesso ao setor burocrático das empresas privadas e estatais. Assim, a escola e os títulos por ela fornecidos representavam um recurso a mais para consagração das elites (Almeida, 2007; Azevedo, 2005).

Todavia, os títulos acadêmicos já constituíam meios para consagrar as elites antes mesmo de 1930. No período anterior à formação da República, os títulos universitários desempenharam importante papel na política brasileira. A educação universitária representava um requisito fundamental para ocupar um alto posto político desde o Império e manteve-se assim com a chegada da República. A carreira política constituía-se como um meio de mobilidade social para pessoas "talentosas com as qualificações certas" (Barickman e Love, 2006:85). A maioria dos membros da elite nacional possuía, no período da década de 1930, títulos universitários, sendo o mais comum o de direito, representando 44%[6] (Conniff, 2006). A educação universitária possibilitava também o surgimento de grupos que agiam na política, desde o Império,

---

[6] Segundo Barickman e Love (2006), 93% da elite política nacional possuíam formação universitária. Conforme mostra Conniff (2006), os diplomas militares ocupavam o segundo lugar, com 32%, e os de engenharia e medicina, terceiro e quarto com, respectivamente, 12% e 5%.

como determinadas sociedades de estudantes, sobretudo de direito, que formavam redes de políticos e profissionais. Com a queda da República Velha,[7] a tendência ao declínio das profissões tradicionais aumentou e novos profissionais passaram a ocupar postos políticos, principalmente aqueles da área de engenharia. Os títulos acadêmicos, cada vez mais, representavam uma forma importante de se inserir na esfera política.

Contudo, o título não representava apenas uma condição fundamental para entrada na política como um critério último de seleção de uma elite política. É preciso considerar que tal inserção implicava uma determinada concepção da formação universitária, da profissão e do papel do político. Para os diplomados, o ofício de governante necessitava de um conhecimento especial, uma vez que a "arte de governar" dependia de um saber especializado, ou seja, de uma formação acadêmica. A formação superior, por sua vez, adquiria valor por seu caráter instrumental e os títulos constituíam-se em um instrumento de transformação social e política permitindo aos diplomados colocaram-se prontos a ocupar postos de direção política. Os títulos acadêmicos se destacavam pela possibilidade que ofereciam de fazer deles uma força política e um instrumento de promoção das mudanças sociais (Pécaut, 1990).

Entretanto, não se pode esquecer que a importância do diploma consistia na combinação com outros títulos que resultavam de um alto capital de relações e vínculos sociais, uma vez que sozinho ele não garantia o acesso a posições na esfera da política e nem em outras esferas sociais. Em uma sociedade em que a profissão não consiste no principal fator de hierarquização social, o título escolar contribuiu, muitas vezes, para consagrar uma posição social já ocupada e garantida por outros recursos sociais, sobretudo as redes de relações de reciprocidade e amizade. A profissão, assim como o diploma, constituiu-se como um dos "títulos", entre muitos outros, que respaldam a posição social (Coradini, 1997a, 2005).

---

[7] República Velha ou Primeira República foi como se denominou o período que se estende de 1889, com a proclamação da República, até 1929.

Assim, o título proporcionava às elites a inserção em diversas esferas simultaneamente e, como mostram Barickman e Love (2006:82), "o pequeno número de universitários formados fazia frente a um número muito expressivo de demandas e oportunidades para deixar-se confinar em uma simples carreira; eles, então, duplicavam ou triplicavam suas áreas de atividade". A maioria dos membros da elite política exerceu a profissão de formação e dedicou-se a outras atividades, das quais as carreiras adicionais mais comuns foram o magistério, o jornalismo e as atividades bancárias e industriais. Isso permite considerar que o título adquiria valor pela combinação com outras atividades, seja no âmbito da política governamental, por meio de postos e de cargos, seja em outras esferas sociais.

Dessa forma, as profissões associadas à obtenção do diploma representavam importantes recursos para inserção na esfera política e em outras esferas concomitantemente. O trabalho de Dezalay e Garth (2002) sobre o direito no Brasil constitui um bom exemplo do que representa a profissão em termos de divisão e hierarquização social. Segundo tais autores, apesar da importância da formação jurídica na dominação social, há uma desqualificação e uma desvalorização dos fundamentos institucionais capazes de possibilitar uma autonomia do direito. Isso acontece tanto no ensino do direito como no sistema judiciário. As grandes faculdades de direito ou oferecem uma base para aqueles que estão temporariamente excluídos do poder do Estado, ou servem de trampolim para novas aspirações. A aprendizagem de direito é considerada um meio para se ter acesso às funções de Estado mais prestigiosas do que as de advogado, de juiz ou de professor. Assim, aqueles que ocupam uma posição mais elevada nas elites do direito, apesar de controlarem as instituições jurídicas, não desfrutam dessa posição para se dedicarem à defesa da autonomia do direito, à criação de instituições que visam oferecer os fundamentos da autonomia do campo jurídico, mas ao investimento numa série de relações que lhes proporcionam mais capital social. Esse capital social permite a inserção em várias esferas, sobretudo a esfera da política.

No caso do Brasil, o exercício de uma profissão jurídica elevada solicitou dos agentes um capital social e relacional que não se pode obter nas escolas; no entanto, advinha de relações estabelecidas, sobretudo com grandes famílias dirigentes. A necessidade de os agentes mobilizarem todos os recursos possíveis e disponíveis, na maioria das vezes, múltiplos e concorrentes mais do que complementares, não conduziu ao desenvolvimento da autonomia dos espaços sociais, mas a um investimento em capital simbólico personificado elevado. Isso aconteceu, por um lado, em função de uma diversidade de instituições que contribuíram para promover uma competitividade entre as elites, por outro lado, porque os agentes fizeram e fazem das posições ocupadas nesses espaços trampolim para posições mais destacadas, sobretudo no universo da política. A forte competitividade entre as elites fez com que elas tivessem de lançar mão de recursos cada vez mais diversificados para vencer a concorrência.

Nesse sentido, um dos usos que esses profissionais faziam de seus diplomas era um uso político, uma vez que se valiam de seus títulos para ocupar posições no Estado, na burocracia pública e nos governos. Alguns estudos que dão destaque para análise da estruturação dos espaços sociais, sobretudo na França, têm considerado que a autonomia dos espaços é dada pela capacidade que têm em transformar as pressões externas em demandas internas. Quanto mais autônomo for um campo profissional, mais seus agentes irão se destacar em outros campos sociais com a autoridade do seu capital específico. O acúmulo de autoridade específica permite impor princípios em outros campos sociais, como o campo político, sem que para isso seja necessário tornar-se um agente do campo político. Ao contrário, a heteronomia de um campo manifesta-se essencialmente pelo fato de os problemas exteriores, sobretudo os problemas do campo político, ganharem respaldo diretamente. Isso quer dizer que a politização de um campo, nas diferentes formas em que isso pode ocorrer, não é indício de grande autonomia. Quanto menos um campo é autônomo, mais os títulos adquiridos e acumulados serão usados para ocupar posições de poder em outros campos sociais. Um campo profissional se torna mais heterônomo quando a ocupação de posições em seu interior depende da ocupação de posições em outros campos sociais, fazendo com que as posições profissionais estejam sujeitas a um aumento de funções externas (Boltanski, 1973; Bourdieu, 2003; Lebaron, 2001).

Essas pressuposições remetem a um conjunto de problemas e dificuldades de apropriação de uma literatura internacional. Uma dessas dificuldades está relacionada à transposição das análises baseadas na estrutura do campo escolar e profissional francês para o caso brasileiro e a possível interferência entre um "campo profissional", ou "campo escolar", e um "campo político". Ora, considerar que o sistema escolar ou profissional brasileiro sofre uma forte interferência do "campo político" ou "intelectual" seria precipitado e até mesmo insuficiente, pois nessas situações os espaços sociais, escolar e profissional, já são desde o surgimento, como procuramos destacar, completamente politizados. Como mostra Pécaut (1990), de maneiras variadas, diferentes gerações de intelectuais brasileiros e membros de profissões específicas defenderam em seus discursos a constituição da nação brasileira e, desse modo, não fazia o menor sentido separar o conhecimento que possuíam da ação que pretendiam empenhar para construir a nação. Seus títulos universitários valiam pelo poder de intervenção na realidade que proporcionavam. Mas cabe ressaltar que essa ação deveria supor uma atuação na realidade, uma intervenção, e não eram somente os títulos formais, conquistados mediante a inserção em instituições de ensino, que se destacavam. Tratava-se de títulos reconhecidos por setores da sociedade e adquiridos pela "posse de um saber sobre o social" (Pécaut, 1990:33) e se manifestavam pela inserção em diversas esferas simultaneamente, incluindo partidos políticos e os movimentos sociais. Desse modo, se os títulos universitários implicavam uma responsabilidade diante da nação e se os membros de profissões específicas investiam-se de uma missão política, a dissociação entre um campo escolar e profissional, fundado em uma lógica própria de funcionamento, e um campo político torna-se, no mínimo, controversa.

Em situações como a brasileira, as profissões emergem como uma categoria política. Muitas categorias profissionais como médicos, advogados, engenheiros e outros que desempenhavam atividades na literatura, no cinema, no jornalismo associavam suas atividades à preocupação de se colocarem a serviço da nação e da sua construção política. As profissões emergem como uma condição fundamental de formação do Estado. Por um lado, é o Estado que vai garantir os monopólios profissionais, mas, por outro lado, a condição de profissional permite o acesso ao Estado e aos postos que ele oferece. O pertencimento a várias esferas sociais, sobretudo à esfera da política partidária, constitui um dos elementos da composição desses grupos (Pécaut, 1990).

A própria universidade, desde seu nascimento, "é concebida mais como um instrumento político do que um lugar de produção científica" (Martins, 1987:18). A luta pela reforma do ensino e pela construção de um "campo cultural" a partir da universidade, na década de 1920, possibilitou aos intelectuais uma via de ação, tornando-se um dos eixos fundamentais de preocupação política. Era pela ação política que os intelectuais pretendiam impor suas ideias e uma das vias para essa ação era a própria universidade defendida na reforma do ensino. A partir da década de 1920 a ideia reaparece com mais força.

Porém, a esse saber se necessitava atribuir uma função política explícita: a de "orientar a nação". Em 1924, é criada, no Rio de Janeiro, a Associação Brasileira de Educação representada por educadores reformadores do chamado movimento da Escola Nova, tais como Anísio Teixeira e Fernando de Azevedo. A ação dessa entidade e a atuação do jornal *Estado de S. Paulo* contribuíram para o surgimento de duas universidades idealizadas com base nessa reforma: a Universidade do Rio de Janeiro e a Universidade do Distrito Federal. O objetivo era reformar a sociedade por meio da reforma do ensino.

Nesse contexto, o Governo Provisório da revolução de 1930 criou o Ministério da Educação e interferiu no debate. Como mostra Martins (1987), nos arquivos de Capanema, então ministro da

Educação, entre 1938 e 1942, encontraram-se cartas de recomendação e pedidos de emprego no ensino superior assinadas por intelectuais conceituados e portadores de prestígio. Além de o Estado interferir na construção de um sistema de ensino, o papel que os intelectuais se atribuíam no processo de construção da nação e a missão social que os preocupava conduziu-os diretamente ao Estado, e foram por ele cooptados. Como exemplo da absorção dos intelectuais por parte do Estado, pode-se citar o caso de Villa-Lobos, que era encarregado de organizar escolas de músicas e de canto coral em todo o país, e Mário de Andrade, que era contratado para preparar o projeto de uma enciclopédia brasileira.

É pertinente destacar que nas condições de desenvolvimento do título acadêmico no Brasil não é somente a estrutura dos espaços sociais, os princípios de legitimação e hierarquização que se transformam, mas as próprias concepções acerca do papel da escola, da carreira profissional e do próprio título que se modificam. Trata-se não apenas de mudanças nos espaços sociais provocadas pelas relações diretas com a política, mas de percepções e entendimentos que adquirem outros significados a partir dos quais se torna possível admitir usos diversos de um diploma e a vinculação com outros títulos que lhe garantam valor real. É preciso considerar os recursos (sociais, profissionais, escolares, políticos etc.) que os agentes acumulam, bem como a relação que estabelecem com outras esferas sociais e as possíveis reconversões disso nos espaços em que estão inseridos. Tais questões estão na base do uso do diploma e de suas vinculações com a política.

Esses dados mostram que os títulos escolares e as profissões, no Brasil, constituíram-se em importantes recursos para o acesso à esfera política e a outras esferas sociais simultaneamente. Como se pode perceber, contudo, sozinho, ele não garantia muita coisa, era preciso que os agentes acumulassem um conjunto de outros recursos proporcionados por laços e vínculos diversos para poderem fazer dele um recurso relevante para o acesso a outras esferas. Nesse sentido, diversos recursos (familiares, políticos, escolares) eram reconvertidos para ampliar os espaços de atuação e intervenção, e o diploma constituía apenas mais um. Além disso, o sentido atribuído à formação superior remetia a uma missão política e estava apoiado em um uso instrumental, por meio do qual era possível colocar o diploma a serviço das mudanças sociais e intervir no debate político.

Portanto, procuramos destacar brevemente, na problematização das condições históricas, que nos parece interessante, do ponto de vista analítico, apreender as condições sociais, políticas e culturais que possibilitam determinados usos da formação acadêmica para ingresso e ascensão profissional e o sentido que lhe é atribuído, mais do que explorar a falta de autonomia do campo escolar e do campo das profissões. Os trabalhos mencionados aqui sobre o lugar dos títulos escolares em sociedades como a brasileira sugerem a reflexão a respeito da multiposicionalidade dos agentes e da pluralidade do pertencimento a outras esferas sociais, uma vez que, para fazerem valer seus diplomas, os agentes precisaram investir no acúmulo de outros recursos sociais. Isso significa que, mais do que o problema do título como mecanismo de distinção social ou o diploma como mecanismo de separação entre grupos profissionais e outros grupos sociais, é preciso analisar o confronto entre os diversos títulos e sua combinação com outras esferas de atuação. O diploma consiste num componente a mais para o recrutamento dos agentes nas carreiras profissionais e se distingue em associação com outras bases de recursos para possibilitar a ascensão profissional.

PROCESSOS DE PROFISSIONALIZAÇÃO E LEGITIMAÇÃO DE RECURSOS

A regulamentação jurídica, a criação de entidades de representação da categoria, assim como a formação acadêmica e a fundação de escolas e de centros de pesquisa têm sido tratadas, pelos modelos teóricos que se voltam para análise das profissões no mercado de trabalho, como diretamente relacionadas aos processos de profissionalização pelos quais passam as atividades ocupacionais. Nesse sentido, a reivindicação de um conhecimento sistematizado e especializado transmitido pela academia, o surgimento de instituições capazes de zelar pelos preceitos jurídicos e formais de acesso a um ofício e a capacidade de controle que os membros de uma profissão têm sobre a aprendizagem e o exercício da atividade determinam o nível de profissionalismo. É dessa forma que as ocupações estabelecem uma reserva e um lugar seguro no mercado de trabalho, distanciando-se da esfera política e voltando-se para o mercado por meio do ideal do profissionalismo (Larson, 1977).

Contudo, um dos limites centrais deste modelo é o de partir de um "tipo ideal" de profissionalização que toma a distância com a esfera política crucial e que, nesta linha, não considera os processos de institucionalização, como no caso do Brasil, como uma maneira de ter acesso aos recursos do Estado e fazer das carreiras profissionais uma forma de se promover e conquistar funções políticas. Em situações como a brasileira, o próprio Estado ofereceu oportunidades para que as elites profissionais usassem seu conhecimento para investir na construção política do país.

Portanto, um dos principais desafios presentes na investigação dos processos de profissionalização e sua relação com as dinâmicas políticas é o de enfatizar o trabalho das entidades de defesa das categorias profissionais, as quais fornecem, por um lado, o controle no exercício profissional e, por outro lado, uma forma específica de acumulação de capital de relações sociais. Consequentemente, examinar as origens sociais e históricas da profissionalização, considerando para isso as diferentes fronteiras legais instauradas para regulamentar o ofício, permite apreender os recursos sociais que estão na base desse processo de institucionalização e que contribuem para determinados usos e percepções da atividade. Logo, para compreender os processos de profissionalização pelos quais passam as atividades ocupacionais é preciso dar conta das estratégias de distinção no seio de uma profissão. Para isso, torna-se fundamental investigar as instituições (entidades de representação, sindicatos, universidades) e os agentes envolvidos no processo de regulamentação, procurando identificar as concepções associadas à defesa do diploma e como tal título se tornou um recurso nas lutas profissionais e políticas. A análise das instituições permite mostrar seu papel não só na regulamentação profissional, por meio do diploma, mas como instâncias de acúmulo de recursos sociais fundamentais nas lutas profissionais. Além disso, a investigação dos agentes envolvidos em tais instituições permite compreender como são recrutados os membros dessas entidades, quais recursos estão associados ao pertencimento a essas instituições e o que isso nos diz a respeito da importância da imposição formal de critérios de pertencimento. Deste modo, podemos apreender em que medida os recursos políticos constituem um dos componentes essenciais das estratégias de profissionalização.

Isto pode ser observado claramente no processo de profissionalização do jornalismo no Brasil.[8] Nas lutas profissionais pela regulamentação e exercício deste ofício, pode-se observar, além da preocupação com o mercado, uma intensa atuação das entidades associativas na esfera política, especialmente o Estado. O estabelecimento de critérios jurídico-institucionais, os quais visam definir e regular a "profissão" de jornalista no Brasil, caracteriza-se não só pela reserva de espaços no mercado de trabalho por um determinado grupo, mas também por sua utilização como recurso para agir na esfera da política partidária e governamental. Assim, ser reconhecido como "profissão" ofereceu diversos meios para atuar politicamente.

O processo de regulamentação e profissionalização do jornalismo está diretamente associado aos contextos históricos e políticos em que surgiram, os quais consistiram em fatores que contribuíram para impulsionar a necessidade de leis e formas legais de regulamentação dessa atividade. Os princípios legais de regulamentação da atividade mostraram-se vinculados às pretensões políticas daqueles que estavam envolvidos em sua defesa e, nesse

---

[8] Uma descrição mais detalhada sobre a relação entre esfera política e jornalismo em diferentes momentos históricos pode ser encontrada em Petrarca (2010a).

sentido, a bandeira da profissionalização aparece como uma estratégia importante de acesso à esfera da política governamental e estatal. Assim como as profissões tornaram-se essenciais para formação do Estado brasileiro, o Estado e seu aparato burocrático tornaram-se fundamentais para formação dos grupos profissionais, proporcionando espaços em que poderiam atuar em nome de suas profissões.

Na década de 1930, momento em que os primeiros princípios de enquadramento foram estabelecidos, as pretensões dos jornalistas envolvidos na defesa de tais princípios estavam voltadas ao Estado e às necessidades de contribuir para a formação da nação. O esquema corporativo enunciado e proclamado por esses atores sociais, como a regulamentação das profissões e a criação das leis trabalhistas, não está separado de suas convicções políticas e pretensões em atuar em prol da nação. O pertencimento a uma categoria profissional e a atuação política aparecem como indistintos, uma vez que um dos motivos que contribuiu para que um conjunto diverso de atores se inserisse na política, nesse momento, foi justamente o sentimento de pertencer a uma categoria profissional (Pécaut, 1990). No jornalismo, as entidades voltadas à representação da categoria, nesse contexto, passaram a reivindicar o papel dos jornalistas na construção da política brasileira, demonstrando sua capacidade de intervenção na política do país.

Nesse contexto, o estímulo estatal à organização profissional levou a uma diversidade de entidades e a uma forte concorrência entre elas, uma vez que tais entidades permitiam àqueles que a elas se dedicavam acumular uma série de recursos que possibilitavam uma aproximação com o Estado e com a esfera da política, de modo geral. Assim, as entidades exercem, ao mesmo tempo, a função de recrutamento de jornalistas, definindo as características sociais daqueles que nelas deveriam ingressar, e a de consagração social de seus membros, contribuindo para o acesso a outras esferas. Como exemplo está o caso de uma das primeiras entidades de representação dos jornalistas, a Associação Brasileira de Imprensa (ABI), assim como de um conjunto de sindicatos e entidades de jornalistas recém-criados. A ABI constituiu-se em uma arena da política, em um espaço que tornava a consagração jornalística um recurso de visibilidade do Estado e para nele atuar durante o momento de organização da nação. Isso foi mais intenso durante todo o Estado Novo, mas o vínculo da ABI com a política perdurou por várias gestões. A investigação sobre essas instituições e seus dirigentes revela uma relação dinâmica com a política governamental que acontece no sentido de ampliar as possibilidades de influência e atuação dos jornalistas na construção do Estado nacional.

Ao mesmo tempo, o Estado Novo de Vargas estimulou os jornalistas a intervirem, em nome do conhecimento, na construção da nação. Uma das estratégias do Estado Novo foi a de lutar para que os jornalistas ocupassem espaço na burocracia, como o Departamento de Imprensa e Propaganda (DIP), aumentando ainda mais a capacidade de intervenção. O corporativismo proposto pelo Estado Novo, além de legitimar as competências especializadas delegando funções públicas a membros de profissões específicas, traduziu-se ainda em redes institucionais permitindo, por meio de conselhos técnicos, entidades, associações, sindicatos, às elites mais diversas que encontrassem uma maneira de atuarem na esfera estatal. Assim, as associações profissionais tornavam-se recursos importantes para investimento no Estado, contribuindo mais para fortalecer os contatos de determinados profissionais com o Estado do que para organizar e representar seus interesses no mercado de serviços. O Estado tornou-se o estimulador, não de um mercado econômico competitivo, mas das disputas entre os agentes profissionais para terem acesso a seus recursos e fazerem uma carreira na política.

Os jornalistas representantes das associações profissionais e de defesa do jornalismo, nesse período, ao mesmo tempo que desenvolviam todo um trabalho voltado para essa área (promoção de congressos, estimulação da criação de escolas de jornalismo e leis que regulamentassem o exercício dessa atividade), atuavam politicamente contra regimes autoritários, promovendo a liberdade de imprensa e de expressão e inserindo-se em partidos políticos locais. Suas participações não se restringiam a um único universo, mas a vários espaços sociais, como o da arte, da cultura, da política e, por conseguinte, desempenhando uma diversidade de papéis. Portanto, além desses profissionais contarem com suas associações profissionais, neste período, como a ABI, dispunham de outras entidades de cunho literário e cultural para ampliar seu prestígio e capital social, como a Academia Brasileira de Letras (ABL) e o Instituto Histórico e Geográfico Brasileiro (IHGB). A multiplicidade de instâncias de consagração, que são ao mesmo tempo mais complementares do que concorrentes, permitia aos profissionais atuarem em diversos espaços simultaneamente e buscarem prestígio também fora das associações específicas. Além disso, por meio da inserção em diversos espaços e do exercício de várias funções, esses jornalistas acreditavam estar contribuindo para fundamentar uma cultura nacional e organizar o Estado brasileiro.

Já na década de 1970, momento de estabelecimento do diploma, os jornalistas estavam voltados à necessidade de se contrapor ao golpe militar, o que contribuiu para transformar o reconhecimento profissional em um instrumento para agir contra o regime. As estruturas institucionais, como universidade e faculdades cujos investimentos cresceram nesse período, bem como a ideologia profissional e a recorrência ao "discurso competente" serviram ao mesmo tempo para legitimar posicionamentos em favor da liberdade de participação e da democracia, constituindo-se como uma maneira transfigurada de apoiar abertamente um discurso em defesa da livre expressão e manifestação. No contexto dos anos 1960 e 1970, uma grande parte dos jornalistas, sobretudo aqueles vinculados às entidades da categoria e à universidade, esteve presente nas lutas contra a censura e na constituição de uma frente de resistência contra o regime, alinhando-se às lutas políticas pelas liberdades democráticas como o Movimento pela Anistia dos Presos Políticos. Alguns exemplos podem ser citados, as greves dos jornalistas, os congressos nacionais promovidos pelas entidades sindicais da categoria, e que salientavam a defesa da liberdade de expressão e de imprensa ao mesmo tempo que reivindicavam uma regulamentação que valorizasse a formação profissional. Pode-se citar ainda a forte atuação dos jornais alternativos, bem como o empenho da ABI, conhecida como a "casa dos jornalistas", em se colocar à frente das campanhas contra a censura.

Nesse sentido, a competência especializada, a profissionalização e a filiação institucional tornaram-se recursos fundamentais para pôr em prática um conjunto de estratégias contra o autoritarismo militar. Em função disso, se proliferou um conjunto de associações que se encarregaram de defender a liberdade, a democracia, a sociedade civil organizada e, ao mesmo tempo, os interesses das categorias profissionais.

A temática da profissionalização, do conhecimento específico e da técnica jornalística atingiu vários setores do jornalismo. Os grandes jornais de circulação nacional (*Folha de S.Paulo* e *Estado de S. Paulo*) promoveram reformulações em sua estrutura interna e passaram a adotar, entre outros procedimentos "especializados" e "objetivos" importados dos Estados Unidos, os manuais de redação, que serviram como uma orientação técnica. Os manuais de redação, denominados *stylebooks*, fizeram parte das estratégias dos conglomerados jornalísticos nos Estados Unidos para vencerem a concorrência (Ribeiro, 2003), mas, no Brasil, se constituíram como uma das estratégias adotadas pelas empresas para vencer as limitações dadas aos jornais no momento do tolhimento da liberdade de imprensa e da ditadura militar. Dessa forma, o processo de profissionalização do jornalismo representa não somente uma forma de controlar o mercado e reservar os serviços aos especialistas, mas uma forma de atuar politicamente, seja em defesa da nação, da redemocratização, seja se inserindo nas instâncias próprias da esfera da política, como os partidos políticos, os governos e a burocracia pública.

Apesar dos contrastes entre essas situações, é possível afirmar que ambas mostram a inserção de uma grande parte dos jornalistas envolvidos na defesa da profissionalização nas causas políticas e em seu atrelamento a essa esfera. Assim, o processo de profissionalização do jornalismo permitiu articular um controle do mercado de trabalho com um projeto político mais amplo, voltado à intervenção estatal e à ação política, manifestada pela inserção na burocracia pública, nos partidos políticos, nos movimentos sociais e na defesa da redemocratização do país.

ITINERÁRIOS, INVESTIMENTOS POLÍTICOS E RECONVERSÕES PROFISSIONAIS

A análise da relação entre política e exercício profissional pode ainda ser pensada por meio da apreensão das modalidades de articulação entre a atuação profissional e os investimentos na esfera política. Um dos problemas que têm sido destacados pela recente literatura, e que nos interessa particularmente aqui, diz respeito aos processos de reconversões profissionais da atuação política. Portanto, o exame dos itinerários dos agentes, seus investimentos profissionais e os recursos acumulados ao longo da sua trajetória constituem um dos principais desafios presentes neste tipo de estudo, uma vez que a possibilidade de ocupar posições em outras esferas sociais, além da esfera profissional, depende não só do título profissional em questão,[9] mas do itinerário social do agente e das formas de percorrer o espaço político e profissional.

Uma das maneiras de darmos conta destes desafios é examinando as esferas sociais nas quais se inserem os profissionais e como tais inserções permitem, por um lado, adquirir um conjunto de recursos que podem contribuir para seu crescimento na hierarquia interna de sua profissão e, por outro lado, de que forma contribuem para determinados princípios de identificação com a profissão e para definição do papel profissional. Nessa linha, a es-

---

[9] Podemos encontrar nos trabalhos, já consagrados, de Weber (1982), assim como nas pesquisas empreendidas por Dogan (1999), a proximidade social e as afinidades entre o exercício de determinadas profissões e a política como uma espécie de continuidade. Isso pode ser observado, sobretudo, nas profissões que exigem o domínio da oratória e da prática discursiva. Esse é o caso do professorado, da advocacia e do jornalismo.

fera política, como demonstramos no primeiro e segundo eixos propostos, apresenta-se como uma importante esfera de articulação e mediação. Além disso, os recursos obtidos pela inserção em tal esfera são amplamente reconvertidos para promover a diversificação da atuação profissional.

As discussões recentes sobre a relação entre exercício profissional e atuação política têm procurado compreender as condições e as modalidades de associação entre títulos profissionais e recursos políticos focando a atenção nas diferentes lógicas sociais (profissional e política) em jogo. Tal ênfase permite dar conta tanto das reconversões das competências profissionais, ou seja, da forma como o exercício da profissão pode se tornar um recurso importante para agir na esfera da política, quanto das retribuições da atuação política, em outros termos, da forma como o exercício da participação política pode se constituir em um recurso nas lutas profissionais por postos e posições (Coradini, 2001, 2002, 2006; Offerlé, 1996, 1999).

As pesquisas empreendidas por Gaxie (2005) e Gaxie e Offerlé (1985) têm destacado as retribuições e as recompensas diversas do militantismo e da ação coletiva, demonstrando de que forma a experiência militante e os investimentos em organizações coletivas oferecem ganhos e lucros facilitando, inclusive, a inserção no mercado de empregos. Os trabalhos de Coradini (2001, 2006) também têm trazido contribuições relevantes para a forma como o exercício profissional e a atuação em associações e sindicatos profissionais se tornam modalidades de entrada e trajeto político. Assim, o autor destaca a relação entre atuação profissional e representação de interesses baseados na condição profissional e sua conversão em representação política.

Tais pesquisas, ao mostrarem a imbricação entre estas esferas, trouxeram uma série de problemas e interrogações a serem analisados, permitindo repensar o tratamento dado até então às profissões e à ação política. Essa literatura permite, desse modo, demonstrar que as modalidades de usos dos títulos profissionais na esfera política e militante resultam tanto da afinidade e da proximidade social existentes entre certas profissões e o exercício de um trabalho de mobilização política, quanto da posição ocupada pelo agente no interior do espaço acadêmico e profissional e do conjunto de recursos sociais que é capaz de mobilizar (Boltanski e Bourdieu, 1975). Nesse sentido, o engajamento em causas coletivas pode se constituir em uma forma de reconverter frágeis inserções acadêmicas e profissionais em trunfos político-militantes, como pode também se constituir em uma forma de converter vínculos militantes em trunfos profissionais.

Dentro desse quadro, a atuação profissional em espaços de mobilização coletiva tem se apresentado tanto como uma forma de diversificar as possibilidades de investimentos profissionais, como uma forma singular de percorrer o espaço político, pois permite relacionar formação e profissão com engajamento e participação política, contribuindo para ampliar o capital militante e gerando as condições para sua conversão em capital político e profissional. O fenômeno da "militância profissional", como tem sido definido pela literatura especializada, torna-se um importante instrumento de socialização política e de inserção no espaço político (Matonti e Poupeau, 2004). Entretanto, não se trata apenas de um simples aumento nos atributos profissionais dos militantes. O elemento mais importante, portanto, consiste nas modalidades de relacionar a formação especializada e a profissão com a militância em diferentes esferas sociais.

Alguns trabalhos têm se debruçado, mais recentemente, sobre essa problemática, enfatizando as condições sociais, tais como origens sociais e redes de relações, que permitem a compreensão da relação e permeabilidade entre política e atuação profissional.[10] To-

---

[10] Partindo de diferentes universos empíricos, destaca-se a investigação de Oliveira (2009) sobre a relação entre recursos escolares e políticos no movimento ambientalista; os de Grill (2006) sobre a relação entre profissões e entrada na esfera política; Tavares dos Reis (2007) sobre intelectuais e política; Seidl (2009), que, por sua vez, centra no peso de recursos políticos para configuração das elites; Vecchioli (2009) e Engelman (2010), os quais destacam a relação entre política e mundo do direito.

memos aqui, como pano de fundo para nossa discussão, um estudo empreendido sobre os advogados que atuam profissionalmente na qualidade de "expertos" em movimentos sociais voltados à temática racial.[11] O exame da formação de um espaço engajado de atuação dos advogados nos permitiu explorar algumas pistas sobre as possibilidades de consagração da vida profissional no ativismo jurídico, bem como das modalidades de conciliação entre a prática profissional e o engajamento político capaz de permitir o exercício da tradução dos problemas sociais para a esfera do direito.

Uma primeira aproximação com o universo permitiu destacar que, entre as principais atividades e posições ocupadas pelos advogados investigados na defesa da igualdade racial, estão: advogado do Movimento Negro Unificado do Rio Grande do Sul (MNU), ou ainda de outras entidades e organizações não governamentais voltadas à temática racial, como o Instituto de Apoio às Comunidades Remanescentes de Quilombo (Iacoreq); advogados do Programa SOS Racismo, vinculados à ONG Maria Mulher; advogados com escritórios especializados em crimes de injúria racial.

Na análise das trajetórias podem-se observar algumas características comuns entre os advogados, principalmente no que diz respeito às origens sociais modestas, cuja ocupação principal dos pais não exige grau de escolarização, bem como às origens étnico-raciais, todos descendentes de negros. Entretanto, apesar de tais características comuns, é possível apontar para duas modalidades distintas de associação entre a *expertise* jurídica e a participação política aqui manifestada no investimento no militantismo voltado para a causa racial.

A primeira representa um conjunto de casos em que o ingresso na defesa de causas raciais ocorre concomitante à realização do curso de graduação em direito, sem uma experiência prévia no militantismo. Nesse caso, o ingresso no militantismo e a associação entre profissão e militância decorrem das redes de relações obtidas por intermédio da família ou do grupo de amigos. Destaca-se, so-

---

[11] Mais detalhes sobre esta pesquisa podem ser obtidos em Petrarca (2010b).

bretudo, a articulação entre a inserção na esfera da militância e do trabalho como constitutivas da formação de uma identidade racial que será decisiva para conformar a identificação profissional.

A segunda representa o conjunto de advogados que já possuíam uma experiência prévia no movimento negro, ou em outras formas de militantismo, no momento de escolha da carreira profissional. Nessas duas modalidades há não só uma amálgama entre o engajamento militante e a atuação profissional, como uma forte referência à identificação étnica e às diferentes formas de racismo sofridas "na própria pele" desde a infância. Assim, no processo de reconstrução do passado e na apresentação das suas origens sociais, é possível perceber que, em ambas as modalidades, a memória associada ao preconceito racial sofrido é acionada e reativada como justificativa para a defesa da causa racial no âmbito do direito. É ela que vai permitir dar sentido a uma atuação profissional na esfera da política.

No que diz respeito à primeira modalidade, o caso mais representativo é o de uma das advogadas, atualmente coordenadora, do programa SOS Racismo no Rio Grande do Sul. Seu ingresso em tal programa começou como estagiária de direito em função da indicação de sua irmã, a qual já havia trabalho com a filha de uma das coordenadoras da ONG Maria Mulher. Nesse momento, a ONG estava procurando uma advogada que fosse ao mesmo tempo mulher e negra, pois a organização é uma organização de mulheres negras e os advogados anteriores eram um homem negro e uma mulher branca. Em função disso, ela foi uma das selecionadas para compor o quadro dos advogados do programa, na condição de estagiária. Esse momento é considerado fundamental pela entrevistada em sua trajetória, pois se descobriu *Maria Mulher,* o que implicou para ela não ser apenas uma técnica, uma profissional do direito, mas uma militante na defesa das vítimas de discriminação racial. Depois de concluído seu curso superior, a ONG a convidou para participar na condição de advogada do Programa e também da organização. Nessa ocasião, já havia montado seu próprio escritório de advocacia na área criminal e passou a atuar concomitantemente nesses dois espaços.

Na ONG Maria Mulher, além de coordenar o projeto SOS Racismo, participa do projeto Sentinela, que é voltado à defesa de crianças vítimas de abuso sexual. Nesse caso se observa que há também uma associação com outras formas de militantismo, como o voltado ao movimento feminista, especificamente mulheres negras, e também em defesa dos direitos da infância e da juventude. Destaca-se, ainda, em decorrência da sua atuação na ONG Maria Mulher, o investimento na militância partidária. Tal investimento partidário decorre de sua atuação na campanha para vereadora, pelo Partido dos Trabalhadores (PT), de uma das diretoras da ONG. Na condição de coordenadora da campanha ela precisava efetivar sua filiação.

Apesar de não possuir passado militante, suas origens sociais a remetem para uma experiência familiar de participação política. É o caso da sua mãe que, além de participar inúmeras vezes da coordenação e direção da associação de bairros onde moravam e da associação de pais e mestres, era filiada ao Partido Democrático Trabalhista (PDT).

Sua atuação nessa ONG lhe permitiu ampliar as possibilidades tanto de atuação profissional como de investimentos políticos e militantes. Um exemplo de como isso ocorre pode ser encontrado em sua participação como membro da comissão de avaliação dos cotistas da Prefeitura Municipal de Porto Alegre e da assessoria jurídica prestada a outra ONG, cargos conquistados por meio de convites realizados devido a sua atuação na Maria Mulher. Como ela definiu em entrevista, sua atuação no SOS Racismo lhe deu *visibilidade e prestígio*, além de reconhecimento no mercado profissional do direito na área de discriminação racial.

A necessidade de usar o direito na defesa das vítimas de racismo é essencial para essa advogada, uma vez que, segundo ela, é preciso cada vez mais apresentar a discriminação racial como crime. Nesses casos, as disposições para a "luta contra o racismo" são remetidas a uma história pessoal de discriminação que vai contribuir para ligar subjetivamente estas duas esferas (política e profissional). Nesse sentido, a relação entre atividade profissional e militância coloca em jogo a difícil tarefa de articular dois espaços sociais distintos que, muitas vezes, não convergem entre si. Uma das dificuldades apresentadas pela entrevistada remete ao fato de que sua intensa militância na ONG a afasta, por um lado, do conhecimento técnico da sua profissão, por outro lado, do círculo profissional de relações sociais. Um dos desafios, portanto, nesse tipo de carreira, é conseguir circular nos dois espaços ao mesmo tempo sem prejuízo.

Trata-se, portanto, de uma modalidade de ingresso no direito racial que não apresenta experiência militante prévia, como movimento estudantil, partidário ou associativo. É através de uma experiência profissional, na qualidade de estagiária, que essa advogada pôde converter a atuação no direito em uma forma de militantismo.

Para demonstrar a segunda modalidade pode-se tomar como caso exemplar o do fundador de um escritório de advocacia especializado na defesa das vítimas de injúria racial. Tal advogado também foi um dos primeiros a compor a equipe técnica do Programa SOS Racismo no início dos anos 2000. Sua entrada em tal projeto decorre da sua intensa participação no movimento negro e de seu reconhecimento na área do direito racial em função do seu escritório de advocacia. Segundo seu relato, o convite ocorreu porque já se conheciam do meio militante. Assim, ele atribui o convite tanto à sua atuação no movimento negro quanto à sua atuação na defesa das vítimas de injúria racial, o que lhe permitiu ficar conhecido.

Oriundo de uma família com escassos recursos econômicos, pai porteiro e mãe dona de casa, atuou na juventude como vendedor de verduras e ainda como *office boy*. Formado em direito pela Universidade Federal do Rio Grande do Sul, sua militância começa, ainda na juventude, no grupo de teatro voltado à temática negra, chamado Teatro Experimental do Negro, depois na Sociedade Floresta Aurora. O grupo Sociedade Floresta Aurora desempenhou papel fundamental na atuação dos negros na cidade de Porto Alegre. Fundado antes da abolição da escravatura, abrigava toda a comunidade negra da capital. Bailes, atos públicos, protestos e assistência faziam parte da agenda da entidade.

Dessa militância e dos contatos decorrentes fundou o Grupo Palmares, nos anos 1970, em plena ditadura militar, com outras figuras ativas no movimento negro atualmente. O grupo foi responsável pela proposição do dia 20 de novembro como alternativa às comemorações do dia 13 de maio (data da abolição da escravatura), tendo como referência, portanto, Zumbi e Palmares e não a data de abolição da escravatura. O grupo foi ainda precursor nas mudanças no movimento negro, afirmando-se como grupo étnico e adotando uma postura que colocava em xeque conceitos estruturantes da sociedade brasileira como os temas da democracia racial, identidade e cultura nacional. Esse grupo contribuiu ainda para emergência do movimento negro unificado (MNU) no final dos anos 1970.

Nesse mesmo período atuou em várias frentes: auxiliar de escritório, locutor esportivo, comentarista de carnaval, consultor jurídico de escolas de samba e clubes esportivos. Seu êxito na área de direito racial decorre, no final dos anos 1990, de sua atuação profissional e do sucesso com algumas causas de discriminação, inclusive na conquista de condenações. Sua atuação no âmbito do direito envolve, ainda, um intenso investimento na produção de definições jurídicas, com a publicação de artigos e comentários sobre o direito racial. E ainda na ocupação de posições em associações profissionais, como a Associação dos Advogados Criminalistas, na condição de vice-presidente, e na OAB no comitê de ética.

Assim, a disposição à ação militante, manifestada por seus engajamentos anteriores, é reconvertida nesse modo particular de militantismo que constitui o uso político e social das práticas profissionais. Além disso, sua clientela decorre também de seus investimentos militantes, uma vez que já possuía uma longa história no movimento negro. Portanto, a própria formação da clientela remete à imbricação de dois espaços de atuação: o engajamento e a atividade profissional.

Em decorrência desse conjunto de atividades ao mesmo tempo profissionais e militantes, que lhe renderam notoriedade, foi premiado com vários troféus destinados a personalidades negras no estado do Rio Grande do Sul, como: Troféu Zumbi, Troféu Carlos Santos da Câmara de Vereadores, entre vários outros. Nesse sentido, o engajamento militante pode contribuir também para o êxito profissional, permitindo a acumulação de capital social e simbólico.

De forma semelhante ao caso descrito anteriormente, esse advogado também associa a defesa política e profissional da cultura e identidade negras às experiências vivenciadas de discriminação. Tais experiências dão um sentido aos intensos investimentos na defesa das vítimas de discriminação racial, envolvendo tanto o tratamento jurídico dos casos e o uso de uma *expertise* quanto a defesa militante de uma causa. Assim, eles se definem a partir de um uso engajado do direito, reivindicando publicamente suas convicções, seus princípios e seus valores, fazendo disso uma maneira de exercer sua profissão. Além disso, é a partir da configuração de suas carreiras militantes que suas ações profissionais tomam sentido.

Portanto, as esferas de suas vidas, ao menos duas delas, como a esfera do trabalho e a esfera do engajamento político e militante, estão intimamente ligadas. A ligação entre essas esferas ganha um sentido específico para esses advogados que não cessam em associar seu trabalho profissional e militante à sua condição social e histórica na sociedade brasileira e às experiências de discriminação sofridas. O direito aparece como uma maneira de responder a essa situação. Desse modo, a atuação político-profissional desses advogados permite dar um sentido a sua trajetória passada produzindo uma continuidade entre esses dois espaços distintos.

Além disso, as experiências de discriminação racial desde a infância até a fase adulta se apresentaram como elementos fundamentais na construção das carreiras destes advogados, uma vez que tais experiências se constituem como importantes elementos de reconstrução biográfica. Os trajetos profissionais são constituídos por essas reconstruções do passado que permitem revelar visões de si e do mundo remetendo a diversas esferas sociais e formas identitárias (Dubar e Tripier, 1998). Consequentemente, os ajustes e as percepções feitas por estes advogados entre suas experiências pessoais de discriminação e sua atuação profissional permitem compreender os princípios de identificação e as concepções de profissão em jogo.

NOTAS FINAIS

Procuramos aqui demonstrar, por meio de uma agenda de pesquisa diversificada, que a análise da relação entre política, formas de atuação profissional e usos de um conhecimento especializado apresenta um desafio teórico e metodológico de apreensão relacional entre exercício profissional e as condições e lógicas de capital e investimentos políticos. Como se pode perceber, nos últimos anos, inúmeros trabalhos, tanto em nível internacional quanto nacional, têm sido produzidos pelas ciências sociais no sentido de evidenciar tais vinculações. Longe de encerrar esta questão, nosso propósito se manifestou na iniciativa de propor algumas linhas de reflexão como maneiras de pensar o problema e construir pistas interessantes.

Tais pistas, exploradas ao longo do texto, permitiram ultrapassar as perspectivas que substancializam os processos de regulamentação legal, fornecendo instrumentos para analisar os usos feitos do título acadêmico e do peso que assume o vínculo com esferas diversas (como a política) no recrutamento dos profissionais e no crescimento na hierarquia interna da profissão. Além disso, elas trazem elementos para a reflexão das dificuldades do uso de noções delimitadas como "campo profissional" e "campo político" nas análises de situações em que as profissões não se consolidaram apenas em torno de "ideologias meritocráticas" capazes de contribuir para sua autonomia. Na sociedade brasileira, o desenvolvimento das profissões implicou uma expansão das atividades profissionais e, desse modo, a definição de "profissão" remeteu não somente a um meritocratismo e acúmulo de recursos escolares, mas, também, ao acúmulo de recursos variados e ao exercício profissional em esferas sociais diversas.

Por fim, destacamos que a análise dos itinerários e das trajetórias sociais, políticas e profissionais constituem um procedimento fundamental para a apreensão dos recursos sociais que têm chance de serem usados nas disputas para inserção e ascensão profissional. Sem o seu exame, a compreensão dos recursos que podem ser reconvertidos para atuação profissional ficaria prejudicada, uma vez que por meio dela é possível mostrar tanto as especificidades do recrutamento profissional como as concepções acerca da profissão.

REFERÊNCIAS

ALMEIDA, A. M. F. A noção de capital cultural é útil para se pensar o Brasil? In: ZAGO, Nadir; PAIXÃO, Lea (Org.). *Sociologia da educação brasileira*: pesquisa e realidade brasileira. Petrópolis: Vozes, 2007. p. 44-59.

AZEVEDO, C. P. Concepção do sistema escolar brasileiro entre a década de 20 e 30 expressa na visão de Anísio Teixeira. *Revista da UFG*, Goiânia, v. 7, n. 2, p. 8-12, 2005.

BARBOSA, M. L. O. A sociologia das profissões: em torno da legitimidade de um objeto. *Boletim Informativo e Bibliográfico de Ciências Sociais*, Rio de Janeiro, n. 35, p. 3-30, 1993.

BARICKMAN, B. J.; LOVE, J. L. Elites regionais. In: HEINZ, F. (Org.). *Por outra história das elites*. Rio de Janeiro, FGV, 2006. p. 77-97.

BOIEGOL, A.; DEZALAY, Y. De l'agent d'affaires au barreau: conseils juridiques et la construction d'un espace professionnel. *Genèses*, n. 27, p. 49-68, juin. 1997.

BOLTANSKI, L. L'espace positionnel. Multiplicité des positions institutionnelles et habitus de classe. *Revue Francaise de Sociologie*, v. 14, n. 14-1, p. 3-26, 1973.

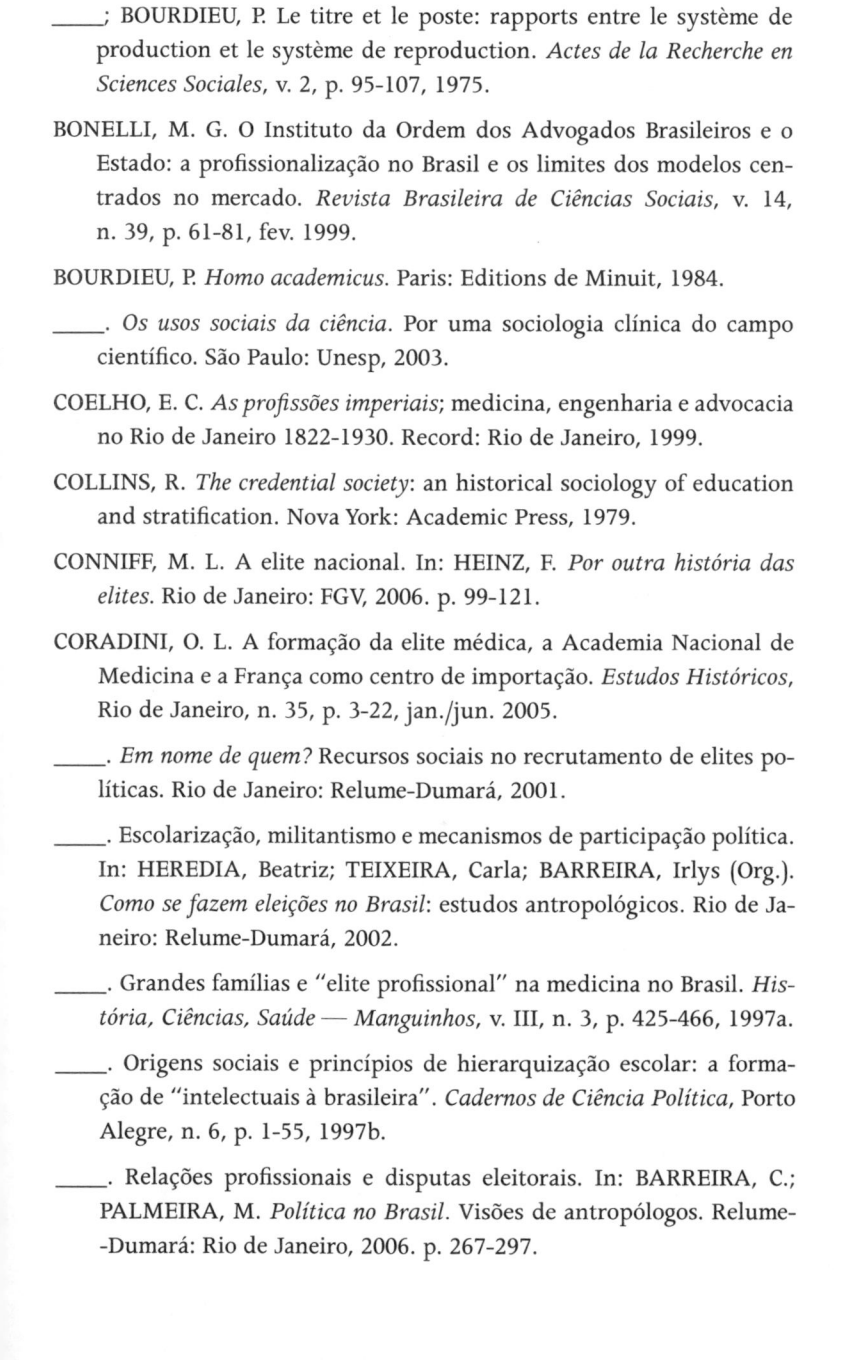

_____. *Les cadres*. Paris: Les Éditions de Minuit, 1982.

_____; BOURDIEU, P. Le titre et le poste: rapports entre le système de production et le système de reproduction. *Actes de la Recherche en Sciences Sociales*, v. 2, p. 95-107, 1975.

BONELLI, M. G. O Instituto da Ordem dos Advogados Brasileiros e o Estado: a profissionalização no Brasil e os limites dos modelos centrados no mercado. *Revista Brasileira de Ciências Sociais*, v. 14, n. 39, p. 61-81, fev. 1999.

BOURDIEU, P. *Homo academicus*. Paris: Editions de Minuit, 1984.

_____. *Os usos sociais da ciência*. Por uma sociologia clínica do campo científico. São Paulo: Unesp, 2003.

COELHO, E. C. *As profissões imperiais*; medicina, engenharia e advocacia no Rio de Janeiro 1822-1930. Record: Rio de Janeiro, 1999.

COLLINS, R. *The credential society*: an historical sociology of education and stratification. Nova York: Academic Press, 1979.

CONNIFF, M. L. A elite nacional. In: HEINZ, F. *Por outra história das elites*. Rio de Janeiro: FGV, 2006. p. 99-121.

CORADINI, O. L. A formação da elite médica, a Academia Nacional de Medicina e a França como centro de importação. *Estudos Históricos*, Rio de Janeiro, n. 35, p. 3-22, jan./jun. 2005.

_____. *Em nome de quem?* Recursos sociais no recrutamento de elites políticas. Rio de Janeiro: Relume-Dumará, 2001.

_____. Escolarização, militantismo e mecanismos de participação política. In: HEREDIA, Beatriz; TEIXEIRA, Carla; BARREIRA, Irlys (Org.). *Como se fazem eleições no Brasil*: estudos antropológicos. Rio de Janeiro: Relume-Dumará, 2002.

_____. Grandes famílias e "elite profissional" na medicina no Brasil. *História, Ciências, Saúde — Manguinhos*, v. III, n. 3, p. 425-466, 1997a.

_____. Origens sociais e princípios de hierarquização escolar: a formação de "intelectuais à brasileira". *Cadernos de Ciência Política*, Porto Alegre, n. 6, p. 1-55, 1997b.

_____. Relações profissionais e disputas eleitorais. In: BARREIRA, C.; PALMEIRA, M. *Política no Brasil*. Visões de antropólogos. Relume-Dumará: Rio de Janeiro, 2006. p. 267-297.

DEZALAY, I.; GARTH, B. *La mondialisation des guerres de palais*. Paris: Éditions du Seuil, 2002.

DUBAR, C.; TRIPIER, P. *Sociologie des professions*. Paris: Armand Colin, 1998.

DOGAN, M. Les professions propices à la carrière politique; osmoses, filières et viviers. In: OFFERLÉ, Michel (Dir.). *La profession politique: XIXe-XXe. siècle*. Paris: Belin, 1999. p. 171-200.

ENGELMANN, F. Associativismo e engajamento político dos juristas após 1988. *Política Hoje*, v. 18, p. 185-205, 2010.

FREIDSON, E. Knowledge and the pratice of sociology. *Sociological Forum*, v. 1, n. 4, p. 684-700, 1986.

_____. La teoria de las profesiones. Estado del arte. *Perfiles Educativos*, v. 23, n. 93, p. 28-43, 2001.

_____. Para uma análise comparada das profissões. A institucionalização do discurso e do conhecimento formais. *Revista Brasileira de Ciências Sociais*, ano 11, n. 31, p. 141-155, 1996.

_____. *Renascimento do profissionalismo*. São Paulo: Edusp, 1998.

GAXIE, D. Rétributions du militantisme et paradoxes de l'action colletive. *Political Science Review*, n. 11, p. 157-188, 2005.

GAXIE, D.; OFFERLÉ, M. Les militants syndicaux et associatifs au pouvoir? Capital social collectif et carriere politique. In: BIRNBAUM, Pierre (Dir.). *Les élites socialistes au pouvoir — 1980-1985*. Paris: Press Universitaires de France, 1985. p. 105-138.

GRILL, I. G. "Elites", "profissionais" e "lideranças" na política: esboço de uma agenda de pesquisas. *Ciências Humanas em Revista*, v. 4, p. 71-90, 2006.

HUGHES, E. *Men and their work*. Wesport: Greenwood Press Reprint, 1981.

LARSON, M. S. *The rise of professionalism*: a sociological analysis. Berkeley: University of California Press, 1977.

LEBARON, F. O campo dos economistas franceses no fim dos anos 90: lutas de fronteiras, autonomia e estrutura. *MANA*, v. 7, n. 1, p. 9-29, 2001.

LOUREIRO, M. R. *Os economistas no governo*. Rio de Janeiro: Fundação Getulio Vargas, 1997.

MARTINS, L. A gênese de uma intelligentsia: os intelectuais e a política no Brasil, 1920 a 1940. *Revista Brasileira de Ciências Sociais*, v. 2, n. 4, p. 1-26, 1987.

MATONTI, F.; POUPEAU, F. Le capital militant. *Actes de la Recherche en Sciences Sociales*, v. 155, p. 5-11, 2004.

OFFERLÉ, M. Entrées en politique. *Politix*, v. 35, p. 3-5, 1996.

OFFERLÉ, M. Professions et profession politique. In: OFFERLÉ, M. (Dir.). *La profession politique*: XIXe-XXe. siècle. Paris: Belin, 1999. p. 7-36.

OLIVEIRA, W. J. F. Significados e usos sociais da expertise na implementação de políticas públicas de gestão ambiental. *Sociedade e Cultura*, v. 12, p. 139-150, 2009.

PARSONS, T. Las profesiones liberales. In: ENCICLOPEDIA internacional de las ciencias sociales, Madri: Aguilar, 1962. p. 538-547.

PÉCAUT, D. *Os intelectuais e a política no Brasil*: entre o povo e a nação. São Paulo: Ática, 1990.

PETRARCA, F. R. Construção do Estado, esfera política e profissionalização do jornalismo no Brasil. *Revista de Sociologia e Política*, v. 18, p. 81-94, 2010a.

_____. Derechos humanos se conquistan en la lucha: igualdad étnica, ativismo y proteccion juridica de las causas colectivas en el sur del Brasil. *Revista Política*, v. 59, p. 195-217, 2010b.

RIBEIRO, L. M. A Imprensa e a esfera pública: o processo de institucionalização do jornalismo no Brasil (1808-1964). In: ENCONTRO NACIONAL DA REDE ALFREDO DE CARVALHO, 1, 2003. *Anais do I Encontro Nacional da Rede Alfredo de Carvalho*. 2003. Disponível em: <www.redealcar.com.br>. Acesso em 18 maio 2004.

RODRIGUES, M. L. *Sociologia das profissões*. Oeiras: Celta, 2002.

SEIDL, E. Escolarização e recursos culturais na composição de carreiras militantes. *Cadernos Ceru*, v. 1, p. 155-169, 2009.

TAVARES DOS REIS, E. Envolvimento e distanciamento: obstáculos e procedimentos para a análise dos processos de afirmação política e intelectual de militantes da luta contra a ditadura. *Outros Tempos* (on-line), p. 1-21, 2007.

VECCHIOLI, V. Expertise jurídica y capital militante: reconversiones de recursos escolares, morales y políticos entre los abogados de derechos humanos en la Argentina. *Pro-Posições*, v. 20, n. 2, p. 41-57, 2009.

WEBER, M. A política como vocação. In: ____. *Ensaios de sociologia*. Rio de Janeiro: Guanabara, 1982. p. 97-153.

CAPÍTULO 5

"A arte de resistir às palavras": inserção social, engajamento político e militância múltipla

Wilson José Ferreira de Oliveira

INTRODUÇÃO

Como se sabe, o estudo do ativismo político esteve durante muito tempo diretamente associado às investigações sobre ação coletiva e movimentos sociais. Foi no âmbito das interrogações sobre as condições sociais, políticas e culturais de possibilidade de ações coletivas e movimentos sociais que, aos poucos, surgiram várias abordagens centradas na apreensão das condições e lógicas próprias do engajamento e do ativismo. Atualmente, a sociologia do engajamento e da militância política constitui um domínio de investigação que desfruta de grande prestígio no âmbito das ciências sociais. Isso é resultado de um aumento expressivo da produção acadêmica e de uma grande renovação conceitual e metodológica em torno da temática dos movimentos sociais, ocorridos nos últimos anos (Fillieuele, Agrikoliansky e Sommier, 2010). Sem dúvida, as sucessivas *rupturas* em relação a problemas de pesquisa, modelos de análise, teorias, conceitos e procedimentos metodológicos, consagrados social e cientificamente como legítimos, constituíram uma das condições de possibilidade dessa acentuada renovação e diversificação conceitual e metodológica.

Todavia, deve-se levar em conta que as teorias dos movimentos sociais se constituíram *no* e *com* base no Ocidente (Alonso, 2009:49) e que sua progressiva consolidação como um campo de estudos e pesquisas com problemáticas teóricas e conceituais próprias das ciências sociais ainda está estreitamente ligada à produção acadêmica de determinados países. Um rápido exame dos trabalhos produzidos a partir dos anos de 1970 e, principalmente, dos anos de 1980 e 1990 nos coloca, sem grande dificuldade, diante de um claro predomínio das vertentes francesa e anglo-saxã, mesmo que se observe uma quantidade razoável de trabalhos produzidos em outros contextos nacionais, como é o caso, entre outros, da produção acadêmica brasileira. Nos últimos anos, grande parte dos problemas e avanços observados em relação a essa área de investigação resulta da maior discussão e confronto entre as principais vertentes dominantes nesses referidos países.

Assim, a primeira dificuldade enfrentada pelo pesquisador brasileiro que está iniciando no estudo dos movimentos sociais consiste em ter de lidar com uma gritante desigualdade da produção acadêmica no tocante aos problemas de pesquisas e às formulações teóricas e conceituais próprias à investigação de tal objeto. Não constitui alternativa producente a tal situação ficar lamentando a carência de formulações próprias nem, tampouco, simplesmente importar os problemas de pesquisas e as formulações teóricas e conceituais dominantes nas vertentes francesa e anglo-saxã. Antes disso, um dos principais desafios enfrentados por aqueles que se iniciam nessa área de pesquisa em países como o Brasil consiste justamente em tomar como objeto primeiro de análise o desenvolvimento da produção acadêmica sobre os movimentos sociais, com seus respectivos problemas de pesquisa e formulações teóricas e conceituais, de forma integrada a uma sociologia das condições sociais e institucionais de formação e de exercício das ciências sociais em diferentes situações nacionais.

Evidentemente, esse desafio não é particular ou próprio à produção acadêmica brasileira. Pelo contrário, um exame rápido demonstra o quanto a atitude reflexiva e a "arte de resistir às palavras" e aos "valores dominantes" do mundo social administrativo, político, midiático e intelectual (Bourdieu, 1998, 2003) tem sido responsável por grande parte das *rupturas* e mudanças observadas no desenvolvimento dessa área de investigação. Acrescente-se a isso as sucessivas críticas ao próprio mundo científico, à *doxa* dominante no universo de pesquisas sobre os movimentos sociais que impõe problemas de pesquisa, modelos de análise, teorias, conceitos e procedimentos metodológicos consagrados como legítimos, muito mais pela lógica administrativa e política do fazer científico do que pela lógica da descoberta científica (Fillieule, Agrikoliansky e Sommier, 2010). Todavia, o caso brasileiro ilustra uma trajetória acadêmica de configuração da sociologia dos movimentos sociais na qual a incorporação de uma atitude reflexiva em relação tanto às problemáticas políticas e sociais quanto à recorrente importação de teorias, problemáticas e conceitos das vertentes dominantes constitui, ainda hoje, um dos principais obstáculos à renovação das abordagens e dos modelos de análise atualmente disponíveis (Goirand, 2010; Oliveira, 2005, 2008a, 2010).

"DEMOCRACIA", "PARTICIPAÇÃO" E "AUTONOMIA"

Não é de hoje que a ausência de uma atitude reflexiva em relação ao próprio universo de pesquisa tem sido considerada um dos principais fatores que têm contribuído para que, na linguagem de Bourdieu (2003), a análise seja substituída pelo "slogan" e a "ausência de teoria, de análise teórica da realidade", coberta pela "linguagem de aparelho", faça "nascer monstros" (Bourdieu, 2003:21). Como se sabe, a imbricação da produção acadêmica com problemáticas sociais, políticas e institucionais não constitui uma particularidade da investigação dos movimentos sociais, do engajamento e da militância política, como já foi muito bem demonstrado em diferentes áreas de investigação das ciências sociais (Merllié et al., 1998). Semelhante ao que é frequente nesses diferentes universos de pesquisa, aquele(a) que se aproxima do estudo das condições e das modalidades do engajamento político defronta-se a todo o momento com a persistência de um conjunto de valores e de categorias políticas e sociais vinculadas à imposição do ideal de "democracia" como um valor universal para as sociedades atuais. A própria categoria "participação" constitui um dos casos exemplares disso.

> A participação é então uma produção cultural historicamente datada, geograficamente e politicamente situada, o que não é sem efeito para a compreensão dos comportamentos e da produção politológica. Além do mais, a participação não é uma representação neutra: é uma norma. (...) Fundamento teórico da democracia, a participação é não somente legítima: ela é desejável (MEMMI, 1985: 316, 325).

A noção de participação está cultural e historicamente ligada à ideologia fundadora dos regimes ocidentais. E como herdeira da "aspiração burguesa, no século XVIII, de controlar a gestão do Estado", o soberano, ela constitui uma das categorias que estão na base da atribuição de uma "competência política" ao indivíduo (Memmi, 1985:315). Aceitando como "claro e evidente" tal representação da democracia e dirigindo o olhar para o engajamento político com base em tais fundamentos históricos e culturais, a grande maioria dos trabalhos produzidos pelas ciências sociais tende a associar as condições e as dinâmicas da participação à existência e ao funcionamento da democracia (Memmi, 1985:318). Disso resulta certa inclinação de os trabalhos se colocarem, de uma maneira ou de outra, numa perspectiva "legalista" e "normativa" de "sustentação do ideal democrático", através de conceitos e perspectivas como a do "comportamento racional do eleitor", a da "despolitização", a do "sistema político excludente" (Memmi, 1985:320).

Além do mais, a adesão a tais crenças e postulados se tornou durante muito tempo um dos principais obstáculos ao desenvolvimento de investigações sobre as condições e as lógicas próprias do engajamento político. Isso pode ser claramente observado no caso das análises sobre os movimentos sociais, na medida em que tal temática converteu-se em objeto de certa "desconfiança" e "hostilidade", tanto no âmbito das ciências sociais como das demais instituições democráticas (Fillieule e Péchu, 2000). Em grande parte, tal hostilidade se deve às próprias concepções clássicas da democracia representativa, segundo a qual não deveria haver uma expressão direta das demandas sociais, uma vez que o voto, os partidos políticos e as instituições legítimas seriam os "mediadores" apropriados para a tradução das demandas em termos políticos (Memmi, 1985; Fillieule e Péchu, 2000). No âmbito da teoria pluralista, tal desconfiança estava fundada na ideia de que os grupos instituídos teriam o interesse em incorporar as demandas minoritárias para aumentar seu crédito, de modo que a ação reivindicativa passou a ser considerada um "meio ilegítimo de expressão" (Fillieule e Péchu, 2000:10-11).

Mesmo o ingresso dessa temática como objeto de estudo no universo das ciências sociais deve ser considerado com bastante atenção, na medida em que isso ocorreu em continuidade com preocupações sociais, políticas e normativas a respeito do futuro e da transformação das chamadas "sociedades modernas". Em função disso, as investigações foram inicialmente marcadas pela polarização entre, de um lado, aqueles que tinham uma adesão apaixonada aos movimentos sociais, como esperança de regeneração e de transformação radical da sociedade, e, do outro, os que os rejeitavam como uma das formas de participação extrainstitucionais (Bobbio, 1993:791; Alonso, 2009; Alexander, 1998). É em consonância com isso que a temática dos movimentos sociais passou a ser identificada com as lutas sindicais e a do operariado, às quais se fixaram nas ciências sociais como uma espécie de protótipo para a maioria dos estudos (Spanou, 1991). Mais tarde, a abordagem marxista deu ao conceito um sentido bastante amplo focalizando por meio dele períodos históricos longos como o nacionalista, fascista etc. e inserindo-o na problemática da "mudança" e da "transformação social" e numa perspectiva teleológica de que a classe trabalhadora seria o sujeito de tais mudanças (Alexander, 1998; Gohn, 1997). Ainda que de outra forma, tais preocupações políticas e sociais também estavam presentes no âmbito das análises dos chamados "teóricos da sociedade de massa" e das "abordagens clássicas" e "funcionalistas" da ação coletiva, uma vez que analisavam a emergência dos movimentos sociais como um fator de "disfunção da ordem social", considerando-os manifestações de "irracionalidade" e que traziam em si o "perigo de ruptura" da ordem social existente (McAdam, 2003; Gohn, 1997).

Todavia, apesar da persistência de tais crenças e postulados, tanto no universo dos valores e ideologias que fazem parte do credo democrático quanto no âmbito dos pressupostos que orientam as investigações das próprias ciências sociais, a "realidade" do funcionamento da democracia atestou, desde o início, justamente o contrário. Ou seja, uma multiplicidade de ações reivindicativas e de contestação: é o caso dos levantes da comuna de Paris, do movimento dos direitos cívicos nos EUA durante os anos 1950, das manifestações e protestos transcorridos durante o "Maio de 68" na Europa e nos EUA, como os movimentos dos direitos humanos, o das mulheres, o pela paz, o contra a guerra do Vietnã, o estudantil, o ambientalista, o antinuclear. Tais formas de mobilização e de protesto tiveram forte impacto não apenas sobre as formas de funcionamento da democracia, mas também sobre as abordagens então dominantes da ação coletiva e dos movimentos sociais nos EUA e na Europa (Oliveira, 2008a, 2010; Memmi, 1985; Néveu, 1996; Toni, 2001). Por isso, faz sentido afirmar que

> é parcialmente em reação aos acontecimentos que a sociologia das mobilizações progrediu; os fatos sociais evoluindo fora das teorias que davam conta das mesmas e as teorias sendo modificadas ou ultrapassadas pelos acontecimentos, sendo que algumas vezes ocorreram bruscas mudanças de paradigmas (Fillieule e Péchu, 2000:13-14).

Desse modo, a literatura internacional, a partir de finais dos anos de 1960, passou por significativos avanços quanto ao desafio de elaboração de novas perspectivas teórico-conceituais sobre a relação entre estruturas, processos e interações no estudo dos movimentos sociais (Oliveira, 2010; Alonso, 2009). Nesse contexto, as abordagens norte-americanas passaram a enfatizar as inovações culturais e as mudanças fomentadas pelas mobilizações coletivas, em lugar da preocupação anterior com a "adaptação dos indivíduos às estruturas sociais", que resultava na definição de tais mobilizações dentro da problemática da "ordem" e da "anomia social": nessas novas vertentes, as mobilizações coletivas estavam respaldadas em uma série de fatores estruturais cujas influências deveriam ser previamente examinadas para a apreensão da emergência e do desenvolvimento dos movimentos sociais. Assim, nos EUA, a ênfase foi dada na compreensão do próprio processo de mobilização, enfatizando, num primeiro momento, a investigação dos recursos materiais, humanos e organizacionais que tornam possíveis o surgimento e a permanência dos movimentos sociais. E, num segundo momento, as estruturas formais e informais e os processos propriamente políticos que possibilitam a emergência de novos canais e formas de expressão política para os grupos sociais. Posteriormente, algumas vertentes começaram a se deter na investigação do conjunto de concepções, crenças e valores, bem como nos laços interpessoais e nas redes formais e informais vinculadas ao surgimento, à longevidade e às transformações dos movimentos sociais no decorrer do tempo (Oliveira, 2010; Alonso, 2009; Toni, 2001).

Na Europa, esse contexto será o marco do surgimento de abordagens que vão desvincular a noção de movimento social das mobilizações operárias, na medida em que essas passam a ser consideradas "um" tipo histórico de mobilização coletiva e não mais como "o" movimento social (Spanou, 1991): criticam-se, por um lado, as definições do operariado como categoria exclusivamente econômica e, por outro, a negligência quanto às mobilizações coletivas de outros atores sociais em função da excessiva preocupação com as lutas operárias e sindicais. As novas abordagens se centram na produção de uma "interpretação efetivamente cultural" para as novas mobilizações que emergiram no "Maio de 68", pondo em jogo a relação entre posição de classe, formulações identitárias e mudanças macro-históricas na compreensão do "novo sujeito revolucionário" (Alonso, 2009:59). Aos poucos essa preocupação com a condição de classe e a emergência de um "novo sujeito revolucionário" desloca-se para a apreensão das desigualdades de condições e dos respectivos capitais e recursos em relação às trajetórias sociais dos militantes e para a investigação dos processos de engajamento individual (Oliveira, 2010; Fillieule, 2001). Nos últimos anos têm se observado um diálogo e um esforço crescente no sentido de evidenciar as vinculações entre as abordagens que focalizam as relações entre as estruturas sociais, políticas e culturais, os processos e dinâmicas organizacionais e as que se centram na constituição e posição social dos militantes, nas dinâmicas interacionais e nas lógicas processuais do engajamento individual (Fillieule, Agrikoliansky e Sommier, 2010).

Até a década de 1980, tais abordagens eram marcadamente nacionais e mantinham uma relativa ignorância quanto a pesquisas e casos privilegiados nos diferentes países do mundo ocidental. Todavia, durante os anos de 1990 ocorreu um crescente intercâmbio e trocas entre tais pesquisadores (Alonso, 2009; Toni, 2001; Gohn, 1997; Néveu, 1996; McAdam, McCarthy e Zald, 1996). O maior intercâmbio que se observa no âmbito da produção teórica ocorreu também no plano das manifestações concretas das mobilizações coletivas, vinculadas, por um lado, à emergência e à imposição das chamadas Organizações Não Governamentais (ONGs) como forma de mobilização coletiva e, por outro, às respectivas mudanças nas agendas e nos programas de cooperação internacional (Siméant, 2010; Gohn, 1997).

Semelhante ao que ocorreu nos EUA e na Europa, a produção acadêmica brasileira foi, desde o início, fortemente marcada pela imbricação com preocupações e problemáticas sociais, políticas e institucionais. A temática dos movimentos sociais emergiu nas ciências sociais brasileiras durante o processo de redemocratização, o qual se caracterizou por uma grande proliferação de organizações e "movimentos sociais" vinculados às mobilizações pela "democratização" (Pécaut, 1990; Mische, 1997). Trata-se de um contexto político no qual estava em jogo, também para as camadas escolarizadas e intelectuais, a afirmação e o exercício de seu papel de ator político pela inserção em manifestações da sociedade civil e mediante estratégias voltadas para fora do meio intelectual, tais como os partidos políticos, os movimentos sociais e as classes populares (Pécaut, 1990; Goirand, 2010). Com isso, grande parte da produção acadêmica foi marcada pela atribuição da "potencialidade revolucionária" dos movimentos sociais para a "transformação" da sociedade e das estruturas de dominação existentes (Cardoso, 1987; Goirand, 2010).

Todavia, diferentemente dessas situações, a produção brasileira e latino-americana tem sido caracterizada por posturas teóricas e metodológicas "híbridas": baseadas em uma grande quantidade de estudos empíricos e descritivos que foram incorporados a orientações teóricas e metodológicas importadas da Europa, fundamentalmente o paradigma dos NMS; e utilizando-se de forma não crítica de "categorias que se opõem no debate teórico" e à margem do debate dos europeus com o paradigma norte-americano ocorrido nos anos de 1980 (Gohn, 1997:13-14; Alonso, 2009; Oliveira, 2010). Em consonância com isso, as apropriações da literatura internacional e, mais especificamente, das teorias dos "novos movimentos sociais" foram orientadas pela preocupação teórico-normativa de defender a novidade, autonomia e resistência dos movimentos populares na "luta contra o Estado" (Sader e Paoli, 1986; Cardoso, 1987).

Ao lado dessa reflexão sobre os limites da mudança política insuflada por esses movimentos, a pesquisa sobre os movimentos sociais organizou-se na América Latina em torno da questão da autonomia em relação às estruturas sociais e políticas do autoritarismo. E também foi com base nessa questão que ela buscou avaliar sua capacidade de mudar os sistemas políticos e as sociedades, e de construir espaços públicos democráticos (Goirand, 2009:337).

Orientada, inicialmente, pela busca de uma "via alternativa entre autoritarismo, populismo e revolução", em continuidade com as próprias lutas e demandas dos movimentos sociais, grande parte das pesquisas e estudos realizados foi direcionada para a questão da "autonomia" dos movimentos sociais e para o tratamento das mobilizações coletivas como uma "fonte possível de inovação social" (Goirand, 2009:455). A predominância e persistência de uma abordagem em termos de "autonomia, de transformação e de afirmação identitária" estão, ainda hoje, entre os principais obstáculos que contribuem para que os esforços de teorização sejam parciais e limitados (Goirand, 2009:460). Como consequência disso, um conjunto de processos que têm caracterizado os movimentos sociais contemporâneos em diferentes países tem sido pouco explorado ou interpretado como sinal de "refluxo" e de "perda de autonomia" dos movimentos sociais: a diminuição da intensidade das mobilizações de rua em certos períodos, a profissionalização política dos militantes, a ruptura entre dirigentes e simples aderentes, as trajetórias de ascensão social dos ativistas, os itinerários de desengajamento, as interações entre esfera institucional e não institucional, a intensa circulação dos militantes entre movimentos sociais, partidos políticos e administrações públicas, a institucionalização de novos canais de mediação das demandas sociais etc. (Goirand, 2009:460-464).

> Para observar essas mobilizações, parece indispensável não mais se limitar à avaliação do impacto, da contribuição ou do sentido da contestação, recorrendo a outros instrumentos conceituais e metodológicos da sociologia da ação coletiva: não só a identificação dos recursos e estratégias mobilizadas pelos atores, a observação das práticas da contestação, a análise das lógicas das organizações, como também um olhar na direção das trajetórias militantes, da reconstituição do espaço social e político ocupado pelos movimentos — perspectivas necessárias para renovar nossa abordagem dos movimentos sociais da América Latina (Goirand, 2009:345).

Nos últimos anos, é notável a produção de trabalhos que buscam romper com o paradigma da autonomia com base num diálogo renovado com as abordagens europeias e norte-americanas, o que pode ser observado, entre outras coisas, pelos vários artigos e dossiês dedicados à temática da militância política e dos movimentos sociais. Entre os dossiês cabe destaque para: *Sociedade e Estado* (2006); *Antropolítica* (2007); *Estudos Históricos* (2008); *Caderno CRH* (2008); *Lua Nova* (2009); *Pró-posições* (2009) *Cadernos CERU* (2009) e *Revista Brasileira de Ciência Política* (2010). Entre os artigos destacam-se: Moreno e Almeida (2009), Coradini (2002, 2007), Engelmann (2006), Oliveira (2008a, 2010), Petrarca (2008), Reis (2008), Seidl (2009). Tais publicações sinalizam tanto para uma "retomada e revalorização" quanto para uma renovação desta área de investigação no Brasil (Silva, 2010). De um lado, o diálogo com vertentes norte-americanas com base na utilização do modelo do *contentious politics* e de uma série de conceitos e perspectivas vinculados a tal produção acadêmica, tais como: "estruturas de oportunidades políticas", "processo político", "ciclos de protesto", "quadros de interpretação", "redes sociais" etc. De outro lado, a incorporação de vertentes francesas por meio de pesquisas voltadas para a apreensão da relação entre posição social (e respectivos capitais e recursos mobilizados), disposições e processos de engajamento individual.

Todavia, um dos desafios ainda persistentes na incorporação, pela produção acadêmica brasileira, do instrumental conceitual e metodológico vinculado aos recentes desenvolvimentos da sociologia da ação coletiva diz respeito à ausência de confronto entre vertentes francesas e norte-americanas, diferentemente do observado na literatura internacional. Pelo contrário, persiste na produção acadêmica nacional certa tendência de continuidade na importação e "difusão de abordagens conceituais, de problemáticas e de interpretações homogêneas" com base na inserção e circulação de estudantes e pesquisadores entre grupos e redes de pesquisa vinculadas a universidades e instituições dos EUA e da França, contribuindo, assim, para que os esforços de teorização continuem parciais e limitados (Goirand, 2010:460).

Por isso, o ponto de partida de qualquer pesquisa que pretenda trazer contribuições conceituais e metodológicas relevantes nessa área de investigação consiste em integrar a análise dessa "retomada" e renovação dos estudos dos movimentos sociais a uma sociologia das condições sociais e institucionais de formação e de exercício das ciências sociais. Tal postura possibilita, por sua vez, que desde o começo a pesquisa seja orientada por uma atitude profundamente reflexiva em relação às próprias teorias dominantes e sua difusão na produção acadêmica brasileira sobre os movimentos sociais. Assim, longe da adesão a tais vertentes como um "sistema coerente e fechado" que pretende "cobrir a totalidade do mundo social" e de se esforçar, às vezes exageradamente, para "universalizar os achados científicos" de determinada vertente, a pesquisa deve começar pela "confrontação teórica" dos conceitos e metodologias utilizados no intuito de apreender seus fundamentos e os princípios que as orientam em relação ao "espectro de posições" existentes no universo da teoria social (Lahire, 2002:10). Sem dúvida, é no desenvolvimento desta capacidade de confrontação teórica que novos problemas e dimensões de investigação mais próximos da realidade são continuamente levantados.

Assim, a arte de resistir aos problemas e às respostas prontas e homogêneas das próprias vertentes teóricas e a incorporação dessa perspectiva "parcial" das teorias sociais constituem, sem dúvida, uma forma de expandir nossos olhares sobre a realidade, de modo que possamos "deixar que falem os próprios objetos" (Favre, 2007). Tal como o "ator plural" de Lahire (2002), é preciso colocar em prática também a ideia do "autor plural": que vive repartido em meio a uma série de "tensões interpretativas" (Lahire, 2002:10) e, por isso, utiliza suas pesquisas para estabelecer um diálogo teórico entre diferentes esquemas teóricos interiorizados em sua prática de investigação, ao invés de tomá-los *a priori* como oposições teóricas.

> De maneira geral, argumenta-se e critica-se na proporção em que se interiorizam os raciocínios feitos e desenvolvidos pelos outros em toda a sua complexidade e sem caricatura. A incorporação sistemática dos "pontos de vista" científicos mais diversos so-

bre o mundo social é a melhor forma de estar em condições de desenvolver, por sua vez, um "ponto de vista" próprio (Lahire, 2002:11)

CONTEXTOS, DISPOSIÇÕES E CARREIRAS MILITANTES

Quando se passa da "representação democrática" que faz da participação uma competência igualmente distribuída a todos os indivíduos para a investigação concreta das "práticas efetivas em matéria de participação", observa-se que a concentração e o acúmulo em proveito de alguns, assim como a separação entre "espectadores" e "especialistas", como marca da "divisão do trabalho" e da "competência política", constituem alguns dos traços mais constantes do engajamento político (Memmi, 1985:333). Assim, contrariamente às representações comuns da democracia, é a evidência da participação como uma "representação desigualmente distribuída" e da existência social e política de dois grupos de participantes, ou seja, os "participantes" e os "não participantes" (Memmi, 1985:337), que constitui o ponto de partida de qualquer pesquisa sobre engajamento e militância política. Constatando que é sempre uma minoria que adere efetivamente e que participa ativamente das mobilizações, o pesquisador se vê diante da questão dos graus variáveis de intensidade da participação dos indivíduos nas atividades de um determinado movimento e do desafio de distinguir as principais categorias de militantes, como é o caso da diferenciação entre "aderentes", "participantes" e "ativistas" (Passy, 1998; Memmi, 1985; Lagroye, 2004). Todavia, isso não constitui senão um trabalho preliminar para começar efetivamente uma investigação sobre as condições sociais, políticas e culturais de possibilidade do engajamento e da militância política. Ou, dito de outra forma, isso serve justamente de pretexto para levantar uma indagação ou uma pergunta de partida: como e sob quais condições e processos sociais e políticos certos indivíduos e grupos se mobilizam num determinado momento enquanto outros não são mobilizados?

Para o tratamento dessa problemática, o confronto com conceitos e metodologias vinculados às teorias da mobilização de recursos, da estrutura de oportunidades e dos processos políticos constituem, ainda hoje, ponto de partida fundamental (Fillieule, Agrikoliansky e Sommier, 2010; Tarrow, 2009; McAdam, McCarthy e Zald, 1996; Fillieule e Péchu, 2000; Toni, 2001; Passy, 1998). Em linhas gerais, tais perspectivas chamam a atenção para as características organizacionais dos processos de emergência, de consolidação ou de declínio de coletividades ou grupos mobilizados e de suas interações com o ambiente político, na medida em que os aspectos estruturais das mobilizações coletivas influenciam o recrutamento de seus membros, a estrutura organizacional dos movimentos, seus referenciais ideológicos e suas estratégias de ação.

Nesse sentido, um bom começo é a investigação da natureza e da intensidade dos laços e vínculos (formais e informais) entre os membros de um agrupamento ou coletividade e as estruturas, organizações comunitárias e diversas autoridades sociais (Néveu, 1996). Tal dimensão de análise é fundamental na medida em que os vínculos anteriores, momentâneos e/ou ulteriores estabelecidos com associações, estruturas comunitárias, organizações civis e autoridades sociais nos permitem apreender o conjunto de "recursos materiais (financeiros e infraestrutura) e humanos (ativistas e apoiadores) e de organização, isto é, da coordenação entre indivíduos doutro modo avulsos", que favorecem a organização e constituem a base organizacional para as mobilizações coletivas e os movimentos sociais (Alonso, 2009:52).

A respeito disso, vale salientar o trabalho de Passy (1998), que demonstra o quanto a emergência e o desenvolvimento do Movimento de Solidariedade na Suíça estão estreitamente ligados às redes sociais preexistentes do "mundo cristão" e da "esquerda". São elas que fornecem não apenas os recursos financeiros e de infraestrutura para a organização e a manutenção do movimento, como também os "recursos simbólicos e humanos indispensáveis"

(Passy, 1998:36-37). Semelhante constatação pode-se encontrar no trabalho de McAdam sobre as organizações e lideranças religiosas no movimento dos direitos civis nos Estados Unidos que funcionaram como instituições centrais na politização da população. Como ilustração disso, cabe lembrar ainda os movimentos de luta contra os regimes autoritários em países latino-americanos, os quais contaram com o apoio e proteção de verdadeiras "organizações guarda-chuvas" (Toni, 2001). A Igreja Católica constitui um dos casos exemplares disso, uma vez que se tornou um dos aliados fundamentais de tais movimentos de oposição e influenciou tanto sua estruturação quanto as dinâmicas de formação e de politização dos militantes que lideraram suas principais organizações (Goirand, 2010; Eckstein, 2001).

Pierru (2010:24) mostra que três aspectos são centrais a esse tipo de estudo: primeiramente, dar conta da multiplicidade de formas organizacionais disponíveis para associação e cooperação em determinado contexto sócio-histórico; em segundo, as transformações no decorrer do tempo das organizações, dos tipos de engajamento demandados de seus participantes e dos fins perseguidos, através da reconstrução de trajetórias organizacionais; por fim, os graus de autonomia/dependência que definem as relações das organizações dos movimentos sociais com outros tipos de organizações sociais (militantes, políticas, partidárias, sindicais etc.). Dessa forma, trata-se sempre de dar conta de um conjunto diversificado de relações: as que dizem respeito às organizações vinculadas à defesa de uma mesma causa; as que remetem ao conjunto de organizações e movimentos sociais existentes na sociedade em determinado momento do tempo; as que resultam de confrontos e alianças com outros tipos de organizações sociais (políticas, religiosas, filantrópicas, étnicas, culturais etc.). Todavia, um dos perigos em que pode incorrer esse tipo de investigação é a tentação do "objetivismo", que vê os recursos mobilizados por determinada forma de ação coletiva como simples "coisas" que estão "dadas" para a ação. Para evitar isso, trata-se de relacioná-los sistematicamente "às estruturas e aos contextos nos quais um recurso funciona como tal" (Pierru, 2010:36). Isso nos propõe o desafio de dar conta da diversidade de aspectos que podem ser convertidos e ativados como recursos pelas organizações de movimentos sociais, de apreender como eles podem ser produzidos no curso da própria mobilização e de demonstrar que sua existência como recurso não existe independente dos quadros de percepção que os fazem existir como tais (Pierru, 2010:37).

Os recursos assim como as organizações são menos "coisas" do que subprodutos de relações emergentes, simultaneamente objetivas e subjetivas, entre todos os atores sociais. A cota destes recursos nunca está fixada de uma vez por todas, ela varia ao longo de suas interações e da evolução das relações de força nas mobilizações contestatórias (Pierru, 2010:37).

Se a investigação dos recursos organizacionais e de suas relações com o ambiente onde estão inseridos os movimentos sociais constitui uma dimensão obrigatória para a apreensão das condições de possibilidade da emergência e do desenvolvimento de organizações e mobilizações coletivas, é preciso levar em conta as relações propriamente políticas que podem pesar de maneira favorável e/ou desfavorável ao surgimento de mobilizações e movimentos sociais (Alonso, 2009; Tarrow, 2009; Mathieu, 2002, 2010; Toni, 2001). Isso nos permite justamente evitar o perigo de reduzir a dimensão organizacional a uma mera identificação da quantidade e dos tipos de recursos disponíveis, nos colocando no desafio de dar conta de como eles são produzidos a partir das interações das organizações e grupos mobilizáveis com o ambiente político: as potenciais coalizões e estratégias adotadas pelos governantes (Fillieuele, Mathieu e Péchu, 2009). Isso implica considerar o modo de estruturação e de funcionamento do sistema político mais amplo como um aspecto inseparável da investigação das condições de possibilidade de mobilizações e movimentos sociais. Nesse sentido, a pesquisa se orienta, em linhas gerais, para a apreensão do modo de estruturação e funcionamento do Estado e respectivas instituições políticas e administrativas, a multiplicidade de atores e aliados e o grau de influência e de alinhamentos existentes entre eles, os conflitos e divisões entre as elites políticas e dirigentes (Tarrow, 2009; Alonso, 2009; McAdam, McCarthy e Zald, 1996; Toni, 2001). Como salienta Mathieu (2010), a análise das relações de interdependência entre movimentos sociais e campo político (outros movimentos e organizações sociais, dinâmicas partidárias, eleitorais e administrativas, dispositivos jurídicos etc.) constitui uma ferramenta fecunda para dar conta tanto dos embates e relações que os separam e distanciam quanto da diversidade de vínculos que os unem e os aproximam.

Tais aspectos devem ser considerados em sua dimensão diacrônica, uma vez que requer examinar a evolução dos protestos e mobilizações em relação com as transformações favoráveis ou desfavoráveis nas estruturas e relações políticas. A apreensão disso possibilita ainda a identificação de diferentes "ciclos de protestos": uma situação em que vários grupos se organizam sequencialmente. Em tais situações, a própria mobilização de determinado grupo, ao expor as fraquezas do sistema político, pode expandir as oportunidades para que grupos com menos recursos recorram a uma "política de confronto" através de mobilizações e protestos (Tarrow, 2009; Toni, 2001). Tal como na análise organizacional, isso reforça a pertinência de integrar à investigação a própria percepção que os atores têm das "oportunidades" que o sistema oferece (Mathieu, 2002, 2010). Exemplos desse tipo são as mobilizações de "Maio de 68" nos Estados Unidos e na Europa que atravessaram fronteiras, tornando-se geograficamente amplas; como também os ciclos de protestos decorrentes do processo de "abertura política" e de "redemocratização" nos países latino-americanos (Goirand, 2010).

Paralelamente a esta dimensão diacrônica, o trabalho de investigação deve se pautar pela abordagem sincrônica e comparativa que possibilita dar conta da influência positiva ou negativa que cada sistema político nacional exerce sobre o aparecimento e o desenvolvimento de movimentos sociais (Mathieu, 2010). Nesse sentido, Passy (1998) demonstra de forma exemplar que as características do contexto político dentro do qual se desenvolveu o Movimento de Solidariedade na Suíça constituem um ingrediente essencial para a apreensão de suas particularidades, bem como das próprias dinâmicas do engajamento de seus militantes e lideranças. Assim, a estrutura institucional da Suíça, marcada por uma "forte abertura" (sistema federativo, democracia direta etc.) associada a uma "estratégia informal" integrativa das autoridades políticas (sistema de concordância, negociação etc.), contribui para o acesso privilegiado dos movimentos sociais à arena política convencional e a compreensão do intenso investimento na representação das reivindicações e demandas dos movimentos sociais pelos canais institucionais oferecidos pela política (institucionalização da ação coletiva). Do mesmo modo, pesquisas recentes têm demonstrado que as transformações das formas de mobilização, de manifestação e de protestos coletivos no Brasil estão estreitamente ligadas à modificação do contexto político nacional e internacional de "fechamento" do sistema político para outro de "abertura política" e de "redemocratização". Nesse sentido, observa-se que as mudanças na estrutura de oportunidades políticas tiveram um peso considerável para o aparecimento de grupos, organizações políticas, repertórios de ação coletiva, formulações identitárias, ideológicas e estratégias de mobilização etc. relativamente diferenciadas do período anterior e contribuíram para a conformação dos tipos de causas, assim como dos respectivos atores, recursos e vínculos associados a diferentes tipos de mobilizações e movimentos sociais (Oliveira, 2008b, 2009; Alonso, Costa e Maciel, 2011; Mische, 1997).

Entretanto, em que pese a relevância da investigação da estrutura organizacional e política favoráveis ao processo de mobilização, tal análise não apresenta um instrumental teórico e conceitual adequado ao tratamento das condições e das lógicas sociais que conduzem os indivíduos ao engajamento e à militância em organizações e movimentos sociais (Fillieule, Agrikoliansky e Sommier, 2010; Oliveira, 2008b, 2010). Por isso, o(a) investigador(a) do engajamento e da militância política se vê diante do desafio de confrontar as particularidades das configurações organizacionais e políticas com as condições e os processos de engajamento individual na defesa de causas coletivas (Fillieule, 2001). Para isso, um dos pontos de partida é o diálogo com o instrumental conceitual e metodológico de abordagens que têm colocado em pauta o problema das relações entre condição de classe, disposições individuais e dinâmicas de participação política.

Isso implica, primeiramente, verificar em que medida as disposições individuais para a participação política estão estreitamente ligadas às desigualdades das condições sociais de origem e dos respectivos capitais (sociais, econômicos, políticos e culturais) possuídos pelos diferentes agentes sociais, devendo ser apreendidas em relação à posição e trajetória social dos militantes (Oliveira, 2008b, 2010; Bourdieu, 1979; Eder, 2002). Tal análise possibilita examinar o peso das características sociais dos militantes e dirigentes para o surgimento de mobilizações e protestos coletivos. No entanto, deve-se evitar sobrevalorizar o peso dos determinantes de posição social na geração das disposições e do gosto pelo engajamento e participação em movimentos sociais. Tal desafio está no âmbito do tipo de "análise processualista" da ação militante que considera a multiplicidade de fatores e de lógicas sociais que concretamente tornam possível a participação. O ponto de partida de tal análise é a ideia de que cada ator social incorpora uma "multiplicidade de esquemas de ação", pois eles estão inseridos em múltiplos mundos e submundos sociais que, por sua vez, estão submetidos a normas, regras e lógicas diversas e conflituosas e que podem, ocasionalmente, entrar em conflito (Fillieule, 2001:207; Lahire, 2004).

Deste modo, uma segunda dimensão de análise para compreender concretamente os processos de engajamento, de permanência na militância e de desengajamento consiste na apreensão, tanto pelos relatos biográficos quanto pela observação etnográfica, do desenrolar e da imbricação de diferentes "ordens de experiências", "umas em relação com as outras", vividas pelos atores dentro de alguns "submundos sociais" (profissional, afetivo, familiar, militante etc.). Essa análise relacional das distintas "ordens de experiência" dos atores permite apreender as lógicas do engajamento e da militância política como resultado de constrangimentos específicos relacionados aos locais, aos itinerários individuais e aos espaços sociais dentro dos quais eles estão inseridos (Fillieule, 2001; Passy, 1998). Uma das alternativas para evitar cair no determinismo da posição de origem implica o exame dos "laços interpessoais" e das "redes preexistentes" vinculadas à adesão e à continuidade do engajamento em movimentos sociais (Klandermans, 1984; Klandermans e Oegema, 1987). Isso porque a vinculação anterior ou simultânea a redes sociais constitui um espaço prévio de socialização, de formação das identidades e de aproximação das principais lideranças, organizações e princípios ideológicos que elas defendem (Diani e McAdam, 2003; Passy, 1998; Mische, 1997; McAdam e Paulsen, 1993). Nesse sentido, tem-se observado que as características de classe e de posição social e as respectivas "disposições psicológicas" somente funcionam como condições efetivas de engajamento quando aparecem associadas à existência de laços interpessoais e de vínculos anteriores com participantes dos movimentos (Klandermans, 1984; Klandermans e Oegema, 1987).

A análise da socialização como um processo biográfico de incorporação de disposições, que estão vinculadas tanto às condições sociais de origem quanto às dinâmicas de interação e de inserção dos indivíduos em diversas esferas e redes sociais constitui uma estratégia de investigação essencial para quem se interessa em romper com a visão homogeneizante e teleológica que caracteriza as organizações, grupos e indivíduos que participam dos "movimentos sociais", introduzindo uma perspectiva processual ou sequencial nas análises do recrutamento individual. Isso nos leva a considerar a militância como uma "atividade social específica" constituída tanto pelos "sistemas de sentido" que são operados pelos atores a partir de "escolhas práticas realizadas no curso da ação" (Agrikoliansky, 2002:141), quanto pela constante tensão entre as diferentes lógicas sociais que se entrecruzam em sua constituição (Fillieule, 2001). Assim, em lugar da descrição de um conjunto coerente e homogêneo de valores e práticas vinculado à participação dos indivíduos em determinado movimento social, o foco principal da investigação passa a ser a apreensão da complexidade de lógicas postas em confronto nas dinâmicas de construção e de engajamento individual nas respectivas causas defendidas pelos movimentos.

Nos últimos anos, a "redescoberta" e a utilização da noção de "carreira" têm se constituído como uma das principais ferramentas para o tratamento conceitual e metodológico dessa dimensão processual ou sequencial da ação militante. Elaborado inicialmente pela tradição "interacionista", o exame das principais modalidades de carreiras militantes interligadas à participação em organizações e movimentos sociais procura apreender as diferentes sequências do processo que conduz à participação efetiva, assim como seu encadeamento com múltiplas disposições, situações e contextos práticos vivenciados pelos indivíduos (Siméant e Dauvin, 2002; Collovald, 2002). Como salienta Agrikoliansky (2002:144), a pertinência da noção de "carreira" na análise do engajamento e de militância política

> é primeiramente de considerar as ações humanas como processos, isto é, como atividades que se desenvolvem no tempo e possuem uma dinâmica própria, ao invés de considerá-las simplesmente como o reflexo de normas sociais, de papéis e de condicionamentos estruturais inflexíveis.

A integração da perspectiva diacrônica nesse tipo de investigação constitui uma ferramenta poderosa na medida em que orienta o trabalho de levantamento e coleta de dados para o exame dos processos de socialização e de geração das disposições propícias à participação nas organizações e movimentos sociais em suas relações com as vinculações dos indivíduos a múltiplas esferas e redes sociais (Oliveira, 2010). O que implica considerar as disposições associadas à participação individual como resultado da interseção entre os processos de socialização familiar com "as experiências de vida pessoal" e, mais precisamente, com os diversos "contextos interacionais" interligados à "biografia" dos militantes (Searle-Chatterjee, 1999).

A problemática assim ampliada faz da socialização um processo biográfico de incorporação de disposições sociais decorrentes não somente da família e da classe de origem, mas do conjunto dos sistemas de ação atravessados pelo indivíduo no curso de sua existência. Ela implica certamente uma causalidade histórica do antes sobre o presente, da história vivida sobre as práticas atuais, mas essa causalidade é probabilística: ela exclui toda determinação mecânica de um "momento" privilegiado sobre os seguintes. Quanto mais os pertencimentos sucessivos ou simultâneos são múltiplos e heterogêneos, mais se abre o campo do possível e menos se exerce a causalidade de um provável determinado (Dubar, 1999:77-78).

O estudo de Becker (1985) sobre as "carreiras desviantes" levanta, inicialmente, algumas pistas pertinentes para a análise das relações entre os processos de inserção em "grupos organizados" e as dinâmicas de socialização que conduzem à participação ativa nos mesmos. Como ele demonstra, a convivência em grupos que adotam comportamentos tidos como "desviantes" constitui um tipo específico de socialização, contribuindo para a geração das disposições que possibilitam a adesão a tais práticas, de modo que, aos poucos, impulsos e desejos vagos que constituem uma espécie de curiosidade inicial em relação a tal conduta vão se transformando em concepções e formas de atividades definidas. Dessa forma, é por um processo de socialização e de aprendizagem realizado no curso das próprias experiências desviantes, mediante a aproximação, contatos e interações frequentes com praticantes de tais condutas, que se adquire um sistema estável de categorias necessário ao exercício e à continuidade de tal comportamento.

Em consonância com isso, os estudos sobre engajamento e militância política têm demonstrado que no decorrer das diferentes etapas do processo de socialização os militantes vão aprendendo as técnicas requeridas para militar como lhes convêm, percebendo e reconhecendo as possibilidades e os efeitos de suas práticas militantes e, enfim, adquirindo um sistema estável de categorias de percepção que estruturam a percepção e o gosto pelas sensações, efeitos e resultados que a participação em mobilizações e organizações coletivas lhes proporcionam (Agrikoliansky, 2002; Oliveira, 2010; Fillieule, 2001). Um dos modos para operacionalização dessa perspectiva consiste na utilização de forma controlada da distinção inicialmente proposta pela abordagem interacionista entre as diferentes etapas da sequência que conduz os dirigentes à participação e permanência em grupos sociais. No caso da militância, a distinção entre fase pré-militante, militante e ex-militante (Agrikoliansky, 2002; Fillieule, 2005) abre a possibilidade de apreender as dinâmicas próprias de entrada no ativismo com os processos de socialização decorrentes da inserção anterior dos dirigentes em diversas redes de organizações e movimentos sociais.

Tomando como exemplo estudos que desenvolvemos sobre o ativismo ambiental, pode-se perceber que o engajamento e a militância em associações ambientalistas são precedidos pela interação, contato e conversação com parentes, namorados(as), amigos(as), colegas, professores(as) etc., que conhecem ou participam de determinada associação (Oliveira, 2005). Pode-se falar desse momento como a fase de pré-militante. A partir desses contatos iniciais sucede-se um momento distinto que é constituído pela aproximação, observação e frequência continuada a reuniões e certas atividades da organização, antes de "começarem mesmo" a ter uma militância mais efetiva. Essa desemboca, quase sempre, na ocupação de posições e cargos de direção dentro das associações, assim como de conselhos, comitês e demais instâncias voltadas para a defesa ambiental. Este período pode ser denominado a fase de militante. Em alguns casos, esse período é sucedido por outro que pode ser chamado como a fase de ex-militante, a qual compreende os momentos de desengajamento e abandono temporário ou definitivo da associação e da militância na proteção ambiental.

Por fim, a caracterização de padrões e modalidades de carreiras militantes constitui um instrumento heurístico na medida em que possibilita evidenciar as relações concretas dos aspectos vinculados à estrutura organizacional e à estrutura política com as características decorrentes das condições e lógicas sociais do engajamento individual. Neste sentido, procuramos demonstrar nessas pesquisas a interdependência entre tais dimensões na distinção dos principais padrões de carreiras de ambientalistas entre 1970 e inícios dos anos 2005 (Oliveira, 2005, 2008b, 2009, 2010). Em vez de tomarmos as origens e as inserções sociais dos dirigentes como aspectos dicotômicos ou, ainda, como propriedades constantes para o surgimento e desenvolvimento das mobilizações coletivas, privilegiamos examinar suas modificações no decorrer do tempo e seu peso relativo em diferentes contextos políticos. Assim, pode-se perceber que, paralelamente à modificação de um contexto de "fechamento" do sistema político para outro de "abertura política", ocorreu a transformação do perfil dos ativistas que atuam no ambientalismo, assim como dos tipos de recurso e respectivos vínculos que os conduziram à defesa de causas ambientais: de um lado, um padrão de militância característico de um período inicial de "fechamento" do sistema político nacional, composto por lideranças com origens sociais elevadas, estreitamente ligado às elites econômica, militar, política e cultural e dotado de disposições cosmopolitas adquiridas no universo familiar e reforçadas por sua inserção na esfera internacional; de outro, um padrão e modalidades de carreiras militantes representativas do processo de "abertura política" e que se caracterizam pelo ingresso de indivíduos com origens sociais mais baixas e heterogêneas, predominantemente vinculados a organizações estudantis, partidárias e a "movimentos sociais" diversificados e que são os principais protagonistas da aproximação entre as questões ambientais e as lutas sociais e políticas que agitavam o contexto político nacional naquele momento (Oliveira, 2008b, 2009).

CONCEPÇÕES, INSERÇÕES E PRÁTICAS MILITANTES

Como se pode perceber, longe de fornecer um "sistema fechado" que possibilite "cobrir a totalidade" dos aspectos vinculados aos fenômenos do engajamento e da militância política, o confronto entre as dimensões de análise propostas pelas vertentes francesa e anglo-saxã suscita problemas e questões de pesquisa extremamente relevantes para situações como a brasileira. Esse diálogo contínuo nos adverte sobre os riscos da utilização de problemáticas e interpretações "homogêneas" através da importação de conceitos, metodologias e explicações acabadas a respeito dos fenômenos associados ao engajamento político no Brasil. Para evitar isso, torna-se premente uma atitude reflexiva em relação aos pressupostos embutidos em tais perspectivas teóricas, ao respectivo instrumental conceitual e metodológico proposto e à sua aplicabilidade para situações como a brasileira. Como também exige o exercício de uma vigilância constante em relação às análises e explicações voltadas para o estabelecimento de certas "tendências" gerais vinculadas à emergência e ao desenvolvimento de organizações e mobilizações coletivas, tais como: institucionalização dos movimentos sociais, profissionalização, imposição dos recursos de *expertise*.

Tal postura requer maior atenção à investigação dos pontos de vista e das concepções que os atores têm daquilo que fazem e que fundamentam seu engajamento e militância política. Como se sabe, tais tentativas foram inicialmente construídas contra a onipotência dos modelos estruturais (notadamente da mobilização de recursos e das estruturas de oportunidades e processos políticos), mas aos poucos elas passaram a ser consideradas, juntamente com tais modelos, um dos três fatores que têm um peso decisivo na emergência e desenvolvimento dos movimentos sociais (Contamin, 2010:63; Benford e Snow, 2000; McAdam e Snow, 2000; McAdam, McCarthy e Zald, 1996): ora como fator de mediação entre estrutura e ação, ora como variável independente, ora como variável dependente. Sem descartar a importância dessa dimensão, a exigência de levar a sério as concepções e práticas vinculadas ao engajamento e à militância política vai muito além dessas sucessivas tentativas de integrar as ideias, os fatores cognitivos e a significação dos atores na análise dos movimentos sociais. Tal exigência nos põe numa situação muito semelhante à enfrentada pelos estudiosos dos fenômenos políticos, quando se viram diante da necessidade de romper com as análises fortemente dominadas por concepções e práticas que definiam "a" política com base nas configurações sociais particulares e próprias de determinadas "sociedades nacionais" e ocidentais (Badie e Hermet, 1993; Abélès, 1997; Kuschnir, 2007).

Um dos pontos que merece destaque em tais iniciativas é a valorização do trabalho de campo e da proximidade com o objeto como forma de apreensão das práticas e concepções nativas do poder e das expressões e encenações da política seguindo as percepções dos agentes (Schatz, 2009), de modo a não tomar como ponto de partida (e de chegada) no "recorte da política" as "formulações e delimitações formais do Estado" (Bezerra, 2009:12). Tal postura exige que os fenômenos comumente relacionados à participação política sejam apreendidos em "lugares" e a partir de "categorias" e "práticas" próprias aos atores, às quais muitas vezes são negligenciadas ou tidas como "não políticas" e até mesmo "apolíticas" (Memmi, 1985).

No âmbito do engajamento e da militância política esta perspectiva pode ser bastante promissora, principalmente quando se observa que a grande maioria das construções teóricas e conceituais utilizadas na investigação do ativismo constituiu-se com base no Ocidente, originando muitas falsas polarizações que na verdade traduziam disputas entre tradições acadêmicas "nacionais" (Oliveira, 2010; Alonso, 2009). Essa centralidade do Ocidente e de suas instituições se manifesta, ainda hoje, por meio da primazia que é dada à existência e ao papel do Estado para a definição dos movimentos sociais, dando origem a uma série de definições "orientadas politicamente e institucionalmente" (Péchu, 2007): instituições especializadas no governo, apelo às autoridades políticas e acesso às arenas institucionais, ações de protestos como inicialmente direcionadas em relação a determinado setor do Estado, as empresas de mobilização como um *continuum* das formas de participação visando influenciar a ação do Estado e, como consequência disso, as abordagens dicotômicas da relação entre formas de ação institucionalizadas e não institucionais.

Em consonância com esta prioridade da dimensão institucional, destaca-se um conjunto de pressupostos "estrategistas" que reduzem as finalidades e ações das organizações e ativistas ao "direcionamento às autoridades políticas e estatais". Nesse sentido, Péchu (2007:69-70) salienta que categorizações como "organizações de movimentos sociais", "espaço dos movimentos sociais", "arena dos movimentos sociais", "capital militante" partem todas de pressupostos comuns: uma abordagem "estrategista" e focada no direcionamento às autoridades políticas da ação dos movimentos para levar suas demandas; a ideia de diferenciação interna da sociedade segundo universos sociais com lógicas e embates próprios, excluindo os partidos e sindicatos, pois se trata de um mundo paralelo aos partidos políticos e grupos de interesse. Com isso, o estudo dos processos e das formas de participação foi reduzido à sua dimensão institucionalizada, negligenciando categorias sociais e espaços de participação que não estavam enquadrados institucionalmente na perspectiva de funcionamento legítimo do chamado "Estado democrático".

Por isso, ao princípio de valorização do trabalho de campo e de proximidade com o objeto, outro aspecto suscitado pelas iniciativas dos estudos sobre a política e que precisa ser integrado ao estudo do engajamento e da militância política é a atenção à multidimensionalidade do fato político, no sentido de considerar as articulações e as imbricações da política com outras dimensões do social, contrariamente à demarcação "fixa" e preestabelecida entre o que é e o que não é "político" (Sawicki, 1997). Tal princípio resgata a importância de compreender a "participação política" em sua conexão com diferentes grupos e espaços sociais, o que implica a refutação de certas "categorias estigmatizantes" e a tentativa de apreender uma diversidade de práticas e concepções expressas por tais camadas (Brites e Fonseca, 2006:10).

Assim, em contraponto às posturas "politicistas", "estatistas" e "etnocentristas", nós somos desafiados, como nos adverte Péchu (2007), a "deixar falar os objetos", em vez de simplesmente enquadrá-los nas "pré-construções" teóricas e nos conceitos homogêneos. No caso, "deixar nosso objeto nos dizer como ele se posiciona em relação à política instituída", pondo questões empiricamente verificáveis e elaborando uma abordagem que ligue diferentes níveis de realidade: o que nos diz empiricamente o ativismo? Até que ponto o que ele nos diz põe em jogo as definições de tal objeto pelas ciências sociais? De que forma pode-se lançar mão de definições que nos conduzam à apreensão da grande variabilidade de condições sociais, políticas e culturais de possibilidade de emergência e de transformação do ativismo? Ora, se é extremamente pertinente a análise da estrutura organizacional e estrutural, bem como dos recursos de que dispõem os militantes, tornando-os politicamente competentes, e das retribuições materiais e simbólicas que retiram de seu engajamento, quando ouvimos o que nos diz nosso objeto a respeito de sua relação com a política instituída, observando o sentido de seu engajamento, seus percursos sociais, suas carreiras militantes e suas diferenças geracionais, somos remetidos a diversas formas de resistência, de recusa e de contestação ao próprio espaço político instituído. A própria contestação do espaço político instituído está interligada aos modos de ação das associações, como é o caso do "uso simbólico" de modos de ação espetaculares (barricadas, ação dos altermondialistes, "multipertencimento" etc.). Por isso, deve-se considerar que, mais do que simplesmente influenciar o espaço político, trata-se de contestar em certa medida o próprio "jogo de tomada do poder" do campo político institucionalizado (Péchu, 2007:72).

Por fim, para o(a) pesquisador(a) dos movimentos sociais a valorização do trabalho de campo e a atenção à multidimensionalidade da atividade militante não têm um fim em si mesmo. São antes instrumentos eficazes para a apreensão dos diversos modos de configuração das práticas militantes e de suas relações com diferentes formas de invenção política. Sem dúvida, a importância crescente dos recursos escolares e da legitimidade de *expertise* no exercício da militância constitui um dos terrenos estimulantes para esse tratamento das formas próprias de configuração da atividade militante. De fato, o peso crescente da escolarização tem sido abordado como uma das principais modificações relacionadas à tendência geral de institucionalização da ação associativa, no sentido de regularização de seu acesso aos espaços e processos formais de produção de políticas públicas, assim como de profissionalização de seus integrantes e de suas atividades. Segundo tais análises, a participação regular das ONGs em instâncias formais (conselhos, fóruns, comitês etc.) esteve associada ao recrutamento de militantes e dirigentes dotados de elevada formação técnica e científica e à utilização de competências de *expertise*, adquiridas por meio de formação universitária, como um dos principais recursos militantes nas intervenções públicas de tais organizações, possibilitando a emergência de um novo campo de exercício profissional (Matonti e Poupeau, 2004; Wagner, 2004; Agrikoliansky, 2002; Siméant e Dauvin, 2002; Ollitrault, 2001).

No entanto, as condições, os processos e as formas de ocorrência disto remetem a concepções e práticas militantes particulares. Como se sabe, pelo menos no caso brasileiro, uma das características das dinâmicas de configuração do engajamento e da militância política é que os militantes estejam inseridos simultaneamente em diversos tipos de organizações políticas e movimentos sociais (Oliveira, 2008b; Seidl, 2009; Petrarca, 2008; Coradini, 2002; Mische, 1997). Assim, em vez de fazer da institucionalização e da profissionalização da militância um processo linear, a pesquisa deve examinar as concepções e práticas militantes que fundamentam a articulação do ativismo com a formação escolar e a atuação profissional em suas relações com as dinâmicas sociais, políticas e culturais de configuração tanto do espaço escolar e profissional quanto da própria atividade política.

Dessa forma, a investigação frequentemente se depara com situações em que o sentido e o valor da "profissão" são inseparáveis do "compromisso" com uma "realidade" que é "totalmente política", de modo que a formação escolar e o exercício profissional requerem a capacidade ou competência de "comprometimento" da formação escolar e técnica com "a realidade" e com a "prática" (Oliveira, 2008b; Petrarca, 2008; Pécaut, 1990). É por isso que nessas situações o engajamento e a militância política, mais do que significar "ruptura" ou "distanciamento" das atividades profissionais, constituem sempre uma forma de "realização profissional", de "comprometimento" e de não distanciamento da "realidade". Além disso, tais concepções e práticas são um dos ingredientes principais das mais diferentes formas de militância política e resultam de dinâmicas mais gerais de configuração escolar e política que fundamentam concepções e práticas que fazem do engajamento e da participação política uma forma de extrapolar os "limites de sua profissão" e de associar sua formação escolar e o exercício profissional à "cultura geral" e ao "humanismo" (Coradini, 1998) e, assim, "elevar-se acima do simples exercício de sua profissão" (Dezalay e Garth, 2002).

CONCLUSÕES

A vigilância em relação às palavras e aos valores dominantes, tanto do mundo social, político, administrativo e intelectual quanto do próprio universo científico, é um instrumento de investigação fundamental se pretendemos trazer contribuições relevantes para a modificação e renovação dos estudos sobre as condições e as dinâmicas de emergência e de desenvolvimento de organizações e movimentos sociais. Isso nos coloca diante da necessidade de utilização de esquemas conceituais e metodológicos que procurem dar conta da profunda imbricação do engajamento e da militância política com outras dimensões da vida social e que, assim, ultrapassem as definições fixas e preestabelecidas de fronteiras entre os movimentos sociais e demais organizações, instituições e práticas do mundo social. Tal desafio nos coloca diante da necessidade de considerar como ponto de partida o problema da relação entre os pontos de vista e as concepções culturais que os atores têm daquilo que fazem e a diversidade de condições, processos, esferas, redes sociais e respectivos vínculos sociais e políticos que respaldam o engajamento e a militância política. Para dar conta disso, vimos no decorrer desse texto que, nos últimos anos, grande parte dos estudos sobre tal temática tem se esforçado para a elaboração de modelos que permitam apreender teórica e empiricamente como se dá a relação dos aspectos organizacionais e estruturais com os processos de engajamento individual na emergência e persistência de mobilizações em diferentes situações sociais, políticas e culturais. Isso constitui um dos principais ingredientes para a ruptura com as definições etnocêntricas e institucionalmente orientadas dos movimentos sociais que reduzem as formas de protesto, de mobilização coletiva e de participação política ao seu direcionamento estratégico em relação à política instituída e ao Estado.

Sem dúvida, esse tipo de vigilância constitui um grande desafio ao universo acadêmico brasileiro, o qual, muitas vezes, tem se deixado rapidamente levar pelas palavras "prontas", pelos conceitos "homogêneos" e pelas explicações "acabadas", principalmente quando produzidos pelas vertentes europeias e norte-americanas e difundidos para a América Latina. Isso exige que, desde o começo, a pesquisa seja orientada por uma atitude profundamente reflexiva em relação às próprias teorias dominantes e sua difusão na produção acadêmica brasileira. Para isso, constitui um dos desafios prementes para que sejam formulados novos problemas e dimensões de investigação a "confrontação teórica" constante dos conceitos e metodologias utilizados pelas vertentes atualmente dominantes, no intuito de controlar seus fundamentos e os princípios que as orientam, tanto em relação ao espectro de posições existentes no universo da teoria social, quanto no que diz respeito ao desafio de dar conta das condições e dinâmicas sociais, políticas e culturais próprias de tal situação. Isso exige uma atenção redobrada das pesquisas em relação às condições, processos, concepções e práticas próprias das dinâmicas do engajamento e da militância no Brasil que fundamentam o engajamento e a militância múltipla e configuram uma série de fenômenos associados ao ativismo contemporâneo, tais como: institucionalização, profissionalização, *expertise*.

REFERÊNCIAS

ABÉLÈS, M.; JEUDY, H-P. (Dir.). *Anthropologie du politique*. Paris: Armand Colin, 1997.

AGRIKOLIANSKY, E. *La Ligue Française des Droits de L'Homme et du Citoyen depuis 1945*. Paris: L'Harmattan, 2002.

ALEXANDER, J. C. Ação coletiva, cultura e sociedade civil: secularização, atualização, inversão, revisão e deslocamento do modelo clássico dos movimentos sociais. *Revista Brasileira de Ciências Sociais*, São Paulo, v. 13, n. 37, p. 1-35, 1998.

ALONSO, A. As teorias dos movimentos sociais — um balanço do debate. *Lua Nova*, São Paulo, v. 76, p. 49-86, 2009.

_____; COSTA, V.; MACIEL, D. A. Identidade e estratégia na formação do movimento ambientalista brasileiro. *Novos Estudos CEBRAP*, São Paulo, v. 79, p. 151-167, 2011.

ANQUETIN, V. Produire une politique municipale de l'environnement: La régulation des interactions des acteurs locaux par l'expertise. In: HAMMAN, P.; MEON, J.-M.; VERRIER, B. (Org.). *Discours savants, discours militants*: mélange des genres. Paris: L'Harmattan, 2002. p. 129-151.

ANTROPOLÍTICA — Revista Contemporânea de Antropologia. Dossiê: A política e o popular: reflexões sobre militância e ações coletivas. Niterói, n. 23, 2007.

BADIE, B.; HERMET, G. *Política comparada*. México: Fondo de Cultura Económica, 1993.

BECKER, H. *Outsiders*. Études de sociologie de la déviance. Paris: Métailié, 1985.

BENFORD, R. D.; SNOW, D. A. Framing processes and social movements: an overview and assessement. *Annual Review Sociology*, v. 39, p. 611-639, 2000.

BEZERRA, M. O. Apresentação. Dossiê: A política e o popular: reflexões sobre militância e ações coletivas. *Antropolítica* — Revista Contemporânea de Antropologia, Niterói, n. 23, p. 11-14, 2009.

BOBBIO, N. (Org.). *Dicionário de política*. Brasília: Unb, 1993.

BOURDIEU, P. A arte de resistir às palavras. In: ____. *Questões de sociologia*. Lisboa: Fim de Século, 2003. p. 13-22.

____. Introdução a uma sociologia reflexiva. In: ____. *O poder simbólico*. Rio de Janeiro: Bertrand Brasil, 1998. p. 17-58.

____. *La distinction*. Critique sociale du jugement. Paris: Minuit, 1979.

BRITES, J.; FONSECA, C. Apresentação. In: ____; ____ (Org.). *Etnografias da Participação*. Santa Cruz do Sul: Edunisc, 2006. p. 7-12.

CADERNO CRH. Salvador, v. 21, n. 54, 2008.

CADERNOS CERU — Revista do Centro de Estudos Rurais e Urbanos da USP. São Paulo, v. 20, n. 1, jun. 2009.

CARDOSO, R. C. L. Movimentos sociais na América Latina. *Revista Brasileira de Ciências Sociais*, São Paulo, v. 1, n. 3, p. 27-36, 1987.

COLLOVALD, A. et al. (Dir.). *L'humanitaire ou le management des dévouements*. Enquête sur un militantisme de "solidarité internationale" en faveur du tiers-monde. Rennes: PUR, 2002.

CONTAMIN, J.-G. Cadrages et luttes de sens. In: FILLIEULE, Olivier; AGRIKOLIANSKY, E.; SOMMIER, I. *Penser les mouvements sociaux*. *Conflits sociaux et contestations dans les societés contemporaines*. Paris: La Découverte, 2010. p. 55-75.

CORADINI, O. L. Engajamento associativo-sindical e recrutamento de elites políticas: tendências recentes no Brasil. *Revista de Sociologia e Política*, Curitiba, v. 28, p. 181-203, 2007.

____. Escolarização, militantismo e mecanismos de "participação" política. In: HEREDIA, B.; TEIXEIRA, C.; BARREIRA, I. (Org.). *Como se fazem eleições no Brasil*: estudos antropológicos. Rio de Janeiro: Relume-Dumará, 2002. p. 103-153.

_____. Panteões, iconoclastas e as ciências sociais. FELIX, L. O.; ELMIR, C. P. (Org.). *Mitos e heróis*: construção de imaginários. Porto Alegre: EDUFRGS, 1998. p. 209-235.

DEZALAY, Y.; GARTH, B. *La mondialisation des guerres de palais*. La restructuration du pouvoir d'État en Amérique Latine, entre notables du droit et "Chicago Boys". Paris: Seuil, 2002.

DIANI, M.; McADAM, D. (Ed.). *Social movements and networks*. Relational approaches to collective action. Nova York: Oxford University Press, 2003.

DUBAR, C. *La socialisation*. Construction des identités sociales et professionnelles. Paris: Armand Colin, 1999.

ECKSTEIN, S. (Ed.). *Power and popular protest*. Latin American social movements. Berkeley: California University Press, 2001.

EDER, K. *A nova política de classe*. Bauru: Edusc, 2002.

ENGELMANN, F. Internacionalização e ativismo judicial: as causas coletivas. *Lua Nova*, São Paulo, n. 69, p. 123-146, 2006.

ESTUDOS HISTÓRICOS. Rio de Janeiro, n. 42, 2008.

FAVRE, P. Les manifestations de rue entre espace privé et espaces publics. In: _____; FILLIEULE, O.; JOBARB, F. *L'atelier du politiste*. Théories, actions, réprésentations. Paris: La Découverte; Pacte, 2007. p. 193-213.

FILLIEULE, O. *Le désengagement militant*. Paris: Belin, 2005.

_____. Propositions pour une analyse processuelle de l'engagement individuel. *Revue Française de Science Politique*, Paris, v. 51, n. 1-2, p. 199-215, 2001.

_____; AGRIKOLIANSKY, E.; SOMMIER, I. *Penser les mouvements sociaux*. Conflits sociaux et contestations dans les societés contemporaines. Paris: La Découverte, 2010.

_____; MATHIEU, L.; PÉCHU, C. *Dictionnaire des mouvements sociaux*. Paris: Les Presses de Sciences Po, 2009.

_____; PÉCHU, C. *Lutter ensemble*: les théories de l'action collective. Paris: L'Harmattan, 2000.

GOHN, M. da G. *Teorias dos movimentos sociais*. Paradigmas clássicos e contemporâneos. São Paulo: Loyola, 1997.

GOIRAND, C. Movimentos sociais na América Latina: elementos para uma abordagem comparada. *Estudos Históricos*, Rio de Janeiro, v. 22, n. 44, p. 323-354, 2009.

_____. Penser les mouvements sociaux d'Amérique Latine. Les approches des mobilisations depuis les anneés 1970. *Revue Française de Science Politique*, Paris, v. 60, n. 3, p. 445-466, 2010.

KLANDERMANS, B. Mobilization and participation: Social-psychological expansions of resource mobilization theory. *American Sociological Review*, v. 49, n. 5, p. 583-600, Oct. 1984.

_____; OEGEMA, D. Potentials, networks, motivations, and barriers: steps towards participation in social movements. *American Sociogial Review*, v. 52, august, n. 4, p. 519-531, 1987.

KUSCHNIR, K. *Antropologia da política*. Rio de Janeiro: Jorge Zahar, 2007.

LAGROYE, J. *Sociologie politique*. Paris: PUF, 2004.

LAHIRE, B. *Homem plural*: os determinantes da ação. Petrópolis: Vozes, 2002.

_____. Retratos sociológicos. Disposições e variações individuais. Porto Alegre: Artmed, 2004.

LUA NOVA — Revista de Cultura e Política. Dossiê: De volta aos movimentos sociais. São Paulo, n. 76, 2009.

MATHIEU, L. Contexte politique et opportunités. In: FILLIEULE, O.; AGRIKOLIANSKY, E.; SOMMIER, I. *Penser les mouvements sociaux*. Conflits sociaux et contestations dans les societés contemporaines. Paris: La Découverte, 2010. p. 39-54.

MATHIEU, L. Rapport au politique, dimensions cognitives et perspectives pragmatiques dans l'analyse des mouvements sociaux. Paris, *Revue Française de Science Politique*, v. 52, n. 1, p. 75-100, 2002.

MATONTI, F.; POUPEAU, F. Le capital militant. Essai de définition. *Actes de la Recherche en Sciences Sociales*, Paris, n. 155, p. 5-11, 2004.

McADAM, D. Beyond structural analysis: toward a more dynamic understanding of social movements. In: DIANI, M.; _____ (Ed.). *Social movements and networks*. Relational approaches to collective action. Nova York: Oxford University Press, 2003. p. 281-298.

____; McCARTHY, J. D.; ZALD, M. N. (Ed.). *Comparative perspectives on social movements*. Political opportunities, mobilizing structures and cultural framings. Cambridge; Nova York: Cambridge University Press, 1996.

____; PAULSEN, R. Specifying the relationship between social ties and activism. *American Journal of Sociology*, v. 99, n. 3, p. 640-667, Nov. 1993.

____; SNOW, D. A. Identity work processes in the context of social movements: clarifying the identity/movement nexus. In: STRYKER, S.; OWENS, T. J.; WHITE, R. W. *Self, identity and social movements*. Londres: University of Minnesota Press, 2000. p. 41-68.

MEMMI, D. L'engagement politique. In: GRAWITZ, M.; LECA, J. *Traité de Science Politique*, v. 3, L'action politique. Paris: PUF, 1985. p. 310-366.

MERLLIÉ, D. et al. *Iniciação à prática sociológica*. Petrópolis: Vozes, 1998.

MISCHE, A. De estudantes a cidadãos. Redes de jovens e participação política. *Revista Brasileira de Educação*, Rio de Janeiro, n. 5 e 6, p. 134-150, 1997.

MORENO, R. C.; ALMEIDA, A. M. F. O engajamento político dos jovens no movimento hip-hop. *Revista Brasileira de Educação*, Rio de Janeiro, v. 14 n. 40, p. 130-142, 2009.

NÉVEU, E. *Sociologie des mouvements sociaux*. Paris: La Découverte, 1996.

OLLITRAULT, S. Les écologistes français, des experts en action. *Revue Francaise de Science Politique*, Paris, v. 51, n. 1-2, p. 105-130, fév./avr. 2001.

OLIVEIRA, W. J. F. de. Abertura política, militância múltipla e proliferação de protestos públicos em defesa de causas ambientais. *Cadernos CERU*, São Paulo, v. 20, p. 223-239, 2009.

____. Gênese e redefinições do militantismo ambientalista no Brasil. *DADOS — Revista de Ciências Sociais*, Rio de Janeiro, v. 51, n. 3, p. 751-777, 2008b.

____. Maio de 68, mobilizações ambientalistas e sociologia ambiental. *Revista Mediações*, Londrina, v. 13, p. 87-108, 2008a.

_____. "*Paixão pela natureza*", atuação profissional e participação na defesa de causas ambientais no Rio Grande do Sul entre 1970 e início dos anos 2000. Tese (doutorado em antropologia social) — Programa de Pós-Graduação em Antropologia Social, Universidade Federal do Rio Grande do Sul, Porto Alegre, 2005.

_____. Posição de classe, redes sociais e carreiras militantes no estudo dos movimentos sociais. *Revista Brasileira de Ciência Política*, Brasília, v. 3, p. 49-77, 2010.

PASSY, F. *L'action altruiste*. Paris; Genève: Droz, 1998.

PÉCAUT, D. *Os intelectuais e a política no Brasil*. Entre o povo e a nação. São Paulo: Ática, 1990.

PÉCHU, C. "Laissez parler les objets". De l'objet mouvements sociaux aux mouvements sociaux comme objets. In: FAVRE, P.; FILLIEULE, O.; JOBARB, F. *L'atelier du politiste*. Théories, actions, réprésentations. Paris: La Découverte; Pacte, 2007. p. 59-78.

PETRARCA, F. R. Carreira militante, inserção profissional e exercício do jornalismo no Rio Grande do Sul. *Política e Sociedade*, Florianópolis, n. 13, p. 311-329, out. 2008.

PIERRU, E. Organisations et ressources. In: FILLIEULE, O.; AGRIKOLIANSKY, E.; SOMMIER, I. *Penser les mouvements sociaux*. Conflits sociaux et contestations dans les societés contemporaines. Paris: La Découverte, 2010. p. 19-38.

PRO-POSIÇÕES — Revista da Faculdade de Educação da Unicamp. Dossiê: Educação e política: novas configurações nas práticas de militância. Campinas, v. 20, n.2, 2009.

REIS, E. T. dos. Em nome da "participação popular": constituição de uma "causa legítima" e disputas por sua definição no Rio Grande do Sul. *Revista Pós Ciências Sociais*, São Luís, v. 5, n. 9/10, p. 105-132, 2008.

REVISTA BRASILEIRA DE CIÊNCIA POLÍTICA. Dossiê: Movimentos sociais e ação coletiva. Brasília, n. 3, 2010.

SADER, E.; PAOLI, M. C. Sobre "classes populares" no pensamento sociológico brasileiro (notas de leitura sobre acontecimentos recentes). In: CARDOSO, R. C. L. *A aventura antropológica*: teoria e pesquisa. Rio de Janeiro: Paz e Terra, 1986. p. 39-68.

SAWICKI, F. *Les réseaux du parti socialiste*: sociologie d'un milieu partisan. Paris: Belin, 1997.

SCHATZ, E. (Ed.). *Political ethnography*. What immersion contributes to the study of power. Chicago: Universty of Chicago Press, 2009.

SEARLE-CHATTERJEE, M. Occupation, biography and new social movements. *The Sociological Review*, v. 47, n. 2, p. 258-279, May 1999.

SEIDL, E. Disposições a militar e lógica de investimentos militantes. *Pro-Posições*, Campinas, v. 20, p. 21-40, 2009.

SILVA, M. K. De volta aos movimentos sociais? Reflexões a partir da literatura brasileira recente. *Ciências Sociais Unisinos*, São Leopoldo, v. 46, n. 1, p. 2-9, 2010.

SIMÉANT, J. La transnationalisation de l' action colletive. In: FILLIEULE, O.; AGRIKOLIANSKY, E.; SOMMIER, I. *Penser les mouvements sociaux*. Conflits sociaux et contestations dans les societés contemporaines. Paris: La Découverte, 2010. p. 121-144.

____; DAUVIN, P.; C.A.H.I.E.R. *Le travail humanitaire*. Les acteurs des ONG, du siège au terrain. Paris: Presses de Sciences Po, 2002.

SOCIEDADE E ESTADO. Brasília, v. 21, n. 1, 2006.

SPANOU, C. *Fonctionaires et militants*. L'administration et les nouveaux mouvements sociaux. Paris: l'Harmattan, 1991.

TARROW, S. *O poder em movimento*: movimentos sociais e confronto político. Petrópolis: Vozes, 2009.

TONI, F. Novos rumos e possibilidades para os estudos dos movimentos sociais. *Revista Brasileira de Informação Bibliográfica em Ciências Sociais BIB*, Rio de Janeiro, n. 52, p. 79-104, 2. sem. 2001.

WAGNER, A-C. Syndicalistes européens. Les conditions sociales et institutionnelles de l'internationalisation des militants syndicaux. *Actes de la Recherche en Sciences Sociales*, Paris, n. 155, p. 13-34, 2004.

CAPÍTULO 6

Estudar os poderosos: a sociologia do poder e das elites

Ernesto Seidl

UM TEMA CANÔNICO E FORA DE MODA?

Poucos temas nas ciências sociais podem ser considerados tão constitutivos de uma disciplina quanto o *elitismo*. Formulado num período de institucionalização acadêmica, foi fundamental para a afirmação de um terreno de discussão que, ao longo do século XX, conheceria fortes polêmicas, rupturas e dissidências, veria a formação de correntes e de discípulos e sofreria intensas reformulações teóricas. Em suma, abriria um veio de reflexões e de objetos de pesquisa legítimos.

A alocação inicial da temática das elites sob o teto da ciência política, conforme a lógica de divisão disciplinar e sob forte influência da originária teoria das elites dos pioneiros Vilfredo Pareto (1848-1923), Gaetano Mosca (1858-1941) e Robert Michels (1876-1936), não foi sem consequências sobre a forma dominante de pensar *a questão*. Fundamentalmente, a premissa de que *o poder* nas sociedades modernas é exercido por governantes ou políticos profissionais levaria ao estudo de tais grupos para então saber-se, finalmente, quem governa.

Como se poderia imaginar, a própria natureza do debate ("quem governa") prestou-se a uma apropriação por parte de disputas ideológicas travadas, sobretudo, em torno da "questão da democracia" e da "qualidade das elites" de cada país. Historicamente próxima do próprio *establishment* e do debate prático sobre o poder, a ciência política norte-americana foi central no uso do tema como combustível para polêmicas políticas e acabou por exportá-las, juntamente com modelos teórico-metodológicos e concepções de ciência, a muitos países mundo afora, entre os quais o Brasil.[1]

Embora presente nas disciplinas dos cursos de ciências sociais brasileiros como tema canônico e sob o rótulo genérico de teoria das elites, a temática das elites ou dos grupos dirigentes demorou até conhecer alguma legitimidade dentro do espaço acadêmico nacional. Isso se explica, em boa medida, mas não exclusivamente, pela estreiteza das relações entre o espaço científico e a arena política no país, cujo reflexo pode ser percebido na alta correspondência entre as posições ocupadas pelos temas na agenda político-social e na agenda científica. O longo predomínio de pesquisas e ensaios acadêmicos ligados a assuntos socialmente candentes como a "redemocratização", os "movimentos sociais" e a "cidadania", a "desigualdade social" e a "violência", o "mundo rural", conjugado com uma percepção do tema das elites como postura elitista/conservadora dos estudiosos (defesa do governo de poucos, celebração da superioridade de alguns grupos), foi, assim, determinante para o baixo estímulo à constituição de uma subárea de estudo.[2]

Após um auge de produção e também de polêmicas no plano internacional, com a respectiva atualização do panteão de autores (em especial com os norte-americanos Wright Mills e Robert Dahl), o interesse pelas elites conheceu certo refluxo na década de 1970. Lentamente, no entanto, foi cedendo lugar a pesquisas empíricas que começaram a abrir novas agendas de investigação. Além de escapar, em boa medida, a debates normativos e a tomadas de posição ideológica, os trabalhos das últimas três décadas retomaram antigas premissas sociológicas, notadamente em Max

---

[1] Para uma análise detalhada das condições históricas de surgimento da teoria das elites, assim como das principais questões em jogo nas disputas entre fundadores e intérpretes, consultar Grynszpan (1999).
[2] Elementos muito semelhantes são apontados por pesquisadores franceses com relação ao contexto pós-maio de 1968. Ver Pinçon e Pinçon-Charlot (2007).

Weber, e ampliaram consideravelmente o panorama de hipóteses, questionamentos, procedimentos e terrenos de pesquisa.

DA TEORIA DAS ELITES
À SOCIOLOGIA DO PODER

Tomado em conjunto, o panorama internacional dos estudos de elites em fins dos anos 1970, dominado pela ciência política anglo-saxônica, opunha duas interpretações maiores quanto ao papel e ao poder das elites: o *elitismo* e o *pluralismo*. A abordagem "elitista" de Mills, Domhoff e Miliband preponderava ao demonstrar a capacidade de dominação e infiltração das elites. Os pluralistas, por outro lado, defendiam que os poderes das elites são flutuantes, portanto, devem ser analisados caso a caso, como problema empírico. Tal método mostraria que a maior parte das sociedades apresenta uma diversidade de elites concorrentes, consagrando-se, assim, o princípio liberal de competição democrática.

No que tange aos métodos resultantes das duas abordagens, são claras as divergências. A primeira vertente remete a uma tradição de pesquisa consagrada quase exclusivamente à origem social e aos laços entre os que ocupam posições privilegiadas, tomando em conta os aspectos da *reputação* ou *status* do poder. A segunda defende um programa de pesquisa que favoreça o estudo das decisões e de suas consequências reais, insistindo nos processos e mecanismos de decisão. Exemplos das disputas *elitistas* (reputacionalismo) × *pluralistas* (decisionalismo) são encontrados nos estudos sobre elites locais e regiões precisas, como o trabalho de Putnam (1973) na Itália, de Hunter (1953) em Atlanta e de Dahl (1961) em New Haven, ambas cidades dos Estados Unidos.

Na esteira dos impasses teóricos dos anos 1970 em torno da utilidade e possibilidade dos estudos sobre as elites e o poder, a vertente histórica do neoinstitucionalismo liderada por Theda Skocpol e seus colegas abriu novas pistas a investigações ao centrar foco na dimensão estatal do poder, em especial na autonomia dos processos políticos do Estado. Nessa visão, a esfera política constitui domínio de ação autônomo no interior do qual o Estado pode intervir segundo interesses e objetivos próprios. Em direção semelhante, a sociologia histórica ou sociologia do Estado francesa, liderada pelo sociólogo Pierre Birnbaum, viria a explorar a composição social, os recursos culturais e os itinerários profissionais da "classe dirigente", expondo a morfologia social da alta administração do país. Esse objeto seria ampliado e redefinido intensamente na França e em outros países europeus a partir de meados dos anos 1980.

Uma das questões mais caras a tal perspectiva era conhecer sociologicamente quem tripulava o aparelho do Estado em seus escalões mais elevados. Ou seja, definir a origem social e os itinerários prévios da elite político-administrativa francesa e apreender os mecanismos de recrutamento operados pela esfera estatal. Por essa via, como demonstrou Birnbaum em *Les sommets de l'État*, de 1977, era possível aprender bastante sobre as engrenagens do Estado a partir das características daqueles que o fazem funcionar ao longo de diferentes períodos. Observe-se que, desde os "fundadores" até então, os estudos acerca das ditas "elites" correspondem basicamente a trabalhos sobre dirigentes políticos e administrativos.

O maior impulso à retomada de pesquisas sobre elites veio justamente da França, com os trabalhos produzidos por Pierre Bourdieu (1930-2002) e sua equipe. Nos últimos 30 anos, são numerosas e variadas as investigações das ciências sociais e da história estimuladas em alguma medida pela problemática e pelo esquema conceitual bourdieusianos. Se, por um lado, a renovação e o reaquecimento desse campo de estudo devem muito à própria especialização daquelas disciplinas científicas em nível mundial, por outro, são as condições de construção das elites ou grupos dirigentes como objeto de estudo que merecem nossa atenção maior.

O principal deslocamento operado pela perspectiva que chamaremos de sociologia do poder diz respeito à forma de conceber o poder e as "elites". O ponto de partida segundo o qual o mundo social nas sociedades modernas é composto por diversas esferas sociais dotadas de autonomia relativa — hierarquizadas em função de critérios próprios — escapa, assim, a qualquer concepção substancialista e unitária do poder e de quem o detém. Vale dizer, se os espaços sociais são múltiplos e organizados de acordo com estruturas e lógicas de poder específicas, perde sentido falar em *um* tipo de poder e em *uma* elite ou, ainda, em *o* grupo dirigente. Pelo contrário, o que se tem são diversos grupos de agentes sociais que ocupam posições dominantes em uma ou mais esferas do mundo social, como as elites políticas, jurídicas, religiosas, econômicas, culturais, burocráticas.

Ora, se numa visão multidimensional das estruturas sociais existem diversas elites — ou grupos dirigentes, como muitos preferirão chamar os dominantes —, cai por terra a crença de inspiração marxista que associa o termo a poder econômico e político e o cola à noção de classe [elite = classe dominante (economicamente)]. Porém, a ruptura tanto com o reducionismo marxista quanto com o empirismo à moda de R. Dahl vai mais longe. Como indica Coradini (2008:13-14), o que está em jogo agora como problemática são as "estruturas de capital, de poder e de dominação em diferentes esferas sociais". Embora essas estruturas somente existam por meio das práticas dos agentes que as incorporam (os grupos dirigentes), a questão central, sublinhe-se bem, não é o grupo ou os indivíduos que compõem o objeto empírico, mas os "recursos e princípios de legitimação que estruturam suas práticas e, inclusive, suas relações com as demais categorias sociais, não necessariamente dominantes".

Trata-se, portanto, de estudar estruturas de dominação em sua pluralidade de dimensões a fim de compreender as variações do fenômeno da *dominação social* através da análise do conjunto de esferas nas quais ele se apresenta. Tal empreendimento envolve a tentativa de objetivação das estruturas de poder e dos princípios de legitimação de cada esfera — e não somente da esfera política, econômica ou estatal — e as relações entre esses diferentes espaços de luta. Seria possível, por essa via, chegar à reconstituição de um espaço mais amplo que Bourdieu chama de *campo do poder*,[3] projeto por ele perseguido ao longo de décadas.

COMO ESTUDAR AS ELITES: ESCOLA, CULTURA E CARREIRAS

Redefinidos os contornos do campo de estudo de elites (daqui em diante tomaremos o termo como sinônimo de grupos dirigentes) e reacendidos os interesses de pesquisadores de muitos países, o panorama recente demonstra vigor.[4] Tentar cobrir aqui o conjunto de trabalhos produzidos seria impossível, além de pouco frutífero. Optamos, em vez disso, por destacar o que consideramos representar o cerne dos questionamentos mais produtivos endereçados às elites por cientistas sociais e historiadores. De modo combinado, pretendemos também discutir, com algum detalhe, possibilidades de construção de objetos de análise, obstáculos e encaminhamentos de pesquisa com base em estudos que temos realizado sobre dirigentes militares e eclesiásticos no Brasil.

---

[3] "O campo do poder é um campo de forças definido em sua estrutura pelo estado da relação de força entre formas de poder, ou de espécies de capital diferentes. É também, inseparavelmente, um campo de lutas pelo poder entre detentores de poderes diferentes, um espaço de jogo no qual agentes e instituições que têm em comum a posse de uma quantidade de capital específico (econômico ou cultural, sobretudo) suficiente para ocupar posições dominantes no interior de seus campos respectivos enfrentam-se com estratégias destinadas a conservar ou a transformar esta relação de força" (BOURDIEU, 1989:375).

[4] Como indicativo da renovação de interesse pela temática das elites no Brasil, entre outros vários exemplos, citaríamos a edição dos dossiês "Elites políticas" da *Revista de Sociologia e Política* (UFPR), v. 16, n. 30, 2008; "Sociologia do poder e das elites" da *Revista TOMO* (UFS), v. 10, n. 13, 2008; "Elites" (v. 8, n. 15, 2011) e "Cultura, poder e modalidades de engajamento" (v. 9, n. 17, 2012) dos *Cadernos Pós Ciências Sociais* (UFMA); a realização, desde 2007, de Grupo de Trabalho sobre o tema na reunião anual da Associação Nacional de Pós-Graduação e Pesquisa em Ciências Sociais (Anpocs); e a publicação das coletâneas organizadas por Almeida e colaboradores (2004), Canêdo e Tomizaki (2012), Coradini (2008) e Heinz (2006b, 2011).

Num plano geral, é possível situar o tema da constituição, formação e reprodução das elites como eixo forte e mais explorado até então pelas ciências sociais. Ressalte-se, de qualquer modo, que o interesse pelas elites tem aparecido com muito maior intensidade na sociologia e na ciência política do que na antropologia. Em alguns países — França e Inglaterra, sobretudo —, também os historiadores têm produzido muitos e variados trabalhos desde os anos 1970.[5] A análise dos esquemas de recrutamento e seleção de grupos dirigentes, assim como das transformações morfológicas dos espaços sociais e das reconversões, tem ocupado lugar de destaque entre as preocupações dos pesquisadores.

A ênfase no peso dos mecanismos escolares nos processos de constituição e legitimação de grupos dominantes nas sociedades ditas meritocráticas marcou com força perspectivas de análise em diversos países. Em especial, os trabalhos de Bourdieu e de um grupo de pesquisadores sobre o espaço escolar na França entre os anos 1960 e 1980 demonstraram de que forma o sistema escolar produz e consagra identidades e grupos sociais (Bourdieu, 1989; Bourdieu e Passeron, 1964; Bourdieu e Saint-Martin, 1987). No cerne de tais análises está a explicitação do lugar central ocupado pela instituição escolar dentro de um novo modo de reprodução — o qual tende a primar sobre os outros, mas não é exclusivo — que historicamente impõe-se nas sociedades contemporâneas. Por meio do instrumento conceitual-chave de *modo de dominação* foi possível, assim, dar nova dimensão a perspectivas consagradas tanto nas ciências quanto na filosofia política e no senso comum acerca da "democratização" do acesso a postos e posições de maior prestígio social promovido pela imposição do princípio *meritocrático*, supostamente garantido pela escola republicana. Dito de outra forma, ao contrário do que pregam a ideologia da "escola libertadora" e demais mitos republicanos, as pesquisas revelaram o quanto as chances de se

---

[5] Um balanço da historiografia contemporânea sobre a história social das elites é fornecido por Charle (2006a).

ter um bom desempenho escolar, em instituições de maior reputação, e, por essa via, disputar carreiras, cargos e funções de maior reconhecimento, dependem diretamente da posição social de origem do indivíduo e do conjunto de recursos de que ele e sua família dispõem (dinheiro e bens, cultura, reconhecimento, relações). Isto é, a reprodução escolar das diferenças sociais desfruta de um efeito de legitimação que leva chancela do Estado, principal distribuidor legítimo de privilégios.

Este achado geral mostrou-se particularmente revelador (e polêmico) ao se examinarem as morfologias sociais e os percursos escolares dos membros do que se chamou de "nobreza de Estado" na França — a alta administração política e estatal, sobretudo, mas também dirigentes de grandes empresas e mesmo intelectuais. Se no regime aristocrático a nobreza era hereditária — legitimada pelo sangue e pela honra incorporados desde o nascimento —, no regime democrático ela é recrutada por concurso público e se justifica pelo mérito e o talento. Portanto, numa estruturação social em que o capital escolar é o princípio de hierarquização dominante, tem-se um novo sistema de justificações dos dominantes (uma nova sociodiceia), exigido por sociedades em que o acúmulo de competência científica ou técnica é cada vez maior para se obter o mesmo nível de competência social. Característica central das sociedades atuais seria, assim, o fenômeno do prolongamento dos circuitos de legitimação do poder (Bourdieu, 1989). Num plano ainda mais geral, a questão da natureza e do funcionamento da ideologia dominante é colocada em termos de um discurso "anônimo", "uma doxa sem autor nem pensador" e "anti-ideológico", sobre a "competência", produzido numa rede de lugares neutros onde se encontram indivíduos que ocupam posições diversificadas no campo do poder (altos funcionários, *experts*, professores universitários, magistrados, grandes empresários, *think tanks*) (Bourdieu e Boltanski, 1976; Pinto, 1998).

Guardada uma série de peculiaridades da sociedade em que as pesquisas de Bourdieu e equipe foram realizadas — em particular uma espécie de *tirania* do diploma escolar e uma tendência quase inexorável à reprodução e à coesão das elites[6] —, o conjunto de problemáticas e de instrumentos conceituais decorrentes motivou investigações sistemáticas em contextos os mais diversos. A atenção dada nas pesquisas às relações entre recursos escolares e culturais, estruturação do espaço escolar e constituição de grupos dirigentes permitiu, assim, checar empiricamente os efeitos da expansão de um modelo ocidental de pretensão universal ancorado na ideologia do mérito e da *expertise*. Se, por um lado, a quase totalidade dos trabalhos tem demonstrado forte expansão de uma competência escolar como base para ocupação de posições dominantes em diferentes esferas sociais, por outro, são heterogêneas as formas como o fenômeno se apresenta. A tendência geral à burocratização e à adoção do sistema de concurso público para provimento de postos em carreiras públicas, com exigência de conhecimentos específicos e, em muitos casos, título universitário, certamente explica a formação de elites burocrático-administrativas mais escolarizadas e menos atreladas à lógica dos privilégios herdados e do clientelismo.

Grosso modo, é possível afirmar que tanto profissionais da política e lideranças sindicais quanto altos funcionários públicos e membros de altos escalões de governos, mas também autoridades eclesiásticas, altos executivos e profissionais em posições de prestígio (jornalistas, advogados, médicos), tendem progressivamente a exibir diplomas superiores e estudos mais prolongados, especializações e experiências culturais mais diversificadas (estadas no exterior, conhecimentos de idiomas estrangeiros). Sendo ainda mais explícito, pode-se dizer que nas sociedades ocidentais contemporâneas os indivíduos que ocupam posições de poder dependem cada vez menos, de modo *direto* e *exclusivo*, de determi-

---

[6] Poucos países são dotados de um setor de ensino explicitamente voltado à formação de elites, as chamadas *grandes écoles*. Sediadas em Paris, situam-se no topo da hierarquia do ensino superior, em geral acima das universidades. Saint-Martin (2008:52-54) chama atenção para a tendência à cristalização das teses sobre a "nobreza de estado" francesa, ressaltando trabalhos mais recentes que apontam mudanças em direção a uma maior abertura social.

nantes hereditários, de indicações com base em laços familiares, de amizade e clientelismo e de outras formas de compromisso que excluam alguma espécie de competência específica para ocupar tais posições. Obviamente, este tipo de constatação remete à velha questão das condições de obtenção dos recursos e competências exigidos, cada vez mais indispensáveis nas disputas pelo poder; isto é, retorna-se à velha temática da reprodução social.

São de fato numerosos os estudos que demonstram alta correspondência entre, de um lado, acesso a universidades e cursos prestigiosos e realização de carreiras reconhecidas e, de outro lado, origens sociais mais elevadas, confirmando argumentação clássica da sociologia da reprodução. Entretanto, as variações em função do tipo de regime político, da história política e social e do sistema escolar de cada país, mas também do grupo dirigente em questão, são consideráveis. Ao se tomar apenas países da Europa e da América do Norte, observa-se que, se diplomas técnicos e superiores são quase indispensáveis a qualquer candidato a posto dirigente, determinadas carreiras em certos contextos recrutam e selecionam indivíduos de origens diversas (Suleiman e Mendras, 1995). Assim, por exemplo, se nos Estados Unidos tanto as elites políticas quanto as administrativas, em nível federal, têm alto grau de instrução, as primeiras são oriundas de meios muito mais favorecidos e dependem estreitamente do dinheiro, ao passo que as segundas, de origens mais modestas, encontram ascensão por meio de concursos. Na Itália, o pessoal administrativo (*dirigenti*) provém em sua maioria de frações médias e é recrutado sobretudo no sul do país, menos desenvolvido economicamente. Desde os anos 1960, esforços em profissionalizar a carreira em funções públicas naquele país procuram orientá-la em direção a moldes mais formalizados, dotados de código de conduta e padrões de valores em afinidade com outros países da Europa ocidental. O caso da Polônia pós-comunista, por sua vez, demonstra uma recomposição complexa das elites, com renovação importante da elite política — de origem social mais diversificada e mais diplomada —, porém alta permanência de membros da antiga elite econômica — em geral, indivíduos de profissões intelectuais e origens sociais intermediárias — entre os empreendedores e administradores de empresas privadas e públicas (cerca de 50% faziam parte da antiga *nomenklatura* polonesa, diretamente dependente do Partido Comunista).

Modelos predominantes de formação de funcionários públicos

> **Modelo Oxbridge** (caso inglês): caracterizado por formação humanista, geral e não jurídica; favorece os diplomas de certas escolas privadas;
>
> **Modelo *legal training*** (casos alemão, austríaco, escandinavo e holandês): caracterizado por formação jurídica correspondendo a uma concepção limitada da função administrativa;
>
> **Modelo francês**: caracterizado por aprendizado específico e prolongado, cujo sistema é centralizado em um único estabelecimento (*grandes écoles*), contribuindo a formar uma elite cultural e socialmente diferenciada;
>
> **Formação funcional americana**: caracterizada pela experiência obtida em um domínio específico de política pública, que se beneficia de relações com grupos de interesse em interação constante com a burocracia.

Fonte: Elaborado com base em Peters (1978).

A inexistência de um modelo, ou de um sistema, escolar nacional voltado à formação de dirigentes no Brasil certamente não impediu a constituição de determinados celeiros de elites — faculdades ou institutos que ao longo do tempo forneceram a seus frequentadores condições privilegiadas para o exercício de funções de poder. Desde o Império são conhecidas faculdades por cujos bancos tem passado número elevado de futuros políticos, desembargadores, ministros e diplomatas (Adorno, 1988; Carvalho, 1996). No entanto, com a expansão do sistema universitário a partir dos anos 1960 e, mais recentemente, a criação de cursos afinados com as redefinições das competências culturais (notadamente a ascensão das ciências econômicas e das escolas de gestão), a concorrência pelo prestígio escolar tornou-se mais acirrada e as hierarquias, talvez, menos nítidas. Provavelmente apenas as escolas de oficiais das Forças Armadas e o Instituto Rio Branco, escola de formação diplomática, possam ser chamados com alguma propriedade de "escolas de formação de elites".[7]

Como amplamente demonstrado pela literatura, o diploma de bacharel em direito compõe o principal título superior entre membros das elites políticas e burocráticas no país, dado também válido para a maioria dos países ocidentais (Connif, 2006; Norris, 1996; Rodrigues, 2002) e para algumas sociedades periféricas (Karady, 1991). Se observadas em perspectiva mais longa, porém, a escolarização dos dirigentes políticos brasileiros e sua ocupação anterior à entrada na carreira mostram acentuado processo de diversificação. Em 2003, cerca de um terço dos deputados federais exibia diploma em direito e em torno de 15% haviam se formado em economia, percentuais próximos aos encontrados para os deputados que estudaram medicina (13%) e engenharia (11,7%). Registre-se que cerca de 10% apresentam diplomas genericamente classificados na área de humanas (Rodrigues, 2002:103). De modo geral, em todos os níveis da política eleitoral constata-se crescente heterogeneidade nas origens, escolaridade, experiências e ocupação prévias dos dirigentes políticos, constatação que pode ser lida em termos de "maior competição", "pluralismo" ou "democratização" do acesso aos postos de poder no Brasil.

---

[7] A questão do "elitismo" na carreira diplomática brasileira foi tema de debate na grande mídia por ocasião de mudanças introduzidas no processo seletivo do Instituto Rio Branco há cerca de 10 anos. Entre outros aspectos, a prova de francês deixou de ser eliminatória e questões de "cultura geral" (música erudita, literatura internacional, mitologia clássica) — seguramente favoráveis a candidatos dotados de um tipo de capital cultural pouco comum, sobretudo filhos de diplomatas — deram espaço a assuntos mais diretamente ligados a relações internacionais, história e atualidades.

Muito mais do que a elevação da escolaridade e a diversificação dos títulos superiores do pessoal político, entretanto, o que apresenta interesse ao questionamento sociológico são as relações desse fenômeno com os processos de legitimação na política. Isto é, títulos escolares ou profissões *em si* não representam recurso para afirmação no exercício de funções políticas (em sentido amplo), porém podem constituir-se em trunfo decisivo quando mobilizados em combinação com outras propriedades sociais visando à legitimação de pretensões no espaço político, eleitoral ou não. Assim, a principal dimensão em foco diz respeito às condições históricas e sociais dentro das quais um conjunto de recursos — que incluem títulos e ocupações profissionais, sem dúvida, mas igualmente o pertencimento a determinadas famílias e grupos, a exibição de características étnicas e religiosas, de experiências de vida (militâncias, exercício de liderança) etc. — torna-se eficaz nas lutas pela atuação legítima em funções de representação, como a de vereador, deputado, secretário de Estado, em ativismos sindicais, ONGs e assim por diante.[8] Pode-se afirmar, em suma, que tomar em conta a questão da *politização* dos recursos escolares e, em especial, dos espaços de inserção profissional é indispensável a qualquer esforço de compreensão dos mecanismos e das lógicas que organizam e dão sentido às lutas no espaço político numa configuração como a brasileira.

Dentro dos estudos que enfocam os processos de recrutamento e formação de elites, merecem também destaque os que enfatizam o exame de carreiras profissionais. Parte das investigações com essa perspectiva procura reconstituir e objetivar o conjunto de etapas, instâncias, espaços, recursos, estratégias e postos en-

---

[8] Sobre os usos da titulação escolar e da inserção profissional como recursos na política eleitoral e na militância no Brasil, consultar em especial os trabalhos de Coradini (2001, 2002, 2007, 2008), Gaglietti (2003), Grill (2007, 2008a, 2008b), Grill, Tavares dos Reis e Barros Filho (2008), Oliveira (2008), Petrarca (2008), Seidl (2009b), Tavares dos Reis (2008) e Tavares do Reis e Grill (2008). Com respeito à polivalência dos títulos superiores e às relações de seus portadores com posições de elite, ver Coradini (2010).

volvidos nos itinerários dos dirigentes, isto é, em carreiras "bem-sucedidas". Como veremos com maior detalhe adiante, são proveitosas as abordagens que conjugam as origens sociais e geográficas dos agentes com as condições de ingresso em espaços de formação escolar (academias militares, seminários e institutos religiosos, universidades e faculdades de prestígio) — que em muitos casos funcionam como *viveiros* de grupos dirigentes. Ao lado das possibilidades de rendimento escolar, coloca-se a observação das escolhas dos *cursus*, dos investimentos, orientações e apostas que pautam a evolução de itinerários forjados por mecanismos objetivos que, entre muitos, selecionam apenas uma fração de indivíduos para as posições de maior poder.[9]

Em contrapartida, o tamanho do universo investigado costuma colocar obstáculos a esse tipo de abordagem, dados o grande número de variáveis utilizado sobre populações geralmente numerosas e as dificuldades de se dispor de material mais qualitativo que permita ganho em profundidade. O método prosopográfico em estudos de grupos dirigentes tem se mostrado um dos instrumentos mais úteis e estimulantes aos propósitos de compreensão das lógicas de estruturação de determinados espaços sociais e dos recursos eficientes mobilizados por agentes neles posicionados de forma desigual. São numerosos, assim, os pesquisadores que definem um grupo a ser estudado em dado período e em dada escala (por exemplo, o alto oficialato do Exército no século XIX, intelectuais, empresários, secretários estaduais e prefeitos), escolhem um conjunto de variáveis relevantes — que podem ir de algumas poucas a mais de uma centena — e examinam os padrões de combinação das características apreendidas ao longo de biografias coletivas. Cabe ressaltar que o interesse principal desses estudos não

---

[9] Seguramente o trabalho de Charle (1987) sobre as elites republicanas da França no período 1880-1900 apresenta um dos melhores exemplos desse tipo de abordagem. Trabalhos de pesquisadores brasileiros inspirados em alguma medida nessa perspectiva podem ser vistos em Coradini (1997), Engelmann (2001), Grijó (1998), Grill (1999), Heinz (2006a), Marenco dos Santos (1997), Marenco dos Santos e Da Ros (2008), Seidl (1999, 2003, 2012) e Seidl e Neris (2011).

está nos indivíduos em si, mas na história e estrutura dos espaços enfocados.[10]

Se a coleta dos dados tende a ser trabalhosa e apresentar lacunas na composição de biografias coletivas, em contrapartida, a possibilidade de uso de entrevistas biográficas — e/ou outros materiais como memórias e autobiografias — com indivíduos selecionados em função da expressividade do caso (muito representativo de um padrão ou, ao contrário, exceção) abre espaço à captura de enorme riqueza de dimensões não apreensíveis mediante dados mais objetivos.[11] Análises com esse viés, como a de Saint-Martin (1993) sobre o espaço da nobreza na França e a de Coradini (1997) sobre a elite da medicina no Brasil, permitem que se compreendam em detalhe as condições de existência dos grupos dominantes, as formas como reconstituem seu passado e justificam seus modos de ação, entre muitos outros aspectos.

INTERNACIONALIZAÇÃO DAS ELITES: O MUNDO É PARA POUCOS

Ainda no âmbito das discussões sobre a produção social das elites e o peso da escola e da cultura, gostaríamos de chamar atenção para uma dimensão que tem ganhado relevo especial nas agendas de pesquisa: a internacionalização ou circulação internacional

---

[10] Com respeito às definições e usos da prosopografia, consultar Broady (2002), Charle (2006a), Heinz (1999) e Lalouette (2006). Alguns exemplos de estudos prosopográficos dedicados a elites intelectuais, acadêmicas, políticas e administrativas encontram-se em Bourdieu (1984, 1998), Charle (1980, 1987, 1990) e Sapiro (1999).

[11] Na impossibilidade de desenvolver neste espaço aspectos metodológicos e de tratamento das fontes, sugerimos algumas leituras que julgamos fundamentais. Com respeito à condução de pesquisas de campo que incluem entrevistas, observações e interações diretas, consultar Cohen (1999), Chamboredon et al. (1994), Hertz e Imber (1995), Le Wita (1988), Pinçon e Pinçon-Charlot (1997, 2007), Saint-Martin (1993) e Seidl (2003). Sobre o tratamento de fontes escritas de caráter variado (material institucional, memórias, genealogias, biografias), ver Coradini (1997), Miceli (1988) e Saint-Martin (1992).

das elites. Uma primeira constatação aponta o lugar central que *o internacional* tende a ocupar nos esquemas de legitimação de grupos dirigentes os mais diversos, elemento que tem imprimido nova dinâmica na concorrência pelo poder. Embora bastante em evidência nos últimos anos, a circulação internacional não é fenômeno novo nem em países centrais nem em periféricos. E, como sabido, há muito tempo estadas mais ou menos longas no exterior servem como trunfo clássico entre as estratégias de consagração social de frações sociais abastadas. Por outro lado, sabe-se também que progressivamente frações intermediárias têm buscado na passagem pelo estrangeiro uma porta mais segura para a ocupação de melhores posições por meio da aquisição de algum tipo de competência relativamente rara em seus países nativos: conhecimento de idiomas valorizados, títulos superiores de graduação e pósgraduação, especializações e Master in Business Administration (MBAs), experiências de trabalho e treinamento.[12]

Tal fenômeno apresenta muitas facetas de interesse. Num cenário de mundialização dos padrões de excelência cultural e profissional, de criação de espaços transnacionais, as próprias condições de difusão, circulação e recepção de modelos e de ideias dominantes — valorização do idioma inglês, de um tipo de cultura escolar e profissional de tipo gerencial (*managerial*) e de esquemas cognitivos identificados com certos padrões de *expertise* — compõem instigante objeto de análise. Compreender a lógica das trocas, as estratégias de legitimação e imposição dos modelos, objetivar os múltiplos atores em jogo (governos e grupos dirigentes nacionais, ONGs, bancos, organismos internacionais, universidades, multinacionais, escritórios de advocacia, *think tanks*) — em especial a figura-chave dos mediadores (*brokers, passeurs*) — e as diversas modalidades de luta estão no cerne dos questionamentos. Exemplo da riqueza explicativa desse tipo de problemática pode

---

[12] Um panorama dessas pesquisas é apresentado em Almeida e colaboradores (2004), em Canêdo, Tomizaki e Garcia (2013) e no número especial intitulado "Le Brésil et le marché mondial de la coopération scientifique" dos *Cahiers du Brésil Contemporain*, n. 57/58-59/60, 2004-2005.

ser visto na abordagem de Dezalay e Garth (2002) sobre a produção e exportação de modelos no campo da política econômica e dos direitos humanos dos Estados Unidos para o Brasil, Argentina, Chile e México. Apoiados em mais de 300 entrevistas com atores centrais daqueles países, demonstram como o conteúdo do que é exportado depende fortemente das batalhas domésticas nos países importadores — o que os autores chamam de "guerras de palácio". Da mesma forma, apontam o peso das características das elites nacionais em termos de diferenciação e de conexões com estruturas do Estado para explicar, por exemplo, a intensidade com que as elites dirigentes adotam estratégias de cosmopolitismo e optam por determinados tipos de *expertise* internacional (direito, economia) nas competições por afirmação e autoridade. Mais do que as condições de formação e transformação dos dirigentes nacionais, entram em conta nessa perspectiva questões complexas como a dos vínculos entre atores individuais e coletivos de diferentes países, bem como a das engrenagens concretas de processos que resultam em práticas políticas como dolarização da economia e medidas associadas ao neoliberalismo, reestruturação do modelo universitário e científico e reformas constitucionais.[13]

A constatação do crescimento e diversificação dos recursos culturais dos grupos dominantes é generalizada e envolve cada vez mais ligações com uma esfera internacional. Anne-Catherine Wagner (1998), por exemplo, refere-se a "novas elites da mundialização" ao examinar a alta taxa de imigração de dirigentes profissionais — executivos, consultores, especialistas internacionais — de outros países para a França a partir dos anos 1980. Também os processos de transnacionalização impulsionados pela União Europeia aparecem como responsáveis pela exigência de novas carac-

---

[13] Para uma história do desenvolvimento dos *think tanks* nos Estados Unidos e sua capacidade de produção intelectual e de controle das condições do debate público, consultar Medvetz (2007, 2008, 2009). Com respeito à temática da formação de elites e a constituição de mediadores políticos e culturais em processos de construção identitária nacional, ver o excelente trabalho de Anjos (2006) sobre Cabo Verde.

terísticas de um pessoal administrativo e político cujos domínios de atuação deixam de ser apenas nacionais. Da mesma forma, é patente a expansão dos intercâmbios universitários, a procura por ambientes ditos *internacionais*, como escolas (inclusive primárias), faculdades, universidades e cidades, propícios à aquisição de uma experiência cosmopolita e multicultural em que, frequentemente, o idioma inglês é usado como língua franca e/ou constitui o principal atrativo aos alunos.[14]

Já há algum tempo a circulação internacional das elites brasileiras vem constituindo objeto de pesquisas sistemáticas por meio de redes de cooperação, muito em especial com estudiosos na França. Três eixos maiores podem ser detectados nas questões de interesse: investimentos escolares e transmissão cultural, políticas de Estado e circulação internacional e os caminhos da internacionalização. Apesar do caráter ainda parcial dos resultados, são diversos os elementos que permitem identificar os contornos de uma recomposição do espaço do poder no Brasil que se liga estreitamente aos efeitos do processo de internacionalização dos grupos dirigentes. Se a circulação internacional das elites é traço antigo de nossa história — a passagem pela faculdade de Direito de Coimbra fornecia aos filhos de famílias privilegiadas tíquetes para as posições de poder no Império —, a partir dos anos 1950, mas sobretudo dos anos 1980, tanto a intensidade quanto a extensão do fenômeno transformaram-se agudamente. Sem dúvida, o principal vetor dessa transformação encontra-se em políticas governamentais voltadas à formação de quadros técnico-científicos qualificados, estratégia que ganhou forma na expansão do sistema de pós-graduação por meio da criação de programas de doutorado e de agências de fomento no país, com acordos internacionais de cooperação com países centrais e, em destaque, com o apoio cres-

---

[14] Um conjunto de pesquisas centradas em questões como socializações familiares, instituições e modos de escolarização das elites em países como Brasil, Suécia, Suíça, França, Inglaterra e Estados Unidos pode ser encontrado em Almeida e Nogueira (2003).

cente aos intercâmbios via concessão de bolsas de diferentes tipos (doutorado pleno, doutorado sanduíche, pós-doutorado).[15]

Como apontam Almeida e colaboradores (2004:10), "com esse apoio, um grande número de universitários(as) brasileiros(as) teve acesso aos principais centros científicos do mundo e, assim, obteve títulos, construindo competências altamente valorizadas no mundo contemporâneo". Mais do que isso, além de impactos visíveis na afirmação da nação no contexto internacional, a extensão dessas ações a todas as áreas do conhecimento igualmente interferiu na competição entre frações das elites locais. A seleção dos bolsistas enviados ao exterior com base nos méritos escolares seguramente retirou o quase monopólio da mobilidade internacional das camadas abastadas, franqueando a indivíduos de origens sociais e geográficas diversas oportunidades palpáveis de ascensão.[16] Obviamente, é necessário resguardar-se de visões que tomam tal dado como sinônimo direto de democratização das condições de ascensão em carreiras universitárias e científicas. E isso principalmente pelo fato, bastante conhecido, de a taxa de rendimento das estadas no exterior — após o regresso dos indivíduos ao país — depender diretamente da capacidade de mobilização de recursos sociais, culturais e econômicos, condicionantes que extrapolam a meritocracia.

Os dados disponíveis sobre os destinos no exterior de cerca de 16 mil bolsistas brasileiros no período 1987-98 não revelam grandes surpresas. Estados Unidos, França e Grã-Bretanha ocu-

---

[15] Sobre a evolução da política de pós-graduação brasileira voltada para o exterior, consultar Cury (2004).

[16] A análise da escolaridade e da profissão dos pais de bolsistas brasileiros na França no início dos anos 2000 revela um contingente a experimentar forte mobilidade social. Em sua maioria oriundos de frações intermediárias e superiores - de famílias das quais são os primeiros a circular internacionalmente -, a metade de seus pais cursou, no máximo, estudos primários ou secundários e menos da metade obteve diploma superior. Registre-se também que cerca de 10% dos indivíduos estudados indicaram ser filhos de "operários" e "empregados". Com respeito a suas regiões de origem, tem-se a seguinte distribuição: 41% Sudeste, 23,1% Sul, 19,7% Nordeste, 3,4% Centro-Oeste e 0,9% Norte. Cf. Muñoz e Garcia (2004-2005).

pam de longe o topo do *ranking* (68%) e dão a dimensão do peso e da atração exercidos em escala mundial por grandes centros científicos e culturais na dotação intelectual de países periféricos. A forte variação nos países de destino em função dos domínios do saber sugere a primazia do critério de excelência e notabilidade das instituições estrangeiras nas escolhas realizadas pelos estudantes brasileiros (Canêdo e Garcia, 2004-2005:38-39). Como sabido, são importantes os efeitos dessas opções em termos de tipo de formação intelectual e treinamento científico, de afiliações teóricas e político-ideológicas, de incorporação de esquemas de percepção e de estilos de vida sobre indivíduos que comporão, em boa medida, os quadros intelectuais, científicos e político-administrativos do país. A divisão nos destinos de bolsistas explicita a lógica de investimentos em diplomas e competências suscetíveis de serem valorizados nos dois polos do campo do poder no Brasil. "Aqueles que pretendem fazer carreira nos polos econômico e político vão sobretudo aos Estados Unidos e ao Reino Unido, enquanto que os que viajam à França se consagrarão a funções de ensino ou à pesquisa em disciplinas como filosofia, sociologia, história, antropologia, geografia, psicologia ou educação" (Canêdo e Garcia, 2004-2005:40-41). Apesar das limitações dos dados, há indicações de que o investimento em saberes de Estado e de administração de empresas, como economia, administração e ciência política, esteja ligado principalmente a contingentes masculinos de origem social elevada, ao passo que o investimento nas ciências humanas e sociais, como sociologia, antropologia, história e psicologia, entre outras, seja destinado àqueles menos dotados de patrimônio econômico e inclua proporção bem maior de mulheres.

Os estudos de Loureiro (1992, 2004-2005) sobre os economistas brasileiros são contundentes em demonstrar o impacto da circulação majoritária de agentes ligados ao espaço da economia por centros acadêmicos hegemônicos nos Estados Unidos. Numa primeira etapa, entre os anos 1940-60, a ida ao exterior visava sobretudo à formação de quadros do governo federal destinados a intervir em órgãos de administração econômica. A partir dos anos 1960, a vinda de professores norte-americanos para ensinar nos pioneiros cursos de pós-graduação em ciências econômicas, em São Paulo e no Rio, intensificou a circulação nos meios universitários, com o envio de muitos estudantes para receberem treinamento diretamente em escolas de ponta, duplicando-se assim os mecanismos de incorporação sistemática de modelos teórico-metodológicos lá desenvolvidos. A saída massiva de estudantes de economia para especialização naquele país iniciada na década seguinte, permitida pela expansão do financiamento de bolsas, aprofundaria o processo. Uma ideia do peso desse mecanismo pode ser vista no fato de cerca de 50% dos professores de pós-graduação em ciências econômicas no país, na década de 1990, terem obtido o título de doutor nos Estados Unidos.

GRUPOS FAMILIARES, RELAÇÕES PESSOAIS E CAPITAL SIMBÓLICO

Boa parte dos estudos realizados em países centrais sobre grupos dirigentes indica a convivência de princípios de legitimação social que mesclam critérios da ideologia meritocrática — centrada sobretudo nos recursos escolares e no esforço individual — com elementos não meritocráticos, tais como o pertencimento a dinastias familiares, a "famílias" ou "tradições" políticas, religiosas, culturais e outras, e o uso de relações pessoais como amizade, clientelismo, patronagem e compadrio. Sem dúvida, uma das dimensões recorrentes nos estudos sobre a esfera do poder é o peso de mecanismos de formação e manutenção de grupos dirigentes centrados na reprodução social com base no grupo familiar — seguramente mais evidente em países ditos periféricos, mas muito longe de ser uma especificidade daqueles. Embora tal fenômeno seja detectado em diversas dimensões sociais, as pesquisas o destacam especialmente na esfera da política e em menor escala em carreiras jurídicas e determinadas profissões como medicina, direito, jornalismo, alta administração privada, exército.[17]

A captura tanto da lógica de funcionamento dessas engrenagens sociais e culturais quanto de suas variações no tempo e no espaço, bem como de suas combinações com outras modalidades de formação de grupos dirigentes, fornece problemas ricos às ciências sociais. A já mencionada renovação do interesse pelo estudo das elites, também sentida no Brasil, tem contribuído à produção de pesquisas com foco na temática das relações entre grupos familiares e formação de dirigentes.[18] Cabe destacar, contudo, que parcela significativa desses trabalhos concentra-se em períodos históricos anteriores à ascensão ou consolidação de regimes políticos republicanos, ou então às primeiras décadas de tais períodos. No Brasil, em particular, são relativamente escassos estudos sobre períodos mais contemporâneos ou que utilizem recortes diacrônicos mais amplos, que permitam comparações, por exemplo, entre o regime imperial e o republicano, ou mesmo entre democracia e ditadura. Vale dizer, prevalecem contextos em que as condições de acesso às posições de poder são muito reduzidas e estruturadas em função de recursos sociais controlados por frações pequenas da sociedade. São os casos, por exemplo, dos períodos colonial e imperial brasileiros, cujas estruturas de poder fundavam-se na posse de bens fundiários, ligando-se estreitamente à proximidade com a esfera estatal/patrimonialista. Tais períodos aparecem na literatura associados a termos como *oligarquias*, *aristocracias*,

---

[17] Entre alguns trabalhos, destacaríamos os de Adams (1994), Cancela (2009), Coradini (1997), Engelmann (2006), Farrell (1993), Grill (2007, 2008a, 2008b), Grill et al. (2008), Kicza (1982), Lewin (1979, 1987), Lomnitz e Pérez-Lizaur (1987), McCoy (2009), Miceli (1979, 2001), Muniz (2005) e Seidl (2002, 2010).

[18] Entre outros, podemos citar os estudos de Adams (1994), na Holanda; de Bueno Trigo (2001), Cancela (2009), Canêdo (1991, 2002, 2003), Coradini (1997), Grill (2007, 2008a, 2008b), Kirschner (2002), Lewin (1979, 1987), Love e Barrickman (2006), Markowitz (2004), Miceli (1979, 2001), Monteiro (1998) e Seidl (2002), no Brasil; de McCoy (2009), nas Filipinas; de Lomnitz e Pérez-Lizaur (1987) e Kicza (1982), no México; de Farrell (1993), nos Estados Unidos; de Marcus e Hill (2001), Lima (2003) e Pina Cabral e Lima (2005), em Portugal; e de Le Wita (1988), Pinçon e Pinçon-Charlot (1998, 1999, 2000) e Saint-Martin (1993), na França.

grandes famílias, quatrocentões, caudilhos, coronéis, entre outras nomenclaturas.

Logicamente, explorar as bases históricas e sociais de constituição dos grupos dirigentes constitui ponto de partida na temática da relação entre grupos familiares e o espaço do poder. Mas esta dimensão precisa articular-se com a análise das condições de manutenção de posições elevadas na hierarquia social ao longo do tempo (às vezes, séculos) através de uma objetivação das inserções dos agentes sociais em diferentes esferas, numa perspectiva diacrônica. Tais esferas de atuação, como se sabe nos casos de grupos que lograram manter-se no poder por muito tempo (Miceli, 1979; Pinçon e Pinçon-Charlot, 1998, 1999, 2000; Saint-Martin, 1992, 1993), tendem a se diversificar e se complexificar à medida que os mecanismos de dominação e legitimação nas sociedades contemporâneas exigem novos e mais variados recursos: maiores investimentos culturais e obtenção de diplomas escolares específicos, circulação internacional, diversificação patrimonial etc. Assim, não apenas o fenômeno de constituição e reprodução de "grandes famílias", mas a estruturação do espaço do poder, de modo geral, associam-se à intrincada questão da multiposicionalidade social (Bourdieu, Saint-Martin e Boltanski, 1973).

Como demonstrado por vários estudos, a manutenção de posições dominantes ao longo de gerações exige dos grupos sociais (familiares ou não) um trabalho variado voltado à permanência de uma simbólica comum — invocada, por exemplo, pela primazia da acumulação do saber e das qualidades morais, no caso dos mandarins chineses (Billeter, 1977), ou pelas "origens" e a "pureza de sangue", no caso dos "paulistas de quatrocentos anos" (Bueno Trigo, 2001) e dos descendentes da nobreza francesa (Pinçon e Pinçon-Charlot, 1998, 1999; Saint-Martin, 1980, 1992, 1993, 2002). Acreditamos, ainda, que essa simbólica, ou princípio de legitimação social, possa ser (re)construída em bases mais difusas, com apelo à própria condição de poder e *status* desfrutada por determinado grupo, sobretudo famílias, durante muito tempo. Vale dizer, o fato de um grupo familiar, ao longo de gerações, terse mantido em situação dominante no plano econômico (posses de terras e de bens imobiliários), político (diversos membros terem sido governadores, deputados, ministros, prefeitos) e, ainda, profissional (muitos membros consagrados na medicina), implica o acúmulo de um capital de notoriedade ligado não exclusivamente a *um* tipo particular de domínio ou recurso, mas à "tradição" de estar em posições de prestígio, de deter um nome associado ao poder (riqueza material, postos de governo, êxito na profissão).

Ao procurar apreender as transformações em curso nos grupos dirigentes e nas relações de poder, as noções de reconversão social e de estratégias de reprodução e recomposição são centrais.[19] Prestam-se, nesse sentido, a um esquema analítico que se esforce em dar conta dos mecanismos acionados pelas famílias na tentativa de perpetuar-se em posições vantajosas por meio da transmissão de recursos variados a seus descendentes. Se raramente as reconversões dão-se de modo completo — como no caso de abandono de posições estabelecidas e o ingresso em novos setores, situação em geral causada por grandes transformações políticas ou mais estruturais —, são, no entanto, frequentes (e quase indispensáveis) como instrumento de manutenção das posições no espaço social diante da ameaça da desclassificação.

Entre as diversas formas de reconversão das elites, destacam-se as voltadas ao capital escolar (títulos escolares) e à especialização profissional, juntamente com a diversificação dos investimentos econômicos (financeiros, imobiliários, produtivos). Como sublinhado por Saint-Martin (2008:65), o estudo das recomposições e reconversões dos grupos dirigentes permite analisar os "processos de valorização, desvalorização ou revalorização das diferentes espécies de recursos (patrimônio econômico, títulos escolares, tipo de saberes e de formação, experiência no exterior, redes de relações)". Assim, entre os principais níveis de análise em questão, coloca-se, por um lado, o estudo dos modos de transmissão de

---

[19] As reconversões, como indica Saint-Martin (2008:64), "são o conjunto das ações e reações permanentes através das quais cada grupo social se esforça em manter ou mudar sua posição na estrutura social (...)".

diferentes recursos sociais aos membros da família, com ênfase nos elementos educativos e culturais, na preservação e ampliação controlada do capital de relações pessoais e, sobretudo, das alianças matrimoniais — elemento decisivo na reprodução bem-sucedida dos grupos. Por outro lado, entra em conta o exame do trabalho de gestão das relações acumuladas através da fundação e/ou atuação em clubes recreativos e esportivos, em associações filantrópicas, Rotary e Lions Club, maçonaria, em academias e círculos intelectuais. Essas inserções conjugam-se com várias formas de celebração social da "tradição" familiar, da "riqueza" e do "sucesso".

IGREJA E EXÉRCITO: ITINERÁRIOS DE PESQUISA COM ELITES INSTITUCIONAIS

As famílias do Exército

A atenção dada à dimensão familiar e aos usos do capital de relações em nossas pesquisas sobre elites do Exército e da Igreja no Brasil permitiram explorar pistas de análise pouco valorizadas pelas abordagens dominantes. Numa primeira investigação voltada à formação do alto oficialato militar no período 1850-1930, um dos principais eixos da análise procurava relativizar posturas consagradas na literatura especializada quanto a uma inequívoca imposição do princípio meritocrático na carreira militar a partir da segunda metade do século XIX. Nossa hipótese central de trabalho sugeria que a adoção formal do princípio do mérito como critério universal e impessoal de ingresso e ascensão no oficialato — ligado diretamente à aquisição de uma competência técnica fornecida pela escola — não representara, na prática, o estabelecimento de um padrão de recrutamento que excluísse outros princípios de hierarquização social transponíveis para a hierarquia militar. Estimulado em especial pelos trabalhos de Charle (1987) e de Coradini (1997), apostávamos que a escolha de um período histórico de intensas transformações institucionais e, inclusive, de mudança de regime político de monárquico para republicano no país prestava-se à captura de mecanismos e lógicas compósitos, permeados pela convivência de princípios de legitimação social contraditórios e por disputas candentes em torno de sua afirmação.

Três linhas principais de questionamentos derivaram da hipótese inicial e deram encaminhamento à pesquisa, a saber: qual a natureza dos recursos sociais e culturais acumulados e de que forma foram empregados pelos oficiais na composição de carreiras militares de sucesso; em que condições históricas se realizaram as trajetórias dos generais em questão e quais suas intersecções com a lógica das disputas da política; como se articulam as relações entre práticas sociais, concepções e significados associados a determinados agentes e grupos e as instituições burocráticas em que estão inseridos.[20]

O exame do *background* social e cultural dos generais brasileiros no período em questão revelou tratar-se de indivíduos que contavam desde o início de suas carreiras com uma extração social privilegiada e, em muitos casos, com montante considerável de capital de notoriedade ligado ao grupo familiar. O recrutamento majoritário entre filhos de oficiais superiores e de grandes proprietários verificado ao longo do Império certamente tornou-se mais heterogêneo (alguns diriam democrático) nas quatro décadas que formam a Primeira República. Houve aumento significativo, entre o generalato nacional, da parcela de filhos de oficiais subalternos ao lado do crescimento da participação de filhos de proprietários, funcionários públicos e profissionais liberais. Note-se, contudo, que alto grau de endogenia ainda era mantido ao se ter um contingente em que cerca da metade dos indivíduos eram filhos de oficiais superiores — muitos deles, oficiais-generais!

Embora frequente entre o conjunto do oficialato nacional, a presença de membros de famílias com "tradição militar" entre os altos oficiais mostrou-se estruturante no caso daqueles oriundos do estado do Rio Grande do Sul. O estudo mais aprofundado de

---

[20] Os principais resultados são apresentados em Seidl (2008a, 2010, 211).

suas origens sociais e geográficas revelou que grande número de generais gaúchos, tendo ascendido ao generalato entre 1850 e 1930, além de serem filhos de oficiais, também pertencia a grupos familiares reunindo antepassados vinculados a funções militares em ambos os ramos da família. Detentores de um capital econômico valorizado ligado a atividades agropecuárias (estâncias de gado), esses grupos simultaneamente também possuíam membros em altas posições no Exército, na Guarda Nacional e em altos cargos políticos. O estudo das trajetórias dessas linhagens ao longo de muitos anos — em alguns casos, séculos — permitiu observar as condições do sucesso de um tipo de reprodução em que uma instituição burocrática, parte do Estado, constitui peça-chave. Por meio da mobilização de um conjunto diversificado de fontes de caráter qualitativo, composto principalmente por biografias e autobiografias, genealogias, memórias, dicionários biográficos e, ainda, por documentos como correspondência pessoal, foi possível reconstituir as variadas estratégias de reprodução utilizadas por aqueles grupos em diferentes momentos de sua constituição e evolução.

A tentativa de reconstituição do universo familiar daqueles agentes deu atenção aos espaços de socialização e de incorporação de disposições sociais favoráveis ao reconhecimento da "tradição" do grupo, da compreensão da posição social ocupada e do *status* adquirido e, por essa via, da valorização e investimento na carreira militar como destino desejável. A entrada de cada jovem do grupo no Exército e o subsequente êxito na carreira reafirmava, a cada geração, a inequívoca "vocação da família à espada". Ao lado desse aspecto, o exame circunstanciado das alianças matrimoniais firmadas *por* e *entre* os grupos trouxe à tona mecanismo central na constituição de dinastias capazes de se perpetuar no tempo. O estabelecimento de laços duráveis entre grupos familiares com características sociais semelhantes — posse de terras e de gado, relações com o Exército, a alta burocracia e a política — por meio de casamentos estratégicos de seus membros constituiu expediente dos mais importantes ao acúmulo de relações sociais indispensáveis à construção de patrimônios simbólicos dependentes do tamanho das redes mobilizáveis. "Grandes famílias" como os

"Marques de Souza", os "Corrêa da Câmara", os "Andrade Neves" ou os "Menna Barreto" eram também, invariavelmente, famílias grandes, entrelaçadas em alto grau entre elas próprias.

Uma família e muitos casamentos:
os Menna Barreto

Descontada a primeira geração e seus ascendentes, pode-se resumir da seguinte forma o quadro de alianças matrimoniais do grupo familiar Menna Barreto. Entre os 18 descendentes que pertencem à *segunda geração*, duas netas esposaram oficiais militares e pelo menos quatro homens, todos oficiais, casaram com filhas de militares e/ou proprietários de terras; na *geração seguinte*, oito netas casaram com oficiais, e duas delas ainda tiveram segundas núpcias, uma vindo a esposar um "doutor" e outra um desembargador; além dessas, mais três mulheres realizaram "bons casamentos", incluindo-se aí outro "doutor", um desembargador e também o filho de um barão do Império; quanto aos homens, sete uniram-se a esposas oriundas de famílias de militares; na *quarta geração* familiar, seguindo uma tendência crescente, 14 mulheres enlaçaram-se com oficiais militares e 12 com "doutores", ao passo que 12 dos homens (sete militares) concretizaram matrimônios que seguiam o mesmo padrão anterior, destacando-se um acréscimo significativo nos entrelaçamentos dentro do próprio grupo familiar amplo; com respeito à *quinta geração*, nove mulheres casaram com oficiais, 13 com "doutores" e uma com um cônsul; por fim, para a *sexta* e última *geração* estudada, registra-se o casamento de seis tetranetas do "casal fundador" com oficiais militares e de três com "doutores". Apenas uma informação sobre o matrimônio de um dos homens dessa geração apresenta interesse; diz respeito ao enlace de um Menna Barreto com uma descendente da família Noronha, de longa tradição na Marinha.

Conforme apontado, as chances de progressão na carreira militar no período examinado atrelavam-se em alta medida às possibilidades de acúmulo e utilização de um capital de relações pessoais e de um capital de notoriedade. Numa situação de não estruturação de uma esfera militar autônoma — regida por regras explícitas próprias e relativamente independente de outras lógicas sociais —, o uso de recursos externos àquela esfera no contexto estudado era elemento estruturante na composição de carreira dos agentes enfocados. Como mostrou o estudo de suas trajetórias sociais e profissionais, a capacidade desses agentes em mobilizar e acionar relações baseadas na reciprocidade com indivíduos próximos às esferas do poder político e militar, bem como o envolvimento direto e a tomada de posição em face do "universo da política", tiveram peso decisivo no sucesso profissional obtido ao chegarem à condição de elite do Exército. Esses aspectos podem ser visualizados, em primeiro lugar, na grande proximidade daqueles oficiais, logo no início de suas carreiras (em geral beneficiadas por uma "boa entrada"), às instâncias decisórias e de comando, o que significava em geral a ocupação de cargos burocráticos permitindo contato direto ou indireto com oficiais de altas patentes. Em consequência, o estabelecimento de ligações no interior das altas esferas implicava o acúmulo de prestígio militar e a possibilidade de utilização futura dessas relações ao longo da carreira. Como boa parte dos oficiais em questão, além de ter iniciado seus percursos escolares/profissionais ainda bastante jovens — uma vez que o ingresso aos filhos de militares era facilitado —, ocupou posições com acesso às esferas mais altas de comando (inclusive muito deles servindo junto a seus pais generais), foram-lhes multiplicadas as chances de progressão hierárquica.

O caráter eminentemente pessoal das relações que pautavam os mecanismos de carreira proporcionava espaço à utilização de uma série de estratégias baseadas no estabelecimento e manutenção de relações de troca recíproca tais como o *clientelismo político*, a *patronagem*, o *compadrio*, o *parentesco* e a *amizade instrumental*. Essas se destinavam ao acúmulo de um capital simbólico fundado na *pessoa* e de extrema importância ao "sucesso profissional" visado. Posto que esses mecanismos atuavam em todos os níveis da carreira militar, as variações nas posições hierárquicas em que se encontravam os agentes determinavam tanto as possibilidades de disposição de determinados bens quanto a natureza desses, havendo entre elas uma correspondência direta. Ou seja, se ao ocupar os primeiros postos aqueles oficiais tendiam a se beneficiar de ligações com oficiais mais bem posicionados, mediante indicações para cargos de confiança, secretariados, comissões especiais ou favorecimento nas promoções, à medida que avançavam na hierarquia e dispunham de maiores recursos, passavam também a intermediar trocas entre outros agentes, oficiais militares e civis, de onde extraíam principalmente notoriedade e prestígio expressos por meio da lealdade pessoal e do comprometimento de seus favorecidos.

No entanto, conforme constatamos, essas relações de reciprocidade extrapolavam a órbita militar — não se restringindo a oficiais do Exército — e envolviam amplamente agentes inseridos em outras esferas sociais — muito em especial detentores de um capital político com os quais eram intercambiados bens variados. Dada a pouca autonomia da esfera militar diante da "política" e todos os seus determinantes, as ligações entre o oficialato e políticos de destaque em diversos níveis tinham grande peso na condução das carreiras em ambos os lados. Isto porque o apoio dos principais setores do Exército, sobretudo a partir do final do Império e o surgimento do *republicanismo* e de suas implicações, era indispensável aos ideais de conquista e manutenção do poder político, ao mesmo tempo que os recursos próprios à esfera política não podiam ser prescindidos por oficiais predispostos a alcançar as mais altas patentes. Desse modo, não somente o estabelecimento e entretenimento de vínculos pessoais com políticos possuidores de redes clientelísticas que se expandiam no interior da instituição militar, mas igualmente a adesão a determinados valores político-ideológicos, seja por uma participação direta ou não na "política", representavam trunfos cuja habilidade em sua mobilização, manutenção e gerenciamento adquiriam valor determinante na realização de trajetórias militares ascendentes.

Ao tomar em conta a baixa autonomia da carreira militar ante a lógica da política e ao mesmo tempo situar a instituição dentro de um edifício de postos, cargos, prestígio e relativa estabilidade na órbita estatal, a análise procurou igualmente tornar mais inteligíveis as lutas travadas pelos militares contra outros grupos dirigentes, em diferentes conjunturas, na busca de espaço no poder. O recurso a princípios de legitimação variados como o *abolicionismo* e o *republicanismo*, a *meritocracia*, a *modernidade técnica* e outros, vocalizados por frações do Exército aglutinadas em torno de clubes, grupos e revistas, indicava a um só tempo os instrumentos de que podiam valer-se em embates por prestígio e autoridade e a porosidade das fronteiras dos espaços sociais no contexto brasileiro do período.

As famílias da Igreja

Diferentemente de outras instituições hierárquicas — como o Exército e a burocracia estatal —, a Igreja católica não é dotada de uma carreira uniforme, com previsibilidade na ocupação de etapas e postos por seus profissionais. Ao contrário das Forças Armadas, por exemplo, o profissional da Igreja (digamos, um sacerdote) não conta com um conjunto formal de regras a regular seu destino na instituição com base em princípios de antiguidade ou mérito. Assim, se qualquer soldado pode alcançar altos escalões no Exército desde que cumpra requisitos de escolaridade (os cursos para oficiais) e tenha desempenho notável e antiguidade suficiente, na Igreja nada garante a um jovem sacerdote, ou a um irmão marista, por mais escolarizado e "brilhante" que seja, que chegará ao episcopado ou à direção da congregação. Contudo, do ponto de vista dos mecanismos concretos de distribuição do poder, de hierarquização dos papéis, sabe-se que certos recursos objetivamente organizam as carreiras eclesiásticas.[21]

---

[21] Não por acaso, e também em oposição ao caso do mundo militar, na Igreja o termo *carreira* não é aceito. Em seu lugar, expressões como *serviço* e *caminhada* expressam a lógica do interesse pelo desinteresse que está na base do funcionamento da atividade religiosa na Igreja Católica.

As condições de acúmulo de um capital religioso não escapam aos determinantes mais gerais de acesso ao capital cultural, como já haviam demonstrado Bourdieu e Saint-Martin (1982) em pesquisa sobre o episcopado francês, porém apresentam peculiaridades importantes. Em linhas gerais, pode-se afirmar inequivocamente que as definições da excelência religiosa na Igreja Católica dependem cada vez mais da posse de recursos escolares. Talvez com certo atraso relativo. De qualquer modo, vê-se que a instituição está em conformidade com tendências verificadas em outras esferas e profissões. Vale dizer, os requisitos para a ocupação de funções de maior autoridade eclesiástica — sobretudo no episcopado, mas também em cargos de chefia de congregações, em postos de coordenação especializada, como as pastorais — passam pela realização de estudos aprofundados (especializações e doutorado) em centros reconhecidos, especialmente no exterior.[22]

Se a família é um dos lugares por excelência de acumulação de capital sob diferentes tipos e de sua transmissão entre gerações, as formas de constituição de um capital simbólico de componente religioso também passam largamente por determinantes atrelados a ela. Impedido de se reproduzir biologicamente, o quadro de profissionais da Igreja depende estruturalmente da família, de sua capacidade de produzir e reproduzir condições favoráveis ao recrutamento religioso. Mais do que qualquer outra carreira, o investimento na religião como atividade profissional (uma *opção de vida*, no linguajar institucional) cobra um trabalho coletivo levado a cabo por atores e instâncias variados, como a escola e professores, sacerdotes e irmãos missionários e, em primeiríssimo plano, os familiares e o espaço doméstico. Para além do papel decisivo da família na elaboração de um projeto vocacional de um de seus membros (Seidl, 2003; Suaud, 1974 e 1978), entretanto,

---

[22] A passagem pelo exterior consiste em um dos caminhos mais seguros à ascensão de religiosos na carreira. Progressivamente, desde os anos 1960 a Igreja tem escolhido seus dirigentes (bispos, superiores provinciais de ordens, congregações e institutos masculinos e femininos, secretários regionais da CNBB) entre indivíduos a quem a própria instituição previamente permitira circular pelo exterior. A este respeito, consultar Seidl (2009a, 2013) e Seidl e Neris (2011).

destaca-se a possibilidade de acúmulo de um capital religioso no seio da instituição eclesiástica em forte relação com características do grupo familiar. Assim, o pertencimento a famílias reconhecidas como "profundamente católicas" apresenta uma dupla dimensão diante da carreira na Igreja. Por um lado, funciona como atestado de transmissão de uma cultura religiosa sólida aos filhos — ligada sobretudo a práticas religiosas, à "devoção", como a observância sacramental e ritualística. Por outro lado, também inclui o envolvimento direto de membros do grupo familiar com a instituição, seja na administração da vida religiosa local (atividades pastorais, gestão, organização de eventos, participação no coro), seja diretamente como profissionais (sacerdotes, frades, irmãos, freiras).

As vantagens extraíveis da disposição desse capital de relações na esfera religiosa, muitas vezes acumulado pelo grupo familiar dentro da Igreja antes mesmo do ingresso ou da ordenação de algum de seus membros, são visíveis ao longo dos percursos profissionais de muitos clérigos que ascenderam a postos de direção na instituição. A investigação em profundidade dos mecanismos de recrutamento e seleção dos altos dirigentes eclesiásticos no Brasil, em especial do episcopado, apontou peso importante da intervenção de um capital religioso baseado na posse de relações pessoais, acumulada em ampla medida via grupo familiar, na elaboração de carreiras de sucesso. Seus efeitos podem ser percebidos em vários momentos da carreira eclesiástica. Por exemplo, na oferta de possibilidades especiais a determinados alunos, como o envio a seminários de grande reputação ou ao exterior — trunfo cada vez mais indispensável para o acesso a postos dirigentes na Igreja; indicações de alguns religiosos para realizar cursos e especializações; convites para ocupação de cargos e funções de confiança próximos às esferas do poder.[23]

Portanto, de forma semelhante ao que ocorre em outras instituições sociais e em algumas profissões (Forças Armadas, alta burocracia, diplomacia, magistratura, medicina), a "antiguidade" do pertencimento familiar e a proximidade com as instân-

---

[23] Estes aspectos encontram-se desenvolvidos em Seidl (2003, espec. caps. 3 e 5).

cias eclesiásticas de poder seguramente constituem trunfo não desprezível na composição da carreira religiosa. A concepção de que alguns indivíduos possam ter convicções religiosas mais "sólidas" — portanto, "perseverar" mais facilmente na opção de vida e permanecer "fiéis" à hierarquia — em decorrência de laços mantidos com a instituição por gerações não raramente tem sua contrapartida no fortalecimento da cumplicidade entre Igreja e famílias católicas através da responsabilidade delegada a alguns jovens nos quais a instituição investe com vigor. Posto que no caso da esfera religiosa a própria lógica definidora das qualidades vocacionais ancora-se em noções que remetem ao âmbito familiar — "somente famílias solidamente católicas produzirão bons religiosos", "a família é a base da vocação" —, a elaboração de representações sociais da excelência religiosa a partir de referências a pertenças familiares ou parentescos não entra em conflito direto com outros critérios religiosos. Se a lógica escolar seminarística distingue-se das outras lógicas escolares baseadas no mérito ao não se centrar na capacidade de os alunos incorporarem unicamente um saber escolar, mas de integrarem, ao mesmo tempo, uma série de atributos de "competência religiosa"[24] indispensáveis à reprodução simbólica da instituição, o pertencimento a alguma "linhagem" de religiosos como indicador de qualidades revela-se absolutamente legítimo.

Seguramente o clero gaúcho representa caso extremo de grupos familiares com diversos membros dedicados ao serviço religioso, incluindo congregações femininas.[25] A mera consulta às listas de nomes dos profissionais católicos nos anuários da Igreja suge-

---

[24] As análises de Suaud (1978:111-112 e passim) sobre o sistema seminarístico demonstram bem como as formas de avaliação escolar próprias ao seminário menor conjugam critérios de competência escolar com aqueles de "competência moral", em benefício do segundo. Não sendo "nem puramente religiosa, nem exclusivamente escolar", a avaliação do candidato ao sacerdócio se expressa em "julgamentos totais" nos quais a qualificação religiosa *sempre* é medida, não importando o tipo de atividade em questão.

[25] A inexistência de dados dessa natureza para o conjunto do clero nacional impede maiores generalizações. No entanto, as informações reunidas sobre o epis-

riria que a repetição de muitos sobrenomes indicasse mais do que coincidências. Juntamente com a exploração de material bibliográfico (dicionários biográficos, histórias eclesiásticas, jornais), a realização de entrevistas e os contatos mais efetivos com o clero do Rio Grande do Sul fizeram vir à tona de modo não imaginado, contudo, essa dimensão "familiar" da composição eclesiástica. Tomando apenas um grupo de 43 bispos nascidos no estado para os quais dispusemos de informações, vê-se que a totalidade apresenta parentes integrados oficialmente à Igreja e que mais da metade tem ou teve irmãos ou irmãs de vida consagrada. Muito dificilmente outra elite institucional exibe tal característica.

Famílias: berços de vocações religiosas

> Alguns exemplos dão a medida do fenômeno de "famílias de religiosos" no Rio Grande do Sul:
>
> A família nuclear de Dom X. era composta por 13 filhos; nove se dedicaram profissionalmente à Igreja. Além do próprio bispo, sete irmãs são religiosas e um irmão é padre; em sua família ampla, porém, a quantidade é ainda mais impressionante: um tio, quatro primos de primeiro grau e 24 de segundo grau são sacerdotes; 32 primas são religiosas!
>
> Outro caso de "abundância vocacional na família" é o de Dom Y.: sua linhagem materna possui 107 religiosos e religiosas, entre sacerdotes, freiras e irmãos de vida consagrada.
>
> Entre 12 irmãos da família de Dom Z., duas mulheres são freiras e um homem chegou ao episcopado. Além de contabilizar vários primos sacerdotes, esses religiosos eram sobrinhos-netos de um sacerdote que recebera o título de monsenhor e também primos em segundo grau de um arcebispo.

copado de Minas Gerais apontam alta presença de familiares dos bispos daquele estado em atividades profissionais na Igreja. Ver Seidl (2003).

Além das perspectivas de trajetórias ascensionais de frações mais significativas desses grupos ao lhes oferecer a segurança da "vida na Igreja", a possibilidade de se constituir um certo capital de notoriedade dentro da instituição religiosa a partir da presença de múltiplos membros da "família" e, inclusive, de potenciais "herdeiros" do capital religioso acumulado por gerações anteriores não está excluída. E, nesse sentido, a diversificação de postos gerada pela acentuada expansão institucional da Igreja brasileira ao longo do século XX (criação de dioceses, seminários maiores e institutos de formação, estruturas e serviços diferenciados), especialmente forte no Rio Grande do Sul, está diretamente conectada a essa abertura de horizontes profissionais em cujo investimento poderiam encontrar-se vantagens dificilmente disponíveis a indivíduos precocemente afastados do sistema escolar e pouco providos de outros recursos sociais.

CONSIDERAÇÕES FINAIS: VOCÊ DISSE *ELITE*?

Há alguns anos minha experiência tem mostrado haver duas reações básicas de meus interlocutores, acadêmicos ou não, ao fato de "estudar elites". A primeira chamaria de entusiasmada. Costuma ser expressa em termos que incluem interjeições do estilo "ah, que interessante!", seguidos de expressões de curiosidade: "mas como é isso? me explica". Ao mencionar pesquisas sobre a elite da Igreja, então, quase sempre a dose de "curiosidade" é multiplicada, com elementos de fetiche: "ah, eu sempre quis saber sobre isso"; "deve ser muito interessante esse mundo". A segunda categoria de reações é bastante diversa da primeira. Não apresenta animação nem interesse. Parece refletir, antes de tudo, certa desaprovação, como se me perguntassem: "para que gastar tempo com isso?". Embora o segundo tipo de reação seja muito mais frequente entre colegas das ciências sociais, não lhes é exclusivo.

Menciono este aspecto ao final deste trabalho por questões academicamente práticas, que têm a ver antes de tudo com a intenção de provocar alguma curiosidade científica pela temática em jovens pesquisadores. Como apontado anteriormente, nem de longe "as elites" ocupam lugar de destaque no rol de objetos das ciências sociais brasileiras. A baixa distinção entre valor social e valor científico dos objetos de estudo responde em boa medida por esse fato, o que ajuda a compreender a segunda classe de reação mencionada acima (afinal de contas, por que estudar poderosos, ricos, dirigentes etc. num país com tantos problemas de exclusão, miséria, violência, preconceitos, racismo?). Acredito que as páginas precedentes ofereçam argumentos suficientes em defesa da importância científica *e* social do estudo das relações de poder e de dominação.

Se os limites deste texto não permitiram apresentar uma agenda de pesquisa mais completa em torno das elites, não restam dúvidas, no entanto, que os caminhos à disposição para estudos originais são muitos e interessantes. Pequenos ou grandes, ambiciosos ou mais circunscritos, os objetos possíveis de se construir acerca de grupos dirigentes multiplicam-se à mesma medida que novas pesquisas vão sendo conduzidas e a criatividade estimulada. Por que não estudar, por exemplo, o papel do colunismo social nos mecanismos de consagração social das elites? Ou, então, as condições concretas para um escritor ingressar na Academia de Letras de seu estado? Ou, ainda, o cotidiano de um prefeito, de um grande empresário?

Por fim, gostaria também de relembrar o espírito geral deste livro, formulado em sua introdução, que é o de uma defesa fundamentada de abordagens que não sejam reféns de definições acadêmicas ou burocráticas das ciências sociais, nem de seus respectivos temas de estudo consagrados e de suas metodologias ditas próprias. Como cientista político sem convicções disciplinares, retomo e subscrevo uma ideia apresentada por outro cientista político, Pierre Favre, para quem as ciências sociais e a ciência política, em especial, tendem cada vez mais a se organizar em torno de campos ou problemas de pesquisa específicos, independentemente da formação dos pesquisadores. Portanto, que é a partir de questões de pesquisa, e não de fronteiras autoimpostas, que devemos enfrentar os estudos sobre as elites.

REFERÊNCIAS

ADAMS, J. The familial state: elite family practices and state-making in the early modern Netherlands. *Theory & Society*, v. 23, n. 4, p. 505-539, 1994.

ADORNO, S. *Os aprendizes do poder*: o bacharelismo liberal na política brasileira. São Paulo: Paz e Terra, 1988.

ALMEIDA, A. M. et al. (Org.). *Circulação internacional e formação intelectual das elites brasileiras*. Campinas: Edit. Unicamp, 2004.

ALMEIDA, A. M. F. de.; NOGUEIRA, M. A. (Org.). *A escolarização das elites*: panorama internacional da pesquisa. 2. ed. Petrópolis: Vozes, 2003.

ALMEIDA, A. M. L. *Famílias de elite*: parentela, riqueza e poder no século XIX. s.d. Disponível em: <www.uss.br/web/arquivos/textos_historia/Ana_Leal_Familias_de_Elite.pdf>. Acesso em: 3 ago. 2010.

ANJOS, J. C. G. dos. *Intelectuais, literatura e poder em Cabo Verde*: lutas de definição da identidade nacional. Porto Alegre: Edufrgs, 2006.

BILLETER, J.-F. Contribution à une sociologie historique du Mandarinat. *Actes de la Recherche en Sciences Sociales*, n. 15, p. 3-29, 1977.

BOURDIEU, P. *Homo academicus*. Paris: Minuit, 1984.

____. *La distinction*: critique sociale du jugement. Paris: Minuit, 1979.

____. *La noblesse d'Etat*: grandes écoles et esprit de corps. Paris: Minuit, 1989.

____. *Les règles de l'art*: genèse et strucutre du champ littéraire. Paris: Seuil, 1998.

____; BOLTANSKI, L. La production de l'idéologie dominante. *Actes de la Recherche en Sciences Sociales*, v. 2, n. 2-3, p. 3-73, 1976.

____; BOLTANSKI, L.; SAINT-MARTIN, M. de. Les stratégies de reconversion: les classes sociales et le système d'enseignement. *Information sur les Sciences Sociales*, v. 12, n. 5, p. 61-113, 1973.

____; PASSERON, J.-C. *Les héritiers*: les étudiants et la culture. Paris: Minuit, 1964.

____; SAINT-MARTIN, M. de. Agrégation et ségrégation: le champ des grandes écoles et le champ du pouvoir. *Actes de la Recherche en Sciences Sociales*, n. 69, nov. 1987.

____; ____. La sainte famille: l'épiscopat français dans le champ du pouvoir. *Actes de la Recherche en Sciences Sociales*, n. 44-45, p. 2-53, nov. 1982.

____; ____. Le patronat. *Actes de la Recherche en Sciences Sociales*, n. 20/21, p. 3-82, 1978.

BROADY, D. French prosopography: definitions and suggested readings. *Poetics*, v. 30, n. 5-6, p. 381-385, 2002.

BUENO TRIGO, M. H. *Os paulistas de quatrocentos anos*: ser e parecer. São Paulo: Annablume, 2001.

CAHIERS du Brésil contemporain. *Le Brésil et le marché mondial de la coopération scientifique*, n. 57/58-59/60, 2004-2005.

CANCELA, C. D. Famílias de elite: transformação da riqueza e alianças matrimoniais. Belém 1870-1920. *Topoi*, v. 10, n. 18, p. 24-38, 2009.

CANÊDO, L. B. A produção genealógica e os modos de transmissão de um capital político familiar em Minas Gerais. *Brasil Genealógico*, Rio de Janeiro, t. IV, n. 3, p. 9-37, 2003.

____. Estratégias familiares na produção social de uma qualificação política. *Educação e Sociedade*, v. 31, n. 1, p. 221-246, 1991.

____. Herança na política ou como adquirir disposições e competências necessárias às funções de representação política (1945-1964). *Pro-Posições*, Campinas, v. 13, n. 3, p. 169-198, 2002.

____; GARCIA JR., A. R. Les boursiers brésiliens et l'accès aux formations d'excellence internationales. *Cahiers du Brésil Contemporain*, n. 57/58-59/60, p. 21-48, 2004-2005.

____; TOMIZAKI, K. A.; GARCIA JR., A. *Estratégias educativas das elites brasileiras na era da globalização*. São Paulo: Hucitec, 2013.

CARVALHO, J. M. de. *A construção da ordem*: a elite política imperial; Teatro de sombras: a política imperial. Rio de Janeiro: Editora da UFRJ; Relume-Dumará, 1996.

CHAMBOREDON, H. et al. S'imposer aux imposants: à propos de quelques obstacles rencontrés par des sociologues débutants dans la pratique et l'usage de l'entretien. *Genèses*, n. 16, p. 114-132, 1994.

CHARLE, C. A prosopografia ou biografia coletiva: balanço e perspectivas. HEINZ, F. M. (Org.). *Por outra história das elites*. Rio de Janeiro: Editora FGV, 2006a.

_____. Como anda a história social das elites e da burguesia? Tentativa de balanço crítico da historiografia contemporânea. In: HEINZ, F. M. (Org.). *Por outra história das elites*. Rio de Janeiro: Editora FGV, 2006b. p. 19-40.

_____. *Les élites de la République (1880-1900)*. Paris: Fayard, 1987.

_____. *Les hauts fonctionnaires en France au XIXe siècle*. Paris: Gallimard, 1980.

_____. *Naissance des "intellectuels"*: 1880-1900. Paris: Editions de Minuit, 1990.

CONNIFF, M. L. A elite nacional. In: HEINZ, F. M. (Org.). *Por outra história das elites*. Rio de Janeiro: Editora FGV, 2006. p. 99-112.

COHEN, S. (Org.). *L'art d'interviewer les dirigeants*. Paris: PUF, 1999.

CORADINI, O. L. *Estudos de grupos dirigentes no RS*: algumas contribuições recentes. Porto Alegre: EDUFRGS, 2008.

_____. *Em nome de quem?* Recursos sociais no recrutamento de elites políticas. Rio de Janeiro: Relume-Dumará, 2001.

_____. Engajamento associativo-sindical e recrutamento de elites políticas: tendências recentes no Brasil. *Revista de Sociologia e Política*, v. 28, p. 181-203, 2007.

_____. Escolarização, militantismo e mecanismos de "participação" política. In: HEREDIA, B.; TEIXEIRA, C.; BARREIRA, I. (Org.). *Como se fazem eleições no Brasil*: estudos antropológicos. Rio de Janeiro, 2002. p. 103-153.

_____. Grandes famílias e elite "profissional" na medicina no Brasil. *História, Ciências, Saúde — Manguinhos*, v. III, n. 3, p. 425-466, 1997.

_____. Les participants et les organisateurs du Forum social mondial: la diversité du militantisme. *Culture & Conflits*, n. 70, p. 154-175, 2008.

_____. Titulação escolar, condição de "elite" e posição social. *Revista Brasileira de Educação*, v. 15, n. 43, p. 45-71, 2010.

CURY, C. R. J. Qualificação pós-graduada no exterior. In: ALMEIDA, A. M. et al. (Org.). *Circulação internacional e formação intelectual das elites brasileiras*. Campinas: Edit. Unicamp, 2004. p. 107-143.

DAHL, R. *Who governs?* New Haven: Yale University Press, 1961.

DEZALAY, Y; GARTH, B. G. *The internationalization of palace war*: lawyers, economists and the contest to transform Latin America. Chicago; Londres: The University of Chicago Press, 2002.

DOMHOFF, G. F. *Who rules America?* New Haven: Yale University Press, 1967.

ENGELMANN, F. *A formação da elite jurídica no Rio Grande do Sul*. Dissertação (mestrado) — Programa de Pós-Graduação em Ciência Política, Universidade Federal do Rio Grande do Sul, Porto Alegre, 2001.

_____. *Sociologia do campo jurídico*: juristas e usos do direito. Porto Alegre: Sérgio Fabris, 2006.

FARRELL, B. *Elite families*: class and power in nineteenth-century Boston. Nova York: Suny Press, 1993.

GAGLIETTI, M. J. *PT: ambivalências de uma militância*. 2. ed. Porto Alegre: DaCasa; Palmarinca, 2003.

GRIJÓ, L. A. *Origens sociais, estratégias de ascensão e recursos dos componentes da chamada "geração de 1907"*. Dissertação (mestrado) — Programa de Pós-Graduação em Ciência Política, Universidade Federal do Rio Grande do Sul, Porto Alegre, 1998.

GRILL, I. G. *As bases sociais dos compromissos*: a constituição de um espaço de concorrência eleitoral no sul do Rio Grande do Sul. Dissertação (mestrado) Programa de Pós-Graduação em Ciência Política, Universidade Federal do Rio Grande do Sul, Porto Alegre, 1999.

_____. "Família", direito e política no Rio Grande do Sul: os usos do parentesco e dos títulos escolares no exercício do *métier*. *Tomo*, v. 10, p. 85-111, 2007.

_____. "Heranças políticas" no Rio Grande do Sul. São Luís: Edufma, 2008a.

____. Processos, condicionantes e bases sociais da especialização política no Rio Grande o Sul e no Maranhão. *Revista de Sociologia e Política*, v. 30, p. 65-87, 2008b.

____ et al. *Elites, profissionais e lideranças políticas (RS e MA)*. São Luís: Edufma, 2008.

GRYNSZPAN, M. *Ciência, política e trajetórias sociais*: uma sociologia histórica da teoria das elites. Rio de Janeiro: Editora FGV, 1999.

HEINZ, F. M. Do uso dos *Who's who* e de outros dicionários biográficos na construção de biografias coletivas das elites sociais e políticas do Brasil contemporâneo. *Barbarói*, n. 10, p. 49-60, 1999.

____. Elites rurais entre representação e política: exercício prosopográfico. In: ____ (Org.). *Por outra história das elites*. Rio de Janeiro: Editora FGV, 2006a.

____ (Org.). *História social de elites*. São Leopoldo: Oikos, 2011.

____. *Por outra história das elites*. Rio de Janeiro: Editora FGV, 2006b.

HERTZ, R.; IMBER, J. B. *Studying elites using qualitative methods*. California: Sage, 1995.

HUNTER, F. *Community power structure*. Chapel Hill: University of North Carolina Press, 1953.

KARADY, V. Une nation de juristes: des usages sociaux de la formation juridique dans la Hongrie d'ancien régime. *Actes de la Recherche en Sciences Sociales*, n. 86-87, p. 106-124, 1991.

KICZA, J. E. The great families of Mexico: elite maintenance and business practices in late colonial Mexico City. *American Hispanic Historical Review*, v. 62, n. 3, p. 436-437, 1982.

KIRSCHNER, A. M. Ipiranga: succession en temps de globalisation. *Cahiers du Brésil Contemporain*, n. 47/48, p. 49-69, 2002.

LALOUETTE, J. Do exemplo à série: história da prosopografia. In: HEINZ, F. M. (Org.). *Por outra história das elites*. Rio de Janeiro: Editora FGV, 2006. p. 55-74.

LE WITA, B. *Ni vue ni connue*: approche ethnographique de la culture bourgeoise. Paris: Editions de la Maison des Sciences de l'Homme, 1988.

LEWIN, L. *Política e parentela na Paraíba*: um estudo de caso da oligarquia de base familiar. Rio de Janeiro: Record, 1987.

_____. Some historical implications of kinship organization for family-based politics in the Brazilian north-east. *Comparative Studies in Society and History*, v. 21, n. 2, p. 262-292, 1979.

LIMA, M. A. P. de. *Grandes famílias, grandes empresas*: ensaio antropológico sobre uma elite de Lisboa. Lisboa: Publicações Dom Quixote, 2003.

LOMNITZ, L. A.; PÉREZ-LIZAUR, M. *A Mexican elite family, 1820-1980*: kinship, class, and culture. Princeton: Princeton University Press, 1987.

LOVE, J.; BARRICKMAN, B. J. Elites regionais. In: HEINZ, F. M. (Org.). *Por outra história das elites*. Rio de Janeiro: Editora FGV, 2006. p. 77-98.

LOUREIRO, M. R. Circulation internationale des économistes brésiliens. *Cahiers du Brésil Contemporain*, n. 57/58-59/60, p. 171-175, 2004-2005.

_____. Economistas e elites dirigentes no Brasil. *Revista Brasileira de Ciências Sociais*, n. 20, p. 47-69, 1992.

MARCUS, G. E.; HILL, D. *A nobreza portuguesa hoje*: estudo preliminar. Lisboa: Fundação das Casas de Fronteira e Alorna, 2001.

MARENCO DOS SANTOS, A. L. Nas fronteiras do campo político: raposas e *outsiders* no Congresso Nacional. *Revista Brasileira de Ciências Sociais*, n. 33, p. 87-101, 1997.

_____; DA ROS, L. Caminhos que levam à Corte: carreiras e padrões de recrutamento dos ministros dos órgãos de cúpula do Poder Judiciário brasileiro (1829-2006). *Revista de Sociologia e Política*, v. 16, n. 30, p. 131-149, 2008.

MARKOWITZ, M. A. *Bancos e banqueiros*: empresas e famílias no Brasil. Dissertação (mestrado) — Programa de Pós-Graduação em Antropologia Social, Universidade Federal do Rio de Janeiro, Rio de Janeiro, 2004.

McCOY, A. W. (Org.). *An anarchy of families*: State and family in the Philippines. Wisconsin: Wisconsin University, 2009.

MEDVETZ, T. Hybrid intellectuals: toward a theory of think tanks and public policy experts in the United States. *Paper Social Sciences*, dec. 2007. Disponível em: <www.socialsciences.cornell.edu/0609/Medvetz.hybrid.pdf >.

_____. Les *think tanks* aux États-Unis: l'émergence d'un sous-espace de production des savoirs. *Actes de la Recherche en Sciences Sociales*, n. 176-177 (1-2), p. 82-93, 2009.

_____. Think tanks as an emergent field. *Social Science Research Council*, p. 1-10, oct. 2008.

MICELI, S. *A elite eclesiástica brasileira*. Rio de Janeiro: Bertrand Brasil, 1988.

_____. *Intelectuais à brasileira*. São Paulo: Companhia das Letras, 2001.

_____. *Intelectuais e classe dirigente no Brasil (1920-1945)*. São Paulo: Difel, 1979.

MILIBAND, R. *The State in capitalist society*. Londres: Weindenfeld & Nicolson, 1969.

MILLS, C. W. *The power elite*. New York: Oxford University Press, 1956.

MONTEIRO, N. G. *O crepúsculo dos grandes*: a casa e o património da aristocracia em Portugal (1750-1832). Lisboa: Imprensa Nacional/Casa da Moeda, 1998.

MUNIZ, C. M. L. *A riqueza fugaz*: trajetória e estratégias de famílias de proprietários de terras de Vassouras, 1820-1890. Tese (doutorado) — Programa de Pós-Graduação em História Social, Universidade Federal do Rio de Janeiro, Rio de Janeiro, 2005.

MUÑOZ, M.-C.; GARCIA JR., A. R. Les étudiants brésiliens en France (2000-2001): parcours intellectuels et inscription académique. *Cahiers du Brésil Contemporain*, n. 57/58-59/60, p. 107-128, 2004-2005.

NORRIS, P. Legislative recruitment. In: LEDUC, L.; NIEMI, R.; NORRIS, P. (Ed.). *Comparing democracies*: elections and voting in a global perspective. California: Sage, 1996. p. 184-216.

OLIVEIRA, J. F. de. Engajamento político, competência e elites dirigentes do movimento ambientalista. *Revista de Sociologia e Política*, v. 16, p. 167-186, 2008.

PETERS, G. *The politics of bureaucracy*: a comparative study. Nova York: Longman, 1978.

PETRARCA, F. Elites jornalísticas, recursos políticos e atuação profissional no Rio Grande do Sul. *Tomo*, n. 13, p. 169-200, 2008.

PINÇON, M. *Grandes fortunes*: dynasties familiales et formes de richesse en France. Paris: Payot & Rivages, 1998.

____. *Nouveaux patrons, nouvelles dynasties*. Paris: Calmann-Levy, 1999.

____. *Sociologie de la bourgeoisie*. Paris: La Découverte, 2000.

____. Sociologia da alta burguesia. *Sociologias*, ano 9, n. 18, 2007.

____. *Voyage en grande bourgeoisie*: journal d'enquête. Paris: PUF, 1997.

____; PINÇON-CHARLOT, M. A infância dos chefes: socialização dos herdeiros ricos na França. In: ALMEIDA, A. M. F.; NOGUEIRA, M. A. *A escolarização das elites*: um panorama internacional da pesquisa. Petrópolis: Vozes, 2002.

PINA CABRAL, J.; LIMA, M. A. P. de. Como fazer uma história de família: um exercício de contextualização social. *Revista Etnográfica*, v. IX, n. 2, p. 355-388, 2005.

PINTO, L. *Pierre Bourdieu et la théorie du monde social*. Paris: Albin Michel, 1998.

PISCITELLI, A. *Joias de família*: gênero em histórias sobre grupos empresariais brasileiros. Rio de Janeiro: Editora da UFRJ, 2006.

PUTNAM, R. Attegiamenti politici dell'alta burocrazia nell'Europa occidentale. *Rivista Italiana di Scienza Política*, v. 3, n. 1, p. 145-186, 1973.

REVISTA de Sociologia e Política. *Dossiê Elites políticas*, v. 16, n. 30, 2008.

REVISTA Pós Ciências Sociais. *Dossiê Cultura, poder e modalidades de engajamento*, v. 9, n. 17, 2012.

REVISTA Pós Ciências Sociais. *Dossiê Elites*, v. 8, n. 15, 2011.

REVISTA TOMO. *Dossiê Sociologia do poder e das elites*, v. 10, n. 13, 2008.

RODRIGUES, L. M. *Partidos, ideologia e composição social*: um estudo das bancadas partidárias na Câmara dos Deputados. São Paulo: Edusp, 2002.

SAINT-MARTIN, M. de. A nobreza em França: a tradição como crença. *Revista Brasileira de Ciências Sociais*, n. 20, p. 148-162, 1992.

_____. Coesão e diversificação: os descendentes da nobreza na França, no final do século XX. *Mana*, v. 8, n. 2, p. 127-149, 2002.

_____. Da reprodução às recomposições das elites: as elites administrativas, econômicas e políticas na França. *Tomo*, n. 13, p. 43-74, 2008.

_____. *L'espace de la noblesse*. Paris: Métailié, 1993.

_____. Reconversões e reestruturação das elites: o caso da aristocracia em França. *Análise Social*, v. XXX, n. 134, p. 1023-1039, 1995.

_____. Une grande famille. *Actes de la Recherche en Sciences Sociales*, n. 31, p. 4-21, 1980.

SAPIRO, G. *La guerre des écrivains (1940-1953)*. Paris: Fayard, 1999.

SCOTT, J. Les élites dans la sociologie anglo-saxonne. In: SULEIMAN, E.; MENDRAS, H. (Dir.). *Le recrutement des élites en Europe*. Paris: La Découverte, 1995. p. 9-18.

SEIDL, E. *A elite eclesiástica no Rio Grande do Sul*. Tese (doutorado) — Programa de Pós-Graduação em Ciência Política, Universidade Federal do Rio Grande do Sul, Porto Alegre, 2003.

_____. A espada como "vocação: as "grandes famílias" e o Exército no Rio Grande do Sul (1850-1930). *Teoria & Sociedade*, n. 9, p. 104-139, 2002.

_____. *A espada como "vocação"*: padrões de recrutamento e seleção das elites do Exército no Rio Grande do Sul. Dissertação (mestrado) — Programa de Pós-Graduação em Ciência Política, Universidade Federal do Rio Grande do Sul, Porto Alegre, 1999.

_____. A formação de um Exército *à brasileira:* lutas corporativas e adaptação institucional. *História*, v. 29, n. 2, p. 71-94, 2010.

_____. Caminhos que levam a Roma: recursos culturais e redefinições da excelência religiosa. *Horizontes Antropológicos*, v. 15, n. 31, p. 263-290, 2009a.

_____. Condicionantes sociais na composição do alto oficialato militar brasileiro (1850-1930). In: HEINZ, F. M. (Org.). *História social de elites*. São Leopoldo: Oikos, 2011. p. 11-27.

_____. Disposições a militar e lógica de investimentos militantes. *Pro-Posições*, v. 20, p. 21-39, 2009b.

_____. Elites militares, trajetórias e redefinições político-institucionais (1850-1930). *Revista de Sociologia e Política*, v. 16, n. 30, p. 199-220, 2008a.

_____. Entrando no mundo da Igreja: o estudo de elites eclesiásticas. In: CORADINI, O. L. (Org.). *Estudos de grupos dirigentes no Rio Grande do Sul*: algumas contribuições recentes. Porto Alegre: EDUFRGS, 2008b. p. 19-42.

_____. Recomposição do episcopado brasileiro e a autoridade de Roma. In: CANEDO, L. B.; TOMIZAKI, K. A.; GARCIA, A. *Estratégias educativas das elites brasileiras na era da globalização*. São Paulo: Hucitec, 2013. p. 288-319.

_____. Um discurso afinado: o episcopado católico frente à "política" e ao "social". *Horizontes Antropológicos*, v. 13, n. 27, p. 145-164, 2007.

_____; NERIS, W. S. O episcopado brasileiro e o espaço do poder: uma cultura eclesiástica em mutação. *Revista Pós Ciências Sociais*, v. 8, n. 15, p. 15-37, 2011.

SKOCPOL, T. Bringing the State back in: strategies of analysis in current research. In: EVANS, P.; RUESCHEMEYER, D.; SKOCPOL, T. *Bringing the State back in*. Nova York: Cambridge University Press, 1985. p. 3-43.

SUAUD, C. Contribution à une sociologie de la vocation: destin religieux et projet scolaire. *Revue Française de Sociologie*, v. XV, p. 75-111, 1974.

_____. *La vocation*: conversion et reconversion des prêtres ruraux. Paris: Minuit, 1978.

SULEIMAN, E.; MENDRAS, H. (Dir.). *Le recrutement des élites en Europe*. Paris: La Découverte, 1995.

TAVARES DOS REIS, E. A "arte" da intervenção: carreiras e destinos de protagonistas que "lutaram contra a ditadura" no Rio Grande do Sul. In: CORADINI, O. L. (Org.). *Estudos de grupos dirigentes no Rio Grande do Sul*: algumas contribuições recentes. Porto Alegre: EDUFRGS, 2008. p. 43-60.

____; GRILL, I. G. Letrados e votados: lógicas cruzadas do engajamento político no Brasil. *Tomo*, v. 13, 2008.

WAGNER, A.-C. *Les nouvelles élites de la mondialisation*: une immigration dorée en France. Paris: PUF, 1998.

CAPÍTULO 7

Especialização política: bases sociais, profissionalização e configurações de apoios

Igor Gastal Grill

INTRODUÇÃO

O *background* social dos políticos exerce influência para a entrada na política, para o desdobramento das carreiras e para a persistência dos agentes na arena eletiva? De que modo as bases sociais são reconvertidas em bases eleitorais e como determinados trunfos se legitimam no espaço de concorrência eleitoral? Quais os papéis prescritos aos profissionais da representação política? Como e em que espaços (família, partido, legislativo etc.) ocorrem a socialização e a formação das disposições e do *savoir-faire* necessários para a realização de uma carreira política? A administração de redutos eleitorais e de rede de apoiadores se efetiva de que maneira e a partir de quais práticas e linguagens de legitimação?

A reflexão ora apresentada se baseia em pesquisas realizadas durante os últimos 12 anos que tomaram duas configurações regionais (Rio Grande do Sul e Maranhão) significativamente distintas como universos de análises e que foram orientadas pelo conjunto de questões elencadas acima (Grill, 2009, 2008a, 2008b, 2003 e 1999). A partir delas foram investigadas as dinâmicas de seleção de "elites políticas", os processos de profissionalização e de constituição de teias de líderes-seguidores entre agentes que se especializaram na atuação em competições eleitorais e no exercício de cargos eletivos.

No presente capítulo a reflexão recai sobre os papéis políticos de representação e mediação, procurando explorar a potencialidade explicativa da combinação de abordagens que priorizam o estudo das bases sociais do recrutamento político, o exame dos trunfos decorrentes dos itinerários de cargos e funções públicas ocupados e a apreensão do trabalho de administração de redes de relações políticas, sociais e pessoais. Ou seja, a atenção é direcionada aos meios mobilizáveis, às competências exigidas, às clivagens (partidárias e faccionais) e às regras próprias a esse domínio da vida social, buscando apreender as cadeias de interdependências (rivalidades, osmoses e alianças) entre agentes oriundos de segmentos sociais díspares e situados em variadas posições na hierarquia política.

Como tal, o exercício proposto implica apontar a relevância de se considerar fatores que interferem na construção das lideranças e das carreiras políticas que muitas vezes aparecem separadamente nos estudos sobre os "políticos". Entre eles destaca-se o exercício da representação categorial (profissão, região, classe, religião, etnia etc.) e da mediação efetivada por cadeias de relações pessoais (Landé, 1977a). Do mesmo modo, sublinha-se a contundência do capital simbólico personalizado, a reputação ou notoriedade e o capital institucionalizado, a investidura ou delegação (Bourdieu, 1989a) por meio de partidos e "famílias". Sem deixar de mencionar a importância dos processos de profissionalização (longas carreiras, dedicação plena, separação entre profissionais e profanos, autonomização, institucionalização e monopolização) e da constituição de um *métier* via socialização em diferentes domínios, aprendizagem de papéis e aquisição de um *savoir-faire* (Offerlé, 1999; Lagroye, 1994). Por fim, grifam-se os mecanismos de formação de um âmbito especializado e restrito, característico da delimitação de uma profissão, e práticas discursivas de denegação identitária, isto é, que fixam concepções naturalizadas de vocação, que afirmam a primazia do desinteresse e que se apoiam na associação com a dedicação a uma "arte", "missão", "serviço", "doação" etc. (Offerlé, 1999).

MORFOLOGIAS DAS "ELITES POLÍTICAS": DESAFIOS PARA UMA SOCIOLOGIA DA ESFERA POLÍTICA

A identificação dos atributos ou qualidade dos membros das chamadas "elites políticas" e, por conseguinte, as bases de sustentação da sua posição de superioridade em relação às "não elites" têm sido a marca dos trabalhos situados nesta rubrica. Os mecanismos próprios de funcionamento das principais organizações (econômicas, militares, religiosas, políticas etc.) e o acúmulo de saberes e capacidades são temas recorrentes na bibliografia sobre o tema. Desde os denominados neomaquiavélicos (Gaetano Mosca, Vilfredo Pareto e Robert Michels), passando pela segunda geração de "teóricos das elites" (sobretudo Charles Whrigt Mills e Robert Dahl) e culminando na sociologia política francesa (principalmente cientistas políticos influenciados pelo referencial de análise de Pierre Bourdieu), a caracterização da morfologia dos grupos dirigentes tem constituído uma rotina científica (Sawicki, 1999).

As aquisições coletivas das ciências sociais em termos teóricos e metodológicos permitiram um tratamento cada vez mais refinado das propriedades sociais dos agentes situados no cume da esfera política. A concordância quanto à relativa autonomia dessa dimensão da vida social exigiu dos estudiosos o incremento de investigações capazes de detectar as variações no recrutamento da "elite política" ao longo do tempo, quais os "viveiros" das "vocações políticas" e como o *background social* influencia na seleção política e eleitoral (Offerlé, 1999).

O lastro do aperfeiçoamento das ferramentas conceituais e dos instrumentos de análise mobilizados pelos pesquisadores deve-se ao movimento de distanciamento em relação às abordagens substancialistas ou reificantes e de aproximação de perspectivas que privilegiam: 1) o detalhamento das posições e tomadas de posição a partir de uma lógica disposicional e relacional; 2) o estudo dos espaços de atuação definidos por princípios de hierarquização autônomos e heterônomos (ligados a múltiplas dimensões da vida social); 3) o exame de universos em termos diacrônicos, reconstituindo cadeias de interdependências que comportam clivagens e aproximações.

Nas trilhas das formulações de Pierre Bourdieu, a questão passa a ser a compreensão das estruturas de poder e dominação, a partir de espaços definidos por interações entre indivíduos portadores de determinados trunfos e competências, sendo esses agentes pertencentes ao campo do poder mais amplo e ligados a outras categorias, dominantes ou não, por intermédio da concorrência, da troca, da representação, da mediação e da subordinação. As posições ocupadas nesses domínios são compreendidas mediante a apreensão do volume e da estrutura de capitais, conquistados em múltiplos espaços, e que, por sua vez, são regidos por princípios de legitimação diversos (Coradini, 2008).

As modalidades de estratégias de reprodução (estratégias de fecundidade, profiláticas, educativas, econômicas, de acúmulo de relações sociais, matrimoniais, simbólicas e de sociodiceias) acionadas pelos agentes para acumular recursos de luta e o sistema de compensações e funções cronologicamente articuladas que formam possuem pesos e composições variados de acordo: 1) com os mecanismos de reprodução disponíveis; 2) grau de objetivação dos capitais (Bourdieu, 1994).[1] Ou seja, dois modos de dominação podem ser caracterizados de forma típica-ideal.

O primeiro modo de dominação, tido como mais "tradicional", se exerce de maneira direta e pessoal a partir de relações sociais

---

[1] Quando o autor usa o termo estratégia de reprodução, não utiliza conforme o uso corrente, qual seja, aquele que concebe uma estratégia como algo decorrente de um desejo ou objetivo necessariamente consciente que gera um cálculo por parte de um agente individual. Ele emprega o conceito de estratégia como o conjunto de ações condicionado socialmente, orquestrado de forma tanto consciente quanto inconsciente por membros de um coletivo tal como a "família". As diferentes estratégias de reprodução (matrimoniais, econômicas, escolares etc.) formam um sistema (com funções complementares e que se compensam mutuamente), são cronologicamente articuladas (dependem das gerações anteriores) e interdependentes (os movimentos de uns influenciando os de outros), assim como variam de acordo com o patrimônio coletivo do "grupo" e com os contextos históricos.

que se fazem, se desfazem e se refazem na e pela interação entre as pessoas. A dominação se funda sobre dois componentes complementares: a dívida e a dádiva. Isto é, a violência aberta da exploração econômica que pode estar acompanhada da violência física ou da ameaça de exercê-la. E, invariavelmente, é complementada pela violência eufemizada e não reconhecida que se esconde sob obrigações morais de lealdade e sob laços afetivos criados e mantidos pelas trocas desiguais entre os parceiros das relações. O segundo modo de dominação conta com mecanismos objetivos (regras impessoais, agentes especializados e instituições) que configuram os campos sociais (econômico, cultural, político etc.) que independem das relações pessoais. O primeiro é mais custoso em bens materiais privados necessários para favores, agrados etc. e em tempo gasto para alimentar a relação (visitas, convivência, atenções etc.). O segundo, mediatizado por mecanismos objetivos e institucionalizados (mercado econômico, sistema escolar e sistema político), garante a distribuição desigual dos ganhos (lucro econômico, diplomas e cargos políticos).

Quadro 1
Comparação de formações sociais segundo Pierre Bourdieu

Dimensão	Formações sociais regidas por relações pessoais	Formações sociais constituídas por campos relativamente autônomos
Econômica	Riqueza como recurso de criação de laços de dependência por meio da dádiva e dos serviços prestados, e transações baseadas na honra, na reputação, no capital de confiança, no crédito pessoal etc. A posse da riqueza serve para o reconhecimento da posição social, gerando dívidas quitadas com homenagens, respeito, fidelidade, trabalho e serviços.	Capital econômico (instrumento de apropriação) e circulação dos produtos estão inseridos em um mercado impessoal e universal, cujos patrimônios, valores das transações e procedimentos das trocas independem dos parceiros. Moeda = valor convencional, formal, juridicamente garantido.

Continua

Dimensão	Formações sociais regidas por relações pessoais	Formações sociais constituídas por campos relativamente autônomos
Cultural	Capital cultural incorporado que é parte integrante da pessoa e cuja transmissão só pode ocorrer por intermédio das relações pessoais e diretas (não há escrita nem escolas para efetuar essa função). Faz parte do patrimônio individual e funciona como capital simbólico, exigindo provas pessoais de demonstração de competência cultural para ser reconhecido pelos dominados.	Capital cultural objetivado (livros, obras de arte, discos etc.) que pode ser adquirido e comercializado e, principalmente, capital cultural institucionalizado (títulos escolares). Diplomas = valor convencional, formal e juridicamente garantido. A posse do título exime o portador de demonstrações pessoais constantes da sua competência cultural. Permite conversão em postos de trabalho e em salários independentemente do indivíduo portador.
Política	O investimento do patrimônio pessoal, do tempo e das habilidades de liderança é a condição de transformar uma atividade interessada (a representação ou a mediação política) em atividade desinteressada (vocação, doação, espírito público etc.). Os dominantes são responsáveis, por meio dos seus atos, pela reputação ou notoriedade da "família" ou linhagem e exercem poder de acordo com sua contribuição para acumulação do capital simbólico do grupo. Deve se submeter aos modelos de virtude da "comunidade" e demonstrar possuir pessoalmente as qualidades exigidas.	O capital político é delegado e sua apropriação obedece ao jogo travado entre instituições permanentes, máquinas políticas, cargos e instrumentos de mobilização. Formam-se empresas políticas dotadas de continuidade e o capital político se objetiva em postos nos partidos ou organizações a eles ligadas e em organismos do poder local ou central. Substituiu-se a dominação direta sobre as pessoas pela dominação mediatizada pelas instituições. O processo de institucionalização avança e aumentam as vantagens e as recompensas que podem ser obtidas pela dedicação aos "aparelhos".

Fonte: Bourdieu (2002, 1989a).

Considerando especificamente o domínio político e os tipos de recursos mobilizados pelos especialistas desse universo, cumpre, por um lado, apreender os condicionantes econômicos, culturais, históricos, institucionais e sociais que incidem sobre a divisão do trabalho político e sobre a separação entre agentes politicamente ativos e passivos (Weber, 1993; Bourdieu, 1989a). Do mesmo modo, cabe, por outro lado, investigar as exigências em termos de competências, linguagens e repertórios que devem ser manejados, pois são considerados legítimos. Em outras palavras, é preciso apreender: 1) os recursos sociais acumulados pessoalmente ou reunidos por instituições passíveis de reconversão por parte de "políticos profissionais" em bases de poder político e em fontes de constituição de clientelas; 2) as definições e redefinições dos papéis políticos em diferentes contextos e momentos e como estão atrelados às concepções de política em concorrência, fixadas por especialistas oriundos de diferentes segmentos, bem como alocados em distintos âmbitos de atuação (eleitoral, midiático, jurídico, intelectual etc.); 3) finalmente, a multiplicidade de regras às quais se submetem (de reciprocidade, de lealdade, normativas, pragmáticas, estratégicas etc.), que prescrevem prêmios, sanções, interações entre grupos, administração de equipes, controle dos aderentes e manobras na competição com os concorrentes (Bailey, 2001) ou regras de adesão ao jogo, de preservação do conluio originário (solidariedade dos iniciados) e de adequação às problemáticas legítimas (Bourdieu, 1989a).

Essa agenda de questões coloca o pesquisador diante de um conjunto intrincado de dimensões interdependentes de análise. O foco da observação desdobra-se em várias direções complementares como: 1) seleção dos especialistas de acordo com os níveis da hierarquia política, o período histórico examinado e as variações regionais ou nacionais; 2) a maior ou menor integração dos espaços políticos periféricos ao espaço central de concorrência política; 3) as dinâmicas de diversificação da estrutura social e seus efeitos na morfologia da "elite política"; 4) a combinação de tendências tidas como modernizantes e tradicionais nas formas de fazer política; 5) os princípios divergentes e concorrentes de legitimação das atribuições políticas e dos seus executores.

Orientados pelo esquema analítico de Pierre Bourdieu — principalmente as noções de campo, capitais e homologias — e pela difusão tardia na França das obras de Joseph Schumpeter, Charles Wright Mills e Robert Dahl, os cientistas políticos franceses se lançaram, a partir da década de 1970, na multiplicação dos chamados estudos sociográficos.[2] Dois princípios de estruturação passaram a ser correlacionados: a seleção social e a seleção política.

Uma série de evidências apontava, então, para as afinidades entre a composição social dos quadros partidários (dirigentes, ocupantes de cargos eletivos, militantes etc.), as modalidades de retribuições (materiais e simbólicas) que as diferentes empresas podiam oferecer e os segmentos do eleitorado por elas interpelados (Gaxie, 1977, 1980, 1989 e 1993; Offerlé, 1989 e 1997). Na esteira desses trabalhos se sedimentou uma prática científica fortemente voltada para o exame do *background* dos profissionais da política. Nesse caso, são acionadas variáveis e indicadores compatíveis com a diversidade de origens sociais (origem geográfica, profissão, trajeto escolar, inserções sociais prévias à carreira política, características do grupo familiar etc.), de padrões de carreiras (sequência de cargos, trajetos de postos políticos ocupados no espaço político etc.) e identificações políticas/ideológicas, quer dizer, concepções concernentes à política e à sociedade.

A composição da "elite política" em períodos de "crises" ou de mudanças nas correlações de forças no interior do campo de disputas partidárias e do campo do poder mais amplo (Gaxie e Offerlé, 1985; Collovald, 1985; Gaïti, 1985; Briquet, 1997; Guillemin,

---

[2] Como demonstra Sawicki (1999), estabeleceu-se nas últimas décadas uma distinção nítida entre a "escola francesa" e a "escola americana" de estudos sobre "homens políticos". Em virtude de condicionantes próprios à institucionalização da ciência política (mais tardia na França do que nos Estados Unidos) e à história política nos dois países (importância nos EUA do *lobbing*, do bipartidarismo, da estrutura compósita dos partidos em contraposição à forte disciplina partidária, pouca importância dos grupos de interesse, estabilidade do perfil na alta administração pública na França e forte simbologia política do idioma da classe) se constituíram ênfases distintas. Na França privilegiam-se os indicadores de posição social do "pessoal político", os mecanismos de delegação e as homologias entre representantes e representados. Nos EUA enfatizam-se os papéis profissionais e os procedimentos propriamente políticos de seleção e as afinidades entre as exigências da profissão política e determinados saberes profissionais.

1982; Phelippeau, 2002, etc.) e a morfologia da alta administração pública e sua ligação com as escolas do poder (Bourdieu, 1989b; Birnbaum, 1994; Garrigou, 2001), assim como os padrões, recursos e repertórios em concorrência na seleção de elites locais ou regionais (Garraud, 1989; Sawicki, 1997; Briquet, 1997; entre tantos outros), são exemplos das dimensões privilegiadas.[3]

Como desdobramento dessa agenda, indaga-se simultaneamente sobre a maior ou menor articulação entre os diferentes níveis de atuação política. Isto é, em que medida os campos periféricos do poder político encontram-se integrados às lógicas de funcionamento, aos princípios de seleção, às regras ou gramáticas de comportamento e aos critérios de divisão do campo central? Quais os fatores políticos (profissionalização, racionalização, diferenciação do jogo político, expansão geográfica dos partidos, institucionalização das disputas etc.) ou sociais (urbanização, ampliação do sistema escolar, modernização das técnicas de interpelação dos eleitores etc.) que possibilitariam uma maior homogeneização das práticas (Gaxie e Lehingue, 1984)? Ou, em outra perspectiva, complementar e não excludente, como convivem nas práticas e nas formas tidas como legítimas um "duplo horizonte" pautado por registros, por papéis prescritos e por regras estabelecidas que remetem ao universo da "política local" e da "política nacional" (Lagroye, 1993)?

Outro corolário dessa agenda é a análise da inter-relação entre mudança social e mudança política. Aqui obstáculos podem residir na tendência em adotar pressupostos essencialistas ou formas dualistas/evolucionistas de abordagem. Conceber as configurações como constituídas por teias de interdependências que ligam indivíduos, segmentos sociais, setores, arenas, domínios etc. em um entrançado

---

[3] Levêque (1996:176-187) reuniu uma bibliografia sobre as condições da profissionalização política e do êxito na carreira. Seu levantamento chegou a mais de três centenas de referências, considerando quase que exclusivamente autores franceses. Dividiu-os nos seguintes eixos: 1) profissionalização como processo histórico; 2) profissionalização e carreira política; 3) profissionalização política pela socialização; 4) escolas do poder; 5) peso das variáveis sociais sobre a profissionalização política; 6) o processo coletivo de profissionalização política. Para um balanço mais recente, ver Hubé (2009).

flexível de tensões (Elias, 1999), observando o fluxo constante de entradas na política, osmoses, saídas e reconversões em um universo que está se constituindo simbolicamente como político (Offerlé, 1996; Phelippeau, 2002), é um dos instrumentos de superação dos obstáculos. O outro implica analisar as formas de mobilidade social ou de deslocamento no espaço social mais amplo à luz das transformações da estrutura social. Exige, então, entender tanto os efeitos de atração gerada para novos segmentos sociais pela ampliação do campo de possibilidades e de oportunidades, quanto os efeitos de constrangimentos que tornam caducas ou obsoletas as funções sociais exercidas por segmentos tradicionais (Karady, 1995).

Por conseguinte, em decorrência da postura sugerida acima, é viável estabelecer outros parâmetros para pensar a diversificação de práticas tidas como legítimas e a maior divisão do trabalho político. A tendência à complexificação, racionalização, profissionalização e institucionalização comporta a retradução dos códigos ditos tradicionais e a atualização de um tipo de "autoridade política". Um conjunto de regras cognitivas e pragmáticas permite a apropriação de oportunidades criadas pela codificação de instituições (Briquet, 1997) por grupos estabelecidos (Elias, 2000) há mais tempo. Da mesma forma, o incremento da concorrência e a ativação de novos repertórios de luta política, viabilizados pela diversificação social do espaço político com o ingresso de novos segmentos, coagem frações bem assentadas em posições de poder a investir em empresas de mobilização política e eleitoral, dotadas de um arsenal de novas linguagens, tecnologias e *savoir-faire* especializados. Não sem deixar de chamar a atenção o fato que os mecanismos já sedimentados de relação candidato-eleitor levam as novas camadas sociais presentes na política a utilizarem práticas baseadas na reciprocidade, no dom e na honra semelhantes àquelas vigentes em períodos anteriores. As lógicas de concorrência, osmoses e interpenetrações fomentam, então, ao mesmo tempo distinções internas ao mundo da política e a produção de meios, de tecnologias e de repertórios comuns e próprios ao espaço político (Phelippeau, 2002).

POR UMA SOCIOLOGIA DA INSTITUCIONALIZAÇÃO

A partir dos anos 1980, parte dos expoentes da sociologia política francesa procedeu a uma ruptura com a tradição jurídica no que diz respeito a objetos relativamente caros à ciência política de um modo geral, apostando na ênfase em uma perspectiva processual, construtivista e disposicional de análise. Os usuários do instrumental em pauta foram significativamente influenciados pelos trabalhos de Pierre Bourdieu e Luc Boltanski (deste último, principalmente *Les Cadres*, de 1982) e também pela sociologia histórica de Norbert Elias e Charles Tilly (entre outros).

Os estudos desenvolvidos têm orbitado em torno de uma agenda de pesquisas sistematizada por Bernard Lacroix e Jaques Lagroye em dois textos seminais: *"Ordre politique et ordre social: objetivisme, objetivation et analyse politique"* (publicado por Lacroix no *Traité de science politique*, organizado por Madeleine Grawitz e Jean Leca em 1985), e a introdução (assinada pelos dois autores que são igualmente organizadores) do livro *Le président de la République: usages e genèses d'une institution* (Lacroix e Lagroye, 1992).

A construção permanente do instituído e os investimentos constantes, responsáveis pela objetivação das instituições, entram na ordem do dia. De forma sintética, ganham relevo no programa de investigações a atuação de agentes pensados como empreendedores em espaços concorrenciais, os mecanismos de institucionalização e os dispositivos de inculcação de normas, valores, crenças, papéis, práticas tidas como legítimas e rotinizadas, socializadas, codificadas, propagadas, disputadas e subvertidas em domínios diversos.[4]

A adoção de tal enfoque processual permite apreender o funcionamento e a eficácia das instituições mediante "os usos, os

---

[4] Nicolas Freymond (2011) explora as variações nacionais da chamada redescoberta das instituições pela sociologia. Enquanto nos EUA decorre da crítica ao contextualismo ou a explicações por fatores exógenos (recursos de elite para os elitistas, cultura política para behaviorismo ou preferências satisfeitas de maneira ótima para escolha racional), na Europa o deslocamento se estabelece com as análises jurídicas e com o marxismo associado às figuras de Poulantzas e Miliband.

investimentos práticos e simbólicos que elas geram e que as especificam, tanto nos momentos de invenção quanto nos períodos de estabilização e de rotina" (Gaïti, 2006:41).[5] Desta forma, faz-se necessário perceber os processos de objetivação social das instituições, exercitando uma pesquisa regressiva e uma reconstituição progressiva, e concebendo-as como realizações *ex ante*, na medida em que se formam e adquirem o estatuto de realidade, e não *ex post*, tornando as análises tributárias dos discursos e categorias que lhe conferem sentido e legitimidade (Lacroix, 1985:515).[6] Conjuga-se a um procedimento desse tipo a ponderação sobre "o regime de existência próprio às instituições, constituindo-as em vetores de coações sobre os atores, sobre as maneiras de (se) ver, de (se) pensar, de crer e de agir" (Gaïti, 2006:41); os papéis prescritos e encarnados pelos agentes; as adaptações às regras e às hierarquias institucionais; os mecanismos de legitimação e deslegitimação das mesmas (Gaïti, 2006; Dulong, 2009).[7]

A própria noção de instituição, assim, toma corpo via atitudes tipificadas, modelos de ação, formas de organização, rotinas, *savoir-faire*, técnicas, procedimentos, comportamentos, valores etc., isto é, formas sociais instituídas que ultrapassam as organizações formais, as regras jurídicas e os procedimentos previstos para assegurar a direção administrativa de uma coletividade (Nay, 1997:18). Do mesmo modo, as regras institucionais — que funcionam simultaneamente aos condicionantes estruturais (propriedades sociais) e aos comportamentos estratégicos (cálculos, antecipações, adaptações etc.) — dão conta tanto das regras escritas, jurídicas, formais etc. quanto das regras não escritas, pragmáticas, normativas e informais (Nay, 1998:170).

---

[5] Exemplar aplicação desse procedimento de análise foi realizada por Dulong (2008).
[6] A aplicação dessas coordenadas foi efetuada tomando "famílias de políticos" no Rio Grande do Sul (Grill, 2003).
[7] Trabalho apresentado como revelador do alcance dessa agenda é o de Matonti (2005).

O alargamento do leque de preocupações analíticas a partir do horizonte construtivista se observa na primazia direcionada à invenção/reinvenção de instituições pelo trabalho político dos agentes. Notadamente, podem ser destacados três conjuntos de elementos privilegiados nas pesquisas. No primeiro, tem-se a "sequência inicial da institucionalização"; os discursos que as apresentam como acontecimentos lógicos e legítimos; os conflitos e tensões com setores burocráticos concorrentes pela materialização e pelo reconhecimento social e político (Meimon, 2011). No segundo, grifa-se a "gênese das reformas institucionais"; a afirmação dos empreendedores reformadores; a resistência de beneficiários diretos e indiretos dos arranjos preexistentes; as fontes de mutações (tais como as transformações macrossociais); as dinâmicas endógenas às organizações; modos e lógicas da redistribuição de poder e recursos entre atores em domínios diferenciados; a fabricação de um senso comum reformador; o entabulamento de coalizões de reformadores; as negociações; a produção de novos significados (Bezes e Le Lidec, 2011). E, no terceiro, sublinham-se os movimentos individuais e coletivos de resistência aos processos de institucionalização, evidenciando o quanto as resistências aparentes se devem a transformações morfológicas mais amplas do espaço social, a socializações anteriores e a adaptações secundárias (tais como definidas por Goffman). Sendo possível questionar de que forma colaboram para a produção de determinada instituição e como permitem detectar suas lógicas de funcionamento (Hmed e Laurens, 2011).

De mesma ordem, a "força do instituído" se evidencia na imposição de uma feição consensual e eterna. Todavia, como postulam Fabien Desage e Bastian Sibille (2011), esta aparência de inelutável é resultado de formalizações, de mobilizações de atores sociais, de prescrições ortodoxas e heterodoxas (os chamados conflitos de interpretações), e "a imagem de um campo de forças em tensão parece mais apropriada que aquela de objetos rígidos para figurar o exercício da coação institucional" (Desage e Sibille, 2011:175).

Notavelmente, a análise de percursos individuais e suas imbricações com o *modus operandi* em um domínio específico funciona como instrumento heurístico para a reflexão centrada nos ajustamentos entre disposições e regras/papéis prescritos. Isto é, tal expediente torna-se imprescindível para a compreensão das pulsões vertidas nos investimentos concretos dos agentes, transcritas em seus engajamentos vislumbrando modelar e modificar as próprias regras, e ainda refletidas (ou refletindo) na incorporação de saberes, crenças e modalidades legítimas de agir (Fretel, 2011).

Com efeito, a instituição, no sentido amplo assumido aqui, designa um conjunto de comportamentos, de atitudes e de discursos, em síntese: de papéis sociais que estão submetidos a "maneiras de fazer e de dizer cristalizadas e mais ou menos estabilizadas que lhe estão associadas" (Lefebvre, 2011:220). Como resultado, os papéis políticos desempenhados por titulares de cargos políticos se impõem aos mesmos porque se configuram a um só tempo como "modelos de ação e recursos" e como "coações" (Lefebvre, 2011:221). Ocorre que esses condicionantes somente podem ser apurados em estudos que se dedicam à apreensão dos trajetos individuais e que atentam para os mecanismos de aprendizagem e para as sequências de incorporação de papéis. Adiciona-se a isso a necessidade de se levar em conta tanto as situações mais codificadas, públicas e oficiais (o exercício de algumas funções parlamentares, por exemplo), quanto as mais fluidas, de tipo face a face e pessoalizadas (observáveis no chamado corpo a corpo eleitoral, apenas para citar uma modalidade de atividade política conhecida).

A despeito dos diferentes mecanismos de objetivação ou institucionalização que podem estar em tela, é possível perceber — partilhando uma sociologia disposicional da ação política — os efeitos interdependentes das propriedades dos protagonistas, das instituições e das situações (Dulong, 2011). Por conseguinte, numa primeira direção, cumpre identificar os protagonistas mais ou menos autorizados ou "capacitados" a conduzir ou subverter instituições, tendo em vista suas posições objetivas em dado espaço de relações competitivas e/ou cooperativas. Numa segunda direção, é indubitavelmente pertinente verificar os dispositivos de controle, internos às instituições, relativamente codificados, e o peso que exercem sobre o ingresso e a carreira dos agentes em um âmbito especializado. Desenham-se lógicas interseccionadas e passíveis de serem reveladas em contextos específicos e por meio de acompanhamento/observação de práticas *in loco* e nos seus bastidores. As regras institucionais estabelecidas e os papéis prescritos aos atores políticos em configurações de poder são também decorrentes da complexificação do espaço político e da constituição de espaços concorrentes mais ou menos autônomos e interdependentes. Outros domínios (mídia, judiciário, intelectualidade etc.) constituem-se como porta-vozes políticos. Logo, empresas e empreendedores críticos da política ou dos políticos alinhavam jogos de cooperação, de concorrência, de alianças, de distinções ("os aliados rivais") entre si e com os profissionais da política, impondo novas definições, atribuições e modalidade legítimas de exercício do *métier*.[8]

SELEÇÃO DE "ELITES POLÍTICAS" E AS CIÊNCIAS SOCIAIS NO BRASIL

Os expedientes de análise apresentados acima têm sido preteridos entre os cientistas políticos brasileiros em prol de estudos que preferem se centrar nas instituições, suas regras, procedimentos, organização e funcionamentos internos. A abordagem internalista articula variáveis institucionais às escolhas racionais e/ou a fatores historicamente sedimentados.[9] Na ótica desses pesquisadores, os atores (indivíduos ou partidos) ora moldam o comportamento e se adaptam às estruturas formais que os cercam, constrangidos pelas regras e sistemas de recompensas, ora são condicionados

---

[8] Uma boa amostra dos agentes e espaços que fazem parte dessa nova configuração, assim como do tratamento analítico conferido, pode ser consultada na coletânea organizada por Briquet e Garraud (2002).
[9] Para o confronto entre a sociologia construtivista das instituições tratada na seção anterior e os neoinstitucionalismos (da escolha racional e histórico), ver Freymond (2011).

pelos elementos combinados do sistema político brasileiro como governo presidencial, federação multirregional, congresso pluripartidário, eleições proporcionais (com lista aberta, coligações e financiamentos individuais das campanhas).

Em torno disso e mobilizando as mesmas variáveis se estabelecem avaliações positivas ou negativas acerca da democracia e especialmente dos partidos políticos brasileiros. Em um polo, o cenário descrito é composto por parlamentares individualistas (na forma de conduzir as campanhas e exercer os mandatos), por partidos sem coesão nas suas bancadas parlamentares, heterogêneos nos posicionamentos ideológicos, sem "raízes" consolidadas no eleitorado, gerando, assim, baixas estabilidade e inteligibilidade no comportamento dos eleitores e alimentando práticas patrimonialistas, populistas e clientelistas. No outro polo, são realçadas questões como a disciplina partidária, a capacidade do Executivo em compor maiores via partidos, a previsibilidade das votações em plenário, a formação de blocos coesos e coerentes ideologicamente etc.

Situando-se neste debate, Leôncio Martins Rodrigues (2002, 2006) tem discutido a consistência ou coerência do sistema partidário brasileiro à luz da composição social no interior das siglas. Utilizando informações concernentes à ocupação, ao patrimônio e à escolarização, demonstrou correlações significativas entre a base social dos parlamentares e o espectro de forças partidárias e ideológicas que justificariam uma avaliação também positiva dos partidos.

À limitação da quantidade de variáveis utilizadas nos trabalhos (sejam referentes à dimensão política ou social) somam-se a restrição no que tange ao nível de atuação dos políticos contemplados (em geral Câmara dos Deputados) e a limitação do período analisado por esses autores (últimas décadas). A ampliação das dimensões efetuada por outros pesquisadores e/ou a análise de outros universos nacionais, bem como dinâmicas estaduais ou municipais (Coradini, 2007, 2001, 1998; Perissinoto et al., 2009; Marenco e Serna, 2007), trazem achados para a relativização das avaliações positivas e para um tratamento capaz de dar conta da multidimensionalidade e da multiposicionalidade envolvida no recrutamento das "elites políticas" e dos princípios de legitimação concorrentes em pauta.

Dessa forma, em que pese o efeito de imposição de uma agenda gerada pela bibliografia inspirada no neoinstitucionalismo e/ou na teoria da escolha racional, outras perspectivas se mostram viáveis e conduzem ao exame da "elite política em carne e osso". Isto é, caracterizando as propriedades dos agentes a partir de um conjunto de indicadores relativos à posição social e à carreira política.

Trabalho pioneiro nesta seara foi apresentado por Sérgio Miceli (1981). Trata-se de exemplar demonstração da insuficiência da abordagem internalista em explicar as razões das clivagens políticas em um período da história política brasileira (1945-64). Tomando os parlamentares do Partido Social Democrático (PSD) e da União Democrática Nacional (UDN) em um espaço estruturado por distintas origens familiares e sociais, formações escolares, capital de relações sociais, trajetórias profissionais e de cargos políticos, o autor desvela as lógicas de distinção das siglas e sua vinculação com a extração social dos políticos.

Mais recentemente, as pesquisas de Odaci Luiz Coradini (2011, 2007, 2001 e 1998) sobre as modalidades que assumem as estratégias de reconversão das bases sociais em bases eleitorais, ou mais especificamente sobre as qualidades, os recursos e as inserções prévias convertidos em trunfos de legitimação política, se mostraram elucidativas do alcance do esquema analítico. Abrangendo estudos sobre níveis de seleção política que vão do plano municipal (Coradini, 1998), passando pelo estadual (Coradini, 2001), até o nacional (Coradini, 2007, 2011), as investigações se apoiaram na sociografia dos candidatos e ocupantes de cargos políticos. Mediante a mobilização de múltiplas fontes e instrumentos (com tratamento quantitativo e qualitativo), são observadas as estruturas compósitas de capitais acionadas por agentes, acumuladas, por sua vez, em esferas sociais diferenciadas (profissional, associativa, sindical, religiosa, escolar, hierarquia de cargos políticos etc.) e reveladoras das concepções de sociedade e política em voga.

A gama de dimensões de análise explorada nessa bibliografia foi acionada em trabalhos realizados nos últimos 12 anos (1998-2010) sobre a "elite política". Inicialmente enfocando a configuração social sul-rio-grandense e posteriormente a maranhense. Foram investigados as bases sociais e os itinerários individuais e familiares de deputados federais eleitos pelos dois estados no período compreendido entre 1945-2006. A perspectiva adotada nos últimos artigos foi diacrônica, processual e comparativa (Grill, 2008a, 2008b e 2009). As investigações abrangem dados sobre ocupação, grau de escolarização, títulos escolares conquistados e instituições pelas quais passaram, além de informações sobre trajetos políticos como cargos e idade de ingresso na carreira de postos públicos e eletivos, número de candidaturas, tempo de carreira de cargos antes de chegar ao Congresso e tempo de carreira de cargos eletivos e de cargos políticos (coletados em repertórios biográficos). Foram consideradas também as posições sociais de origem, a partir das atividades desempenhadas pelos ascendentes no período que precede o ingresso da "família" nas disputas eleitorais, via exame de genealogias, biografias e entrevistas em profundidade. Sem deixar de mencionar a ênfase na compreensão das concepções acerca da política e dos trunfos utilizados pelos agentes para consagração da "família" e dos antepassados, possível graças ao estudo de mais de 50 depoimentos coletados.

A caracterização do perfil dos ascendentes, a localização do período de ingresso da "família" na arena eleitoral e as modalidades de formação escolar permitiram delinear três padrões de afirmação/reprodução de grupos familiares na política. Simultaneamente, o tratamento dos indicadores de carreiras políticas e a apreensão das estratégias de celebração da "história familiar", dos "fundadores" de "famílias de políticos", dos "antepassados" e das "gerações" dedicadas às atividades políticas podem ser correlacionados às diferentes extrações sociais. O quadro abaixo constitui um esforço de sistematização do material mais amplo.

Quadro 2
Modalidades de afirmação e reprodução políticas

Características/ padrões	"Tradicional"	"Ascensão social"	"Militância"
Perfil dos ascendentes	Pertencentes às elites econômicas, políticas e sociais estabelecidas desde o século XIX (fazendeiros, comerciantes, altos funcionários públicos e militares).	Comerciantes ligados ao processo de imigração que ascenderam e tornaram-se prósperos empresários.	Baixa extração social ou origem humilde (pequenos agricultores, pescadores, lavradores, metalúrgico, pedreiro etc.).
Período de ingresso do grupo familiar na política eletiva	Antes de 1930.	1930-70 (especialmente na redemocratização iniciada em 1945).	Pós-1959 (especialmente nas três últimas décadas).
Padrão de formação escolar	Diplomas em medicina, direito e engenharia conquistados em instituições públicas (no RS, principalmente na capital, e no MA, principalmente fora do estado).	Diplomas em medicina, direito e engenharia conquistados em instituições públicas e comunitárias na capital, no RS, e em instituições públicas na capital e em centros maiores, no MA.	Maior diversificação dos títulos escolares obtidos em instituições públicas, privadas e comunitárias da capital, e públicas, privadas e comunitárias do interior, no RS, e em instituições públicas da capital, no MA.
Padrão de ingresso na carreira política	Cargos eletivos e públicos (mais eletivos, no Rio Grande do Sul, e mais públicos, no Maranhão).	Majoritariamente por cargos eletivos, no RS, e em proporções semelhantes entre cargos eletivos e públicos, no MA.	Cargos eletivos.

Continua

Características/ padrões	"Tradicional"	"Ascensão social"	"Militância"
Padrão de ingresso na carreira eletiva	Deputação federal.	Vereança e prefeitura, no Rio Grande do Sul, e deputação estadual, federal e prefeitura, no Maranhão.	Vereança, no RS, e deputação estadual, no MA.
Estratégias de consagração do grupo familiar	Ênfase na vinculação com o passado mítico de lutas militares e políticas, no RS, e associação com uma época de apogeu inventada que se traduzia em um estilo de vida sofisticado e na tradição de intelectualidade, no MA. Referências de síntese da "vocação política" = ideia de possuírem uma "vocação" para a "coisa pública", pretensamente atestada por atributos naturalizados como: "formação", "preparo", "cultura", "erudição", "conhecimento", "poder argumentativo", "tradição de estudo".	Ênfase nas condições adversas dos pioneiros imigrantes e no trajeto excepcional ascendente da família. Referências de síntese para justificar a "vocação política" = "vocação" para o "empreendedorismo" e para o "trabalho comunitário", atestada por atributos naturalizados como: "capacidade de trabalho", "capacidade de comunicação", "audácia", "vivência empresarial".	Ênfase na "precariedade", na "humildade" e na "carência" que marcaram os "antepassados" do primeiro político e na excepcionalidade do trajeto de afirmação política. Referências de síntese para justificar a "vocação política" = "missão", "predestinação" e "obstinação", atestadas pela "superação" via engajamento.

Fontes: Repertórios biográficos, biografias e entrevistas em profundidade. Quadro produzido com base em publicações anteriores (Grill, 2008a, 2008b e 2009).

Essas mesmas variáveis possibilitam identificar fatores que são recorrentes nas formas de recrutamento da "elite política" nos dois estados (RS e MA) e elementos discrepantes relativos a cada configuração regional. Abaixo são reproduzidas algumas conclusões gerais decorrentes do uso dessas dimensões de análise.

Boxe 1
Comparação entre configurações regionais

Em ambos os cenários (RS e MA), o recrutamento de parlamentares ocorre em segmentos privilegiados da estrutura social, isto é, trata-se majoritariamente de deputados egressos de "famílias" pertencentes às extrações sociais dominantes. O pai do deputado ou do primeiro político da "família" é, na maior parte dos casos, fazendeiro, alto funcionário público, militar de alta patente, comerciante, empresário, profissional liberal etc.; os parlamentares são procedentes majoritariamente de categorias profissionais de destaque (advogados, médicos, empresários, engenheiros, professores universitários etc.); e, em termos de titulação escolar, predominam os casos com diploma de nível superior.

É possível observar, ainda, a tendência recorrente à profissionalização política a partir do ingresso precoce na carreira (entre 18 e 30 anos, isto é, na faixa etária de definição das escolhas profissionais e com pouco ou nenhum tempo dedicado a outras ocupações prévias), dos longos períodos de detenção de cargos públicos e eletivos e do elevado número de candidaturas. Ademais, verifica-se que, além do monopólio de cargos e candidaturas por um número restrito de agentes, esses últimos também pertencem a "famílias" que se notabilizam pelo desempenho de funções eletivas.

Ao mesmo tempo, foram evidenciadas variações relativas à composição social da elite política nos dois estados e às modalidades de carreiras. Entre os políticos do Rio Grande do Sul há, comparativamente, maior diversificação social captada mediante a variedade de ocupações, com destaque para profissões como a advocacia e o magistério em cursos superiores ou secundários. Adiciona-se que os dados indicam, da mesma maneira, uma maior diversidade de locais de obtenção dos títulos escolares de nível universitário, possibilitada pela distribuição ao longo do estado de instituições de ensino superior públicas, privadas e comunitárias. Enquanto no Maranhão a maior concentração do recrutamento está nas camadas sociais que têm acesso a determinadas profissões (como medicina e engenharia, além da advocacia), cujos usos estão ligados ao exercício de funções públicas ou podem levar à obtenção de cargos públicos passíveis de serem, posteriormente, reconvertidos em postos eletivos. É relevante enfatizar que a conquista dos títulos escolares de nível superior nesse estado está relacionada ao deslocamento para a capital e à passagem pelas instituições públicas ali situadas (que até o final da década de 1980 eram as únicas opções de escolarização nesse nível) ou à migração para outro centro (particularmente mais custosa e seletiva).

No primeiro caso (RS), destacam-se os cargos eletivos e locais (principalmente a vereança) como forma de ingresso nas carreiras políticas, a maior experiência de ocupação ou conquista de cargos eletivos no período que antecede a chegada à Câmara dos Deputados e o peso dos cargos eletivos no itinerário político dos agentes. No segundo caso (MA), salientam-se os cargos públicos resultantes de nomeação (indicação política) como modalidade de entrada na carreira política, a menor experiência de ocupação ou conquista de cargos eletivos no período que antecede a chegada à Câmara dos Deputados e a importância dos cargos públicos nos trajetos dos deputados.

Fonte: Elaborado a partir dos resultados apresentados em textos publicados anteriormente (Grill, 2008a e 2008b).

MEDIAÇÃO POLÍTICA, CLIENTELISMO E FACÇÕES: AS CONTRIBUIÇÕES DA ANTROPOLOGIA (DA) POLÍTICA

A noção de mediação foi uma das grandes contribuições da área de estudos denominada antropologia política para pensar os contextos extraocidentais ou mesmo as dinâmicas históricas de constituição e fixação do Estado-nação em diferentes cenários. Porém, devido à abrangência dos usos possíveis e aos domínios em que é aplicada a ideia de mediação (religioso, judiciário, econômico etc.), cabe melhor circunscrever sua modalidade política específica.

Inicialmente, a mediação pode ser conceituada pela capacidade que certos indivíduos possuem em estabelecer elos entre "comunidade" e "nação". Essa opção de enfoque decorreu de uma sofisticação crescente dos aportes antropológicos em torno das comunidades, que deixaram de ser concebidas em seus próprios termos (fechadas em si mesmas) para serem percebidas segundo fatores externos e sua dependência em relação a um sistema mais amplo. Assim, essas pesquisas, por um lado, detectaram os papéis especializados concernentes ao "todo" ou ao sistema mais amplo exercidos por grupos de indivíduos dentro das comunidades. Esses se constituem em "grupos orientados para a Nação" nos quais os componentes se diferenciam dos demais membros das comunidades que orientam suas práticas e expectativas para a própria comunidade (Wolf, 2003a). Por outro lado, identificaram os agentes das grandes instituições centrais encarregados de capilarizar a presença das mesmas nas comunidades e passam a ser vistos como "terminais locais de uma rede de relações de grupos que se estende, por meio de níveis de intermediários, do nível da comunidade ao da nação" (Wolf, 2003a:74).

A proposta de mudança de ênfase se fundamenta na viabilidade de refletir sobre as funções de mediação e o papel dos intermediários. Os intermediários controlariam os *links* que ligam o sistema local ao todo mais amplo e atendem, em uma direção, às expectativas dos indivíduos da comunidade desejosos de estabilizar ou melhorar suas condições de vida, mas que são destituídos das condições materiais e de conexões políticas próprias para tanto. Em outra direção, eles aproximam as instituições centrais, que necessitam se espraiar ao longo do território, com as comunidades. Para levar a cabo essa tarefa, o tamanho, a força e o alcance dos séquitos de seguidores controlados pelos mediadores se mostram decisivos. Os mediadores, portanto, são indivíduos selecionados para a mobilidade entre os níveis local e nacional e que retiram recompensas (recursos e influência) da realização dessa função de intermediação entre a parte e o todo (Wolf, 2003a).

Inspirada nessas formulações, uma definição ainda mais precisa da noção de mediação se apoia em dois elementos básicos: em sua função crítica e na exclusividade. Ou seja, os mediadores seriam responsáveis pela comunicação entre o sistema local e o sistema nacional, desempenhando papéis de interpretação e de composição de questões de importância direta para a estrutura das duas ordenações (local e nacional). Eles constituem, ainda, um número reduzido de atores que controlam de forma quase exclusiva essas funções sociais. Assim, mantém-se o componente de mobilidade, contudo acrescentando outras variáveis que traçam limites entre os mediadores e os intermediários em geral (por exemplo, agentes econômicos que transacionam mercadorias nas comunidades). Por conseguinte, o potencial político da função de mediação se torna mais claro (Silverman, 1977).

Isto é, o mediador opera entre duas estruturas distintas e interdependentes que interagem uma com a outra. A primeira (grande estrutura ou estrutura institucional) dispõe de maior volume de recursos e tende a ser formada por agentes especializados; a segunda (pequena estrutura ou estrutura local) é dependente dos recursos da primeira e muito mais indiferenciada internamente. Assim, uma tende a encapsular (englobar) cada vez mais a outra. Contudo, nesses processos há *gaps* (falhas, vácuos, espaços não preenchidos etc.) entre a "grande estrutura" e a "pequena estrutura". Por conta disso, alguns indivíduos ou grupos podem exercer funções criadas pelas grandes estruturas para atuar em pequenas estruturas e atender a necessidades pragmáticas das primeiras, ou atuar como mensageiros das pequenas estruturas junto às grandes estruturas, tornando-se líderes locais e agentes de integração entre elas (Bailey, 2001).

A habilidade em operar com lógicas discrepantes, com códigos distintos e com valores diversos é a marca do papel do mediador, que se afirma e adquire credibilidade nos dois lados, quando consegue iludir os grupos situados nos extremos e travestir seus interesses pessoais em uma missão moral e pública, constituindo uma justificação normativa para o seu papel. Há a tendência de esses intermediários constituírem equipes locais utilizando meios transacionais (trocas materiais, favores, proteção etc.), o que é facilitado pelo monopólio que desfrutam do acesso ao exterior (órgãos, autoridades etc.). Na sequência, formam facções políticas que paulatinamente vão fortalecendo vínculos morais (fidelidade, lealdade etc.). E, finalmente, conquistam papéis especializados, profissionalismo e até mesmo identificações ideológicas. Nesse momento, as estruturas já não são mais encapsuladas, mas encontram-se integradas (Bailey, 2001).

Ao conceber a mediação como um papel prescrito aos "homens políticos" (especialistas), pode-se adicionar a essas funções de comunicação do local ou periferia com esferas mais centrais, aquela de criação, constituição e legitimação de grupos. Os mediadores (porta-vozes ou intermediários) são, nesta ótica, denominados de "tribunos de identidade", pois se dedicam à construção identitária dos grupos: engendrando interpretações sobre a "história local", redefinindo suas "raízes" e suas "tradições"; executando um trabalho sobre a dimensão territorial das relações de produção, de sociabilidade e de exercício do poder; e negociando sínteses e bricolagens a respeito de valores e crenças formadores das "comunidades". Portanto, agem sobre o tempo, o espaço, a cultura e as representações (Martin, 1992 e 1994). Esses núcleos de identificação assumem, na competição eleitoral, o formato de bases de mobilização, adesão e identificação para os candidatos. A narrativa biográfica e a reconstrução da memória familiar e política são relatos que acionam a identificação do agente e daqueles aos quais procuram filiar-se (no sentido genealógico) para associá-los aos símbolos formadores das "comunidades".

O emprego da noção de mediação como comunicação entre parte e todo e demarcação de "coletividades" vai, pois, ao encontro de duas dimensões imprescindíveis da atividade política: a atividade constitutiva de identidades e a atividade performativa (Pizzorno, 1986). A primeira é concernente às tarefas de constituição, preservação e reforço de coletividades, bem como à produção de símbolos de reconhecimento e de distinção das mesmas. E a segunda diz respeito às tomadas de posição política com fins de atendimento às coletividades, baseadas na eficácia (especialização em conhecimentos jurídicos, de administração, habilidade para a negociação, trânsito etc.) em intermediar demandas junto à organização estatal e às demais instituições do sistema representativo.

Quanto à dimensão do atendimento e da intermediação, essa remete ao tema das relações patrão-cliente ou do clientelismo político que têm ocupado a agenda dos cientistas sociais ligados à antropologia política. Nos últimos 50 anos foi publicada uma diversidade de artigos, monografias e livros em que os pesquisadores se debruçaram sobre lugares distintos e momentos históricos contrastantes. O campo de reflexão privilegiado é constituído pelas sociedades europeias mediterrâneas, latino-americanas, asiáticas e africanas. Isso, sem dúvida, está ligado à concordância entre os estudiosos de que os contextos sociais propícios para as relações patrão-cliente são aqueles marcados pelo controle, por parte de alguns indivíduos ou grupos, do acesso a centros de poder e a bens e serviços indispensáveis para a população, bem como pelo forte componente agrário e pelo mercado fraco ou localizado.

Alguns elementos são convergentes nas diferentes descrições que oferecem dos laços sociais que compõe o clientelismo ou as relações patrão-cliente e aparecem como traços constitutivos desse fenômeno: 1) o vínculo pessoal, diádico, direto; 2) a estrutura vertical da relação, baseada na desigualdade de recursos, poder e *status* entre as partes; 3) o componente da reciprocidade ou da troca; 4) o particularismo, o favoritismo, a afetividade e as ligações com compromissos difusos e voluntários.

Assim, o que estruturaria a vida social nessas dinâmicas seriam as relações pessoais. As interações assimétricas aproximam indivíduos diferentes que permutam produtos como proteção, emprego, ajuda financeira por serviços, lealdade, respeito. A ambiguidade desses laços reside no fato de forjarem elos de dependência dos dominados em relação aos dominantes sem, no entanto, caracterizarem situações de coerção pura. Isso porque estão alicerçadas em códigos como troca de favores e ajuda mútua quando necessário (Landé, 1977a). A primeira, além de permitir atingir fins específicos com eficiência, também contribui para o fortalecimento dos laços de fidelidade, enquanto a segunda prescreve obrigações difusas (não circunscritas a uma dimensão da vida social como a econômica, a política etc.) entre os atores e pauta-se por contratos informais e voluntários (não são escritos, nem juridicamente definidos).

A primazia das relações pessoais está intimamente ligada às combinações, existentes em dadas sociedades, entre sistemas de hierarquização social e mecanismos de representação. Em certos contextos prevalecem os critérios ligados à honra (reputação, respeito, deferência, estima social, notoriedade etc.) em detrimento dos direitos garantidos por lei (que são universais, impessoais e validados pela burocracia do Estado) ou dos que advêm do pertencimento a categorias ou grupos com propriedades, posições e objetivos comuns (classes sociais, por exemplo). Isso implica diferentes formas de representação política e mobilização social: luta de classe ou categorial, reivindicação de direitos e patronagem/clientelismo.

Quadro 3
Estratificação social e representação política

Modos de estratificação social	Modo de representação política
Classe	Luta de classes
Burocracia	Reivindicação de direitos
Honra	Patronagem/clientelismo

Fonte: Elaborado a partir de Davis (1977).

Há convergências, igualmente, sobre os cenários privilegiados para a observação do clientelismo. Seriam situações marcadas por uma estrutura oligárquica, com posições de mando exclusivo ou pouco competitivo, monopolizado por indivíduos e suas famílias que gozam de estabilidade nas posições de poder e mecanismos de transmissão hereditária. Prevalecem, então, as chamadas relações face a face (forte proximidade física e contato pessoal direto) e os laços de afeição (muitas vezes apresentados a partir da terminologia do parentesco).

Em que pese a relativa concordância entre os cientistas sociais sobre os aspectos salientados acima, há divergências significativas na interpretação sobre o fenômeno do clientelismo, o que enriquece o debate.

Em primeiro lugar, é possível discernir as análises que postulam a ideia de que o clientelismo tende a desaparecer em uma sociedade e em um Estado modernos, isto é, com aparato legal e jurídico eficiente, sistema político democrático e burocracia (Silverman, 1977; Gellner, 1977 etc.), daquelas que indicam a perpetuação das relações de clientelismo devido à sua adaptação às novas funções exigidas, em que os patrões "tradicionais" podem ser substituídos por novos atores que operam com novos conteúdos e modalidades de clientelismo (Graziano, 1977; Powell, 1977).

Em segundo lugar, os enfoques se diferenciam quanto ao lugar atribuído às relações patrão/cliente nas estruturas mais amplas de dominação. E, cada vez mais, essas relações são posicionadas em lugar central e estruturante da vida social, mesmo em sociedades chamadas de complexas e modernas.

Deste modo, há oposições marcantes na forma de perceber o fenômeno do clientelismo que podem ser apresentadas num *continuum*. Em um polo está situado o ponto de vista presente nas teorias modernizantes, segundo as quais o clientelismo não passaria de resquícios de uma ordem condenada à extinção com a expansão das relações impessoais, universais e racionais (mercado, burocracia-estatal e institucionalização das relações políticas). No outro polo está localizada a perspectiva que deixa de entender o clientelismo como uma face de um processo, explicado sempre em relação ao padrão moderno (resquício, suplementar, *addenda* etc.), para analisá-lo como dotado de autonomia e racionalidade próprias. São relações pautadas por regras (pragmáticas e cognitivas) que alicerçam a obrigação de reciprocidade e a personalização das relações políticas (Briquet, 1998).

Entre esses extremos, há o modelo de análise que procura compreender as relações patrão-clientes, assim como as amizades e as relações de parentesco, no bojo de uma estrutura formal de poder. As mesmas existiriam em justaposição com o sistema mais amplo, constituindo estruturas informais que são intersticiais, suplementares ou paralelas às estruturas formais (Wolf, 2003b).

E existe ainda outra abordagem que nega tratar essas relações como meramente suplementares, paralelas ou intersticiais, afirmando, por sua vez, que as alianças diádicas verticais (vínculos pessoais, difusos e voluntários entre duas pessoas desiguais) sedimentadas por contratos informais funcionam como *addenda* aos contratos formais. Com efeito, todas as dimensões de uma sociedade seriam perpassadas tanto por contratos explícitos (validados legalmente, previsíveis, contínuos, inclusivos etc.) quanto por contratos implícitos (seletivos, flexíveis, intermitentes, voluntários e emocionais). A questão é analisar as conexões duplas no interior das instituições políticas, mediante as quais os contratos se complementam e agem um sobre o outro. Assim, teríamos sempre estruturas compósitas, ou seja, as relações institucionalizadas mais os seus *addenda* de aliança diádica. Ao distingui-las, o pesquisador revela a força ou fraqueza das instituições, logo, quanto mais as relações institucionalizadas falham, mais são pesadamente revestidas de alianças diádicas (Landé, 1977a).

Outro aspecto que divide os analistas das relações clientelistas reside na possibilidade de se pensar em grupos ou entidades (sindicatos, partidos, moradores de uma região, trabalhadores ligado a uma categoria profissional etc.) como desempenhando os papéis de patrões e clientes, o que caracterizaria o novo clientelismo, o clientelismo de massa ou mesmo o clientelismo corporado

(Tarrow, 1967; Graziano, 1977).[10] A resistência a essa proposta se ampara na condição de o termo clientelismo referir-se particularmente à relação entre pessoas, vinculadas de forma pessoal e direta (Landé, 1977a).

A oposição apresentada acima entre aqueles que investigam o funcionamento de máquinas políticas compostas por atores diversos (indivíduos e grupos) e aqueles que estudam as relações interpessoais produziu uma espécie de divisão disciplinar na análise do clientelismo. De um lado, as pesquisas de cientistas políticos que centram o olhar no plano nacional ou estadual e nas "elites", na organização de uma cadeia de ramificações de líderes-seguidores a partir dos políticos, na distribuição e composição social e geográfica das clientelas por eles manipuladas etc. De outro lado, os trabalhos dos antropólogos, nos quais o cenário é local e os protagonistas são os clientes que mobilizam contatos (intermediários) e redes de relações (padrinhos, amigos e amigos de amigos e conhecidos) para atingir fins como empregos, nomeações, proteção física, vinganças etc. (Weingrod, 1977).

No primeiro bloco de trabalhos encontram-se os estudos do clientelismo político. Os patrões, nesse caso, seriam "poderosos" porque controlam recursos valiosos (contatos no governo, empregos, empréstimos etc.) e tomam "decisões importantes", o que facilita a tarefa de criar e manter clientelas. No segundo conjunto de investigações observam-se pesquisas voltadas para as relações pa-

---

[10] Jean-Louis Médard (1976) adverte para a necessidade de alargar o campo de análise do clientelismo. Seria necessário continuar considerando o bilateralismo (patrão-cliente), o particularismo, a reciprocidade e a estrutura vertical (vínculos entre desiguais), porém focando sobre atores (coletivos) e não pessoas (indivíduos) em um processo de troca assimétrico e instrumental (que envolve cálculos, além de vínculos afetivos). Pensar, no plano interno das nações, o funcionamento dos partidos como máquinas estruturadas por relações de reciprocidade dos políticos com empresários, dos políticos entre si e dos políticos com os eleitores. Além de visualizar a formação de grupos de interesse — categorias regionais, profissionais, étnicas etc. — que se vinculam a determinados políticos ou partidos, mediante trocas entre desiguais e favoritismo no tratamento, sem, contudo, se mostrarem fiéis ou leais, e podendo mudar de parceiros quando se mostrar vantajosa a escolha de novo aliado.

trão/clientes que evidenciam os vínculos que interligam os agentes detentores de "mais poder" com aqueles que possuem "menos poder". Contudo, ambos os enfoques recairiam no mesmo equívoco, qual seja, o de transformar a análise relacional do poder em algo secundário. Os cientistas políticos porque negligenciam os processos de coesão, integração e rupturas, enfim, os alinhamentos que produzem em dado momento uma cadeia de líderes-seguidores-clientes (eleitores) e a configuração de relações de poder. Os antropólogos, por sua vez, pelo fato de não enfatizarem a distribuição e o uso concorrencial dos recursos de poder (Weingrod, 1977).

Para superar tais deficiências, uma saída seria a compreensão de processos e de cerimônias, aproximando a abordagem micro e macro numa visão mais panorâmica, que engloba os diferentes níveis interdependentes de relações. Em primeiro lugar, a perspectiva processual pode trazer à superfície "como o uso do poder pode dar lugar a novas formas de alinhamento, quais os dilemas que se repetem na hora de mobilizar ou de bloquear os adversários" (Weingrod, 1977:74). Em segundo lugar, a atenção às cerimônias (rituais estilizados de celebração e consagração dos dominantes por parte dos dominados) pode fazer evidenciar como "patrões e clientes desempenham papéis e seus comportamentos contêm sentidos e mensagens" (Weingrod, 1977:74) que permitem captar os códigos culturais vigentes.

Os antropólogos dedicados ao estudo da política contribuíram decisivamente para que as interpretações não estivessem sempre pautadas por modelos de funcionamento do sistema político inspirados nas experiências ocidentais. Para tanto, enfatizaram que em alguns contextos históricos os indivíduos agem politicamente, sobretudo privilegiando o pertencimento categorial e a condição de membro de grupos e, em outras condições, atuam majoritariamente por meio de laços pessoais, diretos (face a face), regidos pela reciprocidade, pela troca de favores, pelo particularismo (ou alianças diádicas).

No primeiro caso, grupos categoriais (pessoas que apresentam características sociais comuns como pertencimento a uma classe, a uma ocupação, a uma região, a uma religião etc.) transformam-se em associações formalmente organizadas para a conquista de eficácia política. No segundo caso, ao contrário, as relações pessoais ocupam uma importância mais destacada que aquela dos grupos organizados com base na identificação de classe, de ocupação ou ideológica. Os vínculos interpessoais seriam, logo, relevantes em todos os níveis da vida social. No plano micro se expressam nas alianças estabelecidas entre dois indivíduos para solucionar seus problemas imediatos. No plano intermediário, são ilustrativos os conjuntos de relações pessoais (como os grupos não corporados, os quase grupos e as facções) reunidos para alcançar objetivos específicos (como ganhar uma eleição) e em um período de tempo reduzido (durante as campanhas eleitorais). No plano macro, se apresentam como sociedades ligadas em rede ou campos sociais que abrangem a totalidade das relações pessoais ou diádicas (Landé, 1977a).

O foco desta seção reside no segundo nível. Com efeito, são discutidas algumas das principais noções e suas aplicações buscando apresentar a contribuição que as mesmas trazem para se refletir sobre a dinâmica política em contextos periféricos como a América Latina, a África, a Ásia, a Europa Mediterrânea etc.

Uma dessas noções é a de grupos diádicos não corporados, em oposição aos grupos corporados, proposta por Carl Landé (1977a), que se definem pela inexistência de propriedades e objetivos comuns, assim como critérios de associação uniforme, todavia são organizados e encontram-se temporariamente unidos por relações interpessoais de ajuda recíproca. Como consequência, seus limites ou fronteiras são pouco claros, sua composição é mutável e não é condicionada por parâmetros sociais ou ideológicos, dependendo de intermediários para conseguir se expandir no campo social mais amplo.

Quando esses grupos não corporados são constituídos de laços ou alianças diádicas verticais (entre pessoas de nível social, riqueza ou poder desiguais), tecidas com fins específicos e temporários, encontramos sistemas ou cadeias de líderes-seguidores (Landé, 1977b). A competição entre grupos diádicos não corporados é sinônimo de disputa faccional. As facções são grupos formados por membros instáveis, de duração incerta, com liderança personalística, fraca organização formal e ausência de ideologia política, e os enfrentamentos se dão entre adversários numa lógica de hostilidade mútua (amigo x inimigo) e de reciprocidade hostil (alinhamentos em polos antagônicos). Os rivais trocam insultos e apoiam-se em vinganças e denúncias de traições, em que os códigos de honra e o componente emocional são elementos fundamentais das lutas (Landé, 1977a).

As abordagens que mobilizam as noções de redes, coalizões interpessoais e interações interindividuais contribuíram decisivamente para descentrar o alvo das instituições e centrar nos atores. Porém, o uso rotinizado dessa bibliografia e a ausência de outras referências diversificando e refinando as dimensões de análise também conduziram a algumas limitações. Em primeiro lugar, pontua-se a priorização de fenômenos marginais e microscópicos, desconsiderando o estudo dos valores e das representações mais gerais de uma "sociedade" (Palmeira e Goldman, 1996). Em segundo lugar, ressalta-se a restrição dos universos empíricos a um tipo particular de *configuração*, na qual o uso de recursos pessoais concentrados, a autoapresentação sobre o modelo reputacional e estratégias de mobilização sustentada sobre transações e laços pessoais são centrais (Lagroye, 2003a), não sendo universalizável para outras situações políticas. Em terceiro lugar, enfatiza-se a dificuldade das pesquisas em contemplar, além da administração de uma cadeia de seguidores, os demais papéis que constituem o *métier político*, desempenhados em diferentes arenas, setores ou espaços sociais e interligando agentes (em concorrência ou aliança) com posições equivalentes ou semelhantes no espaço político (Sawicki, 2003:86).

O PAPEL DE MEDIAÇÃO NA POLÍTICA BRASILEIRA

A caracterização dos especialistas do *métier político* a partir da sua capacidade de operar a mediação entre os diferentes níveis da hierarquia política e domínios da vida social, assim como de estabelecer, administrar e ampliar a superfície de relações sociais e políticas (ou clientelas), configurando e reconfigurando facções, tem marcado os trabalhos de uma série de pesquisadores brasileiros.

Mário Grynszpan (1990) analisou a combinação, aparentemente contraditória, entre um conjunto de capitais, trunfos, estratégias e deslocamentos no espaço social, mediante a análise de uma trajetória exemplar. Com base no caso de Tenório Cavalcanti (vulgo "homem da capa preta"), enfocou os idiomas que se mostraram complementares para as relações de patronagem como o direito, a violência, o jornalismo e os cargos políticos, somados aos elos constituídos com influentes personalidades da "baixada fluminense", Rio de Janeiro. O expediente utilizado, de examinar uma trajetória individual, teria permitido, nas palavras do autor, compreender "movimentos e recursos, como são utilizados e maximizados, e, principalmente, as redes de relações, sua estrutura, como as acionam, nela se locomovem ou as abandonam" (Grynszpan, 1990:75).

Com outra forma de circunscrever o universo de pesquisa, Marcos Otávio Bezerra (1999, 2001, 2006 e 2007)[11] tem se dedicado a compreender a centralidade do acesso aos recursos públicos na constituição de redes políticas e na fixação de uma concepção específica da representação política. A partir dos mecanismos de intermediação e de negociação que envolvem parlamentares, prefeitos, membros da burocracia e do governo federal, o autor revela uma gama de relações de dependência recíproca e assimétrica. Do mesmo modo, desvela que os diferentes agentes compartilham de uma percepção acerca das atribuições dos parlamentares, na qual se destaca a transferência de recursos públicos para as "bases" e o atendimento aos "pleitos".

Também voltada para o entendimento das lógicas que presidem o trabalho de atendimento e de intermediação executado por ocupantes de mandatos eletivos, Karina Kuschnir (2000) observou a atuação de uma "família de políticos" na cidade do Rio de Janeiro. Sua pesquisa traz a relevo, além do prestígio e do reco-

---

[11] Ver também a contribuição a esta coletânea.

nhecimento advindos dos acessos que resultam nos atendimentos (intermediação de recursos), a dimensão do trabalho de administração tanto das identidades estratégicas, quanto das equipes de apoiadores nos papéis políticos especializados. A autora chama a atenção para o uso da categoria suburbano pelos políticos da "família". Uma forma de dividir ou representar simbolicamente (com teor positivo ou negativo) um segmento da cidade onde atuam, cuja ambiguidade do emprego da expressão e os limites móveis no recorte espacial construído a tornam sinônimo de distância em relação ao poder público e à política de investimentos, justificando assim a função de mediação dos próprios políticos. Igualmente, ressalta a intrincada rede de relações, bem como compromissos pessoais, projetos individuais, sistemas de gratificação/recompensas materiais e simbólicas e laços de fidelidade e de traição que compõem a equipe[12].

O enfoque adotado pelos autores desses estudos privilegia a atuação dos parlamentares como mediadores, fundamentalmente a partir do papel do intermediário de "redutos", "bases" ou "áreas". Postula-se, como procedimento de pesquisa, a análise das ramificações que unem os especialistas da representação política aos intermediários (outros políticos, cabos eleitorais, apoiadores, "grandes eleitores" etc.), bem como aos eleitores em geral, por intermédio também das bases sociais e políticas de interconexão que configuram o *conjunto de ação* acionado pelos candidatos (Mayer, 1977). Sendo assim, cumpre apreender as relações personalizadas ou as alianças diádicas (Landé, 1977a) e as práticas de mediação de segmentos social e geograficamente situados perpassadas também por laços de reciprocidades. Com efeito, atenta-se simultaneamente para as ligações com os eleitores propiciadas ou influenciadas por identificações categoriais (etnia, classe, corporação, família, religião, partido etc.).

---

[12] Phelippeau (2009) apresenta algumas contribuições recentes na sociologia política francesa sobre o processo de profissionalização dos chamados "assessores", a constituição/multiplicação de *entourages* e os recursos sociais e políticos ativados por tais auxiliares.

Como consequência dessa reflexão, sobressai a necessidade de perquirir simultaneamente: 1) os recursos acumulados por diferentes políticos ao longo das suas trajetórias e a abrangência social e geográfica das suas redes; 2) os perfis dos apoiadores e os tipos de transações estabelecidas; 3) os idiomas acionados nas articulações de facções, equipes, empresas políticas etc.; 4) a estruturação da cadeia de líderes-seguidores, isto é, extensão da cadeia de intermediários, variedade de ramificações, alianças verticais e horizontais, caráter difuso ou específico das trocas etc.; 5) o trabalho multiforme de mobilização eleitoral e de gestão da liderança (tecnologias, competências, habilidades e repertórios acionados).[13]

Exercício desse tipo foi realizado no exame de duas candidaturas das eleições proporcionais de 1998 no Rio Grande do Sul (Grill, 1999).[14] Para tanto, alguns instrumentos se mostraram indispensáveis. Em primeiro lugar, reunir informações sobre a posição social e as disposições dos agentes, a partir das trajetórias individuais. Em segundo lugar, examinar esses dados à luz do espaço de posições, tomadas de posição, instituições, partidos e representações que formam um *sistema de desvios* (Bourdieu, 1989a). Em terceiro lugar, atentar para as estratégias de reconversão das bases sociais em bases eleitorais, ou mais precisamente de critérios e atributos de excelência social em princípios de hierarquização política. Em quarto lugar, perceber como essa miríade de recursos permite acionar um leque de agentes via laços multifacetados, lógicas de adesão distintas e mecanismos de politização (Lagroye, 2003b; Fretel e Lagroye, 2005) das relações sociais, dos vínculos pessoais e dos pertencimentos a grupos mais ou menos institucionalizados. Em quinto lugar, apreender o sistema de recompensas e retribui-

---

[13] Fretel e Lagroye (2005) advertem para a necessidade de apreender, além das cadeias de relações mobilizadas nos conflitos, a politização das redes, ou seja, o engajamento concreto e real dos indivíduos na concorrência eleitoral.

[14] Mais recentemente, nos marcos de um projeto mais amplo sobre as bases da especialização política no Maranhão, três dissertações de mestrado foram apresentadas com base nas coordenadas acima listadas e examinaram o trabalho de mobilização eleitoral de políticos maranhenses e sua relação com os recursos em jogo (Barros Filho, 2008; Costa, 2009; Lima, 2011).

ções formadas por expectativas diferenciadas e alimentadas por múltiplos protagonistas dessa coalizão de indivíduos. Por fim, observar *in loco* a negociação, a justificação e a legitimação dos elos em práticas discursivas e não discursivas.

Boxe 2
Comparação entre candidaturas: bases sociais, itinerários
e configurações de apoios

Durante a campanha eleitoral de 1998 foram acompanhadas, de forma mais direta, duas candidaturas a deputado no Rio Grande do Sul. Ambos os casos analisados concorriam à reeleição, sendo um candidato pelo então Partido Progressista Brasileiro (PPB) e outro pelo Partido Socialista Brasileiro (PSB), e tinham como principal base eleitoral o terceiro maior colégio eleitoral do estado.

O primeiro é descendente de imigrantes alemães e de uma "família de políticos". Seu avô fora prefeito, o tio prefeito e vice-governador, o pai vice-prefeito e secretário de agricultura e a prima vereadora e presidente da Câmara de Vereadores. Ao longo das últimas três "gerações", a "família" ascendeu econômica e politicamente e seus membros transformaram-se em prósperos empresários rurais, além de proprietários do mais importante jornal do município e principal reduto eleitoral. O então deputado federal concorreu à reeleição após ter participado do movimento estudantil secundarista (foi presidente do grêmio estudantil do principal colégio particular na sua cidade) e universitário (foi presidente dos diretórios centrais dos estudantes em duas universidades locais), ter sido eleito vereador uma vez e deputado federal por duas vezes. Formado em administração de empresas e em agronomia, mestre em administração pública pela Fundação Getulio Vargas e doutor em ciência política pela Universidade René Descartes de Paris, obteve o primeiro mandato aos 28 anos, utilizando na campanha para vereador, em 1982, o currículo de títulos escolares conquistados e a notoriedade da "família de políticos". Concorreu pela primeira vez a deputado federal em 1986, ocupando a segunda suplência, e foi derrotado em 1988 quando tentou a eleição à prefeitura da sua "cidade natal", onde o avô e o tio foram prefeitos, além de o pai ter sido vice-prefeito. Como vereador, assumiu destaque no plano municipal, recebendo prêmios relativos ao desempenho no mandato e ocupando posições de liderança no parlamento. Como candidato a deputado federal, se consolidou como a principal liderança do seu partido na "região" em que atuava. Deste modo, se elegeu, na sequência, deputado federal, em 1990 e 1994, e passou a ser importante mediador político nessa "região" de prefeitos e vereadores com o centro do poder nacional, além de representar a "categoria dos produtores rurais", no Congresso Nacional. Foi ainda secretário estadual de Desenvolvimento e Assuntos Internacionais. Em 1998, obteve votos em 227 municípios. Seu município de origem representou 49,4% da sua votação e em 13 cidades ultrapassou 1% dos votos válidos, e em muitas delas com percentuais de candidato majoritário. Entre 1991 e 1998 alastrou sua área geográfica de mediação e conquistou apoiadores em um amplo espectro de partidos políticos. Seus materiais de campanha apresentam declarações de apoio de 55 vereadores de 24 municípios, 10 prefeitos em exercício, 11 ex-prefeitos e 30 ex-vereadores. Ao trabalho de "atendimento" a prefeitos e vereadores somaram-se a "herança política" (relações pessoais e políticas de seus antepassados com lideranças de vários municípios) e o trabalho junto a municípios que se destacam na produção agrícola e na pecuária (atividades às quais a família se dedica). Foram entrevistados nove dos seus cabos eleitorais e acompanhado *in loco* um dia de visitas a "comunidades" durante a chamada "festa do colono" e o ato de lançamento da sua candidatura. Entre os agentes que participavam da sua campanha revelaram-se importantes as expectativas de profissionalização na política (ocupação de cargos eletivos ou por nomeação), o pertencimento a "famílias" atuantes em processos eleitorais há várias décadas, a transmissão intergeracional de lealdades políticas e os vínculos pessoais de amizade e de gratidão com o candidato e/ou com outros políticos da "família". Na observação das atividades de campanha desempenhadas durante a "festa do colono" foi possível verificar os usos de suas origens sociais (étnicas, profissionais, familiares e políticas) como critério de identificação e a extensa rede de apoiadores mobilizados em cada localidade visitada (prefeitos, vereadores, pastores, padres, militantes do partido etc.), bem como a valorização e a retribuição aos "atendimentos" realizados pelo candidato como deputado. Já no lançamento da candidatura, no qual compareceram comitivas de 36 municípios, desvelou-se a centralidade de sublíderes (vereadores, prefeitos, vice-prefeitos, presidentes de diretórios municipais de partidos, diretores de entidades de produtores rurais etc.), assim como a estrutura da cadeia de mediação da qual participa o candidato, com alianças para baixo (com os apoiadores de segmentos recortados geograficamente ou por categoria) e para cima (especial ênfase foi dada às declarações reproduzidas em áudio do então governador do Rio Grande do Sul e do então presidente da República, atestando o trabalho de representação da "região" efetuado pelo candidato à reeleição).

O segundo candidato também é oriundo de "família de políticos". Seu pai foi dirigente partidário do Partido Trabalhista Brasileiro (PTB) e candidato a vice-prefeito. A mãe exerceu o cargo de vereadora. Ambos em um pequeno município da "região". São considerados importantes "quadros do trabalhismo" na cidade em que atuavam. Assim como no caso anterior, o parlamentar foi líder estudantil secundarista (presidente do grêmio estudantil na mesma escola particular) e universitário (atuante nos cursos de direito e filosofia, sendo bacharel pelos dois), pertencendo a "grupos" de católicos com influência de "ideias de esquerda". Possui pós-graduação em direito urbanístico e sociologia política. Atuou como advogado trabalhista, professor em escolas de ensino médio e em instituições de ensino superior, além de assessor de um deputado estadual a quem seus pais eram muito ligados. Foi vereador e secretário municipal de serviços e ações comunitárias, entre 1977 e 1982. Sua passagem por essa secretaria foi o grande impulso da sua carreira, estabelecendo/reforçando/ampliando uma série de alianças com líderes de associações de moradores, de setores clandestinos da esquerda e da Igreja Católica (ligados às chamadas Comunidades Eclesiais de Base). Em 1982, se elegeu prefeito pelo Partido do Movimento Democrático Brasileiro (PMDB). Adotou um programa de ação intitulado "Todo o poder emana do povo" (mecanismo de consulta popular). Entre 1987 e 1990 foi secretário estadual de educação e de justiça. Sua esposa foi deputada estadual nesse período. Em 1990, concorreu à deputação federal, sem êxito. Ingressou no PSB, depois de romper com as principais lideranças do PMDB, se elegendo deputado estadual em 1994. Fortaleceu-se como ponto central de uma cadeia de seguidores no plano local e desligou-se de referências da política estadual ligadas ao PMDB. Em 1998 obteve votos em 149 municípios. Sua principal base eleitoral, a cidade da qual foi vereador, secretário e prefeito, representou 78,4% de sua votação. Conquistou votações que ultrapassam 1% do contingente eleitoral em apenas cinco municípios (aquele do qual foi prefeito, outros que foram deste emancipados recentemente e aquele em que seus pais atuaram). Seus principais trunfos mobilizados na campanha foram: a gestão como prefeito, os prêmios recebidos como deputado e o atendimento realizado ao município de origem e cidades próximas. Foram realizadas igualmente nove entrevistas em profundidade com apoiadores e duas observações *in loco*: um dia de visitas e uma reunião de elaboração de uma carta de apoio assinada por personalidades da "região". Como no caso anterior, percebe-se entre os entrevistados a vinculação pessoal e familiar com o domínio dos especialistas, os laços intergeracionais administrados e os vínculos afetivos (aqui regados pelo sentimento de contemporaneidade cultivado pela militância em "movimentos de esquerda"). Por sua vez, as atividades de campanha revelaram a centralidade da passagem pela prefeitura, a notoriedade intelectual dos apoiadores e a inserção do candidato em redes de militantes ligados aos denominados movimentos sociais e a facções políticas associadas ao trabalhismo na "região" (possibilitadas principalmente pela "herança familiar").

A título de comparação, é possível apontar a prevalência de uma mobilização eleitoral via ramificações mais extensas de cabos eleitorais (maior número de intermediários) espalhados por vários municípios, no primeiro caso, e uma campanha mais fundada no contato direto e na reputação pessoal, no segundo caso. Nota-se, sobretudo, como as estratégias eleitorais conformam-se às estruturas de recursos em jogo disponíveis para cada candidato, aos alinhamentos faccionais e partidários, aos elos estabelecidos e às rupturas constituídas, às redes de fidelidades e de rivalidades tecidas, interagindo com disposições herdadas e adquiridas ao longo dos itinerários escolares, profissionais e políticos.

Fonte: Elaborado a partir de resultados de trabalho anterior (Grill, 1999).

CONSIDERAÇÕES FINAIS

O grande desafio da agenda de pesquisas apresentada neste texto reside na necessidade de operacionalizar diversas formas de construção de espaços sociais concernentes ao mundo da política. É preciso apreender uma série de informações relativas tanto à hierarquização da estrutura social mais ampla (volume e estrutura de capitais dos agentes), quanto aos princípios de divisão do trabalho político no interior de instituições, além das configurações de líderes-seguidores por intermédio de noções como facções e redes sociais. O argumento aqui exposto visa demonstrar o caráter complementar desses procedimentos. Nesse sentido, assume centralidade a utilização também alternada de noções como trajetórias sociais, carreiras políticas e superfície de relações sociais administradas ao longo do itinerário.

No que tange ao exame dos agentes que se especializam no exercício de papéis políticos, as opções em pauta nas ciências sociais brasileiras parecem pôr em choque ângulos de análise que podem se mostrar interdependentes. Acredita-se que uma agenda de estudos sobre agentes que se especializam na ocupação de cargos políticos e na disputa pelos mesmos pode compatibilizar os referenciais teóricos e os instrumentos de investigação expostos neste texto.

É possível perceber a importância de se captar a multiposicionalidade dos agentes, os recursos acumulados dentro e fora da política institucionalizada que são reconvertidos em trunfos nos espaços de concorrência e os vínculos estabelecidos, administrados e ampliados com os seguidores. Para compreender a dinâmica de competição entre os especialistas, é necessário apreender o espaço relacional, a distribuição das espécies de capitais políticos (notoriedade pessoal, prestígio acumulado no interior de instituições ou organizações e carisma) e as estratégias de legitimação dos mesmos junto aos "profanos".

Duas vertentes de trabalhos, no mínimo, poderiam incorporar alguns desses ângulos de abordagem do fenômeno político aqui expostos. Por um lado, as pesquisas de processos eleitorais que visam entender as conexões entre políticos e eleitores. Por outro lado, as investigações que se debruçam sobre as regras de funcionamento da dinâmica institucional brasileira (partidos, legislativos etc.).

Uma análise acurada das propriedades sociais dos profissionais da política permite visualizar afinidades eletivas entre frações do espaço político e segmentos do eleitorado, além de trunfos mobilizáveis, ingresso de novos repertórios, tecnologias, competências e suas estratégias de legitimação eleitoral. O viés processual, construtivista e disposicional — que privilegia o estudo de trajetos individuais e coletivos, seus investimentos no sentido de criação, conservação ou transformação das instituições, suas disputas em torno de crenças e valores compartilhados, suas alianças e rivalidades estáveis ou efêmeras, suas adaptações e resistências às regras e aos papéis prescritos — viabiliza a compreensão das dinâmicas de objetivação ou de institucionalização (e as regras formais e informais que comportam), em detrimento das avaliações normativas sobre o bom ou mau funcionamento das instituições. Por fim, uma interpretação sobre candidatos e ocupantes de cargos eletivos não deve prescindir do detalhamento dos mecanismos de construção de lealdades, fidelidades, laços, alianças e configurações de apoios que permitem as conexões deles com seus seguidores e eleitores. O que implica examinar a competência que possuem os agentes em conquistar, cultivar e ampliar uma teia de relações, sem desconsiderar o leque de possibilidades de conexões presentes em cada caso, condicionado por papéis prescritos, regras jurídicas, pragmáticas e morais, clivagens, pertencimentos, identidades e bases sociais passíveis de serem acionadas.

REFERÊNCIAS

BAILEY, F. G. *Stratagems and spoils*. A social anthropologic of politics. Oxford: Westview, 2001.

BARROS FILHO, J. A tradição engajada: origens, redes e recursos eleitorais no percurso de Flávio Dino. In: GRILL, I. G.; REIS, E. T. dos; BARROS FILHO, J. *Elites, profissionais e lideranças políticas*: pesquisas recentes. São Luís: Edufma, 2008. p. 171-204.

BEZERRA, M. O. *Em nome das bases*: política, favor e dependência pessoal. Rio de Janeiro: Relume-Dumará, 1999.

____. Modalidades de interação e visões sobre os poderes públicos. *Tomo*, n. 11, p. 123-136, 2007.

_____. O "caminho das pedras": representação política e acesso ao governo federal segundo o ponto de vista de políticos municipais. PALMEIRA, M.; BARREIRA, C. *Política no Brasil*: visões de antropólogos. Rio de Janeiro: Relume-Dumará, 2006. p. 179-201.

_____. Políticos, representação política e recursos públicos. *Horizontes Antropológicos*, n. 15, p. 181-207, 2001.

BEZES, P.; LE LIDEC, P. Ce que les réformes font aux institutions. In: LAGROYE, J.; OFFERLÉ, M. (Org.). *Sociologie de l'institution*. Paris: Belin, 2011. p. 75-101.

_____; _____. Ordre institutionnel et genèse des réformes. In: LAGROYE, J.; OFFERLÉ, M. (Org.). *Sociologie de l'institution*. Paris: Belin, 2011. p. 55-73.

BIRNBAUM, P. *Les sommets de l'État*: essai sur l'élite du pouvoir en France. Paris: Éd. du Seuil, 1994.

BOISSEVAIN, J. Patronage in Sicily. *Man*, v. 1, n. 1, p. 18-33, mar. 1966.

BOURDIEU, P. A representação política. Elementos para uma teoria do campo político. In: _____. *O poder simbólico*. Lisboa: Difel, 1989a. p. 163-207.

_____. *La noblesse d'État*: grandes écoles et esprit de corps. Paris: Minuit, 1989b.

_____. Os modos de dominação. In: _____. *A produção da crença*: contribuição para uma economia dos bens simbólicos. São Paulo: Zouk, 2002. p. 191-219.

_____. Stratégies de reproduction et modes de domination. *Actes de la recherche en sciences sociales*. v. 105, n. 1, p. 3-12, 1994.

BRIQUET, J. L. La politique clientélaire. Clientélisme et processus politiques. In: _____; SAWICKI, F. (Org.). *Le clientélisme politique dans les sociétés contemporaines*. Paris: Presses Universitaires de France, 1998. p. 7-37.

_____. *La tradition en mouvement*. Paris: Belin, 1997.

_____; GARRAUD, P. *Juger la politique*. Entreprises et entrepreneurs critiques de la politique. Rennes: PUR, 2002.

COLLOVALD, A. La république du militant. Recrutement et filières de la carrière politique des deputés socialistes. In: BIRNBAUM, P. (Dir.). *Les élites socialistes au pouvoir*: les dirigeants socialistes face à l'État-1981-1985. Paris: Puf, 1985. p. 11-52.

CORADINI, O. L. As elites como objeto de estudo. In: ____. *Estudos de grupos dirigentes no Rio Grande do Sul*: algumas retribuições recentes. Porto Alegre: Editora da UFRGS, 2008. p. 7-18.

____. *Em nome de quem?* Recursos sociais no recrutamento de elites políticas. Rio de Janeiro: Relumé-Dumará, 2001.

____. Engajamento associativo/sindical e recrutamento de elites políticas: "empresários" e "trabalhadores" no período recente no Brasil. *Antropolítica*, v. 19, p. 113-146, 2007.

____. Origens Sociais, mediação e processo eleitoral num município de imigração italiana. PALMEIRA, M.; BARREIRA, I. (Org.). *Candidatos e candidaturas*: enredos de campanha eleitoral no Brasil. São Paulo: Annablume, 1998. p. 103-153.

____. Representação política e de interesses: bases associativas dos deputados federais de 1999 a 2011. *Sociedade e Estado*, v. 26, n. 1, p. 197-220, 2011.

COSTA, D. dos S. D. *Mulheres e especialização política*: trajetórias e recursos eleitorais entre as deputadas federais/estaduais do Maranhão. Dissertação (mestrado) — Centro de Ciências Humanas, Universidade Federal do Maranhão, São Luís, 2009.

DAVIS, J. *Antropología de las sociedades mediterráneas*. Barcelona: Anagrama, 1977.

DESAGE, F.; SIBILLE, B. L'emprise de l'institué. In: LAGROYE, J.; OFFERLÉ, M. (Org.). *Sociologie de l'institution*. Paris: Belin, 2011. p. 151-175.

DULONG, D. Au dedans et en dehors: la subversion en pratiques. In: LAGROYE, J.; OFFERLÉ, M. (Org.). *Sociologie de l'institution*. Paris: Belin, 2011. p. 249-265.

DULONG, D. Le premier ministre en actes et en coulisses. L'histoire comme outil et objet d'analyse sociologique des institutions. In:

OFFERLÉ, M.; ROUSSO, H. *La fabrique interdisciplinaire. Histoire et Science Politique*. Paris: PUR, 2008. p. 47-58.

_____. Les institutions politiques. In: COHEN, A.; LACROIX, B.; RIUTORT, P. *Nouveau manuel de science politique*. Paris: La Découverte, 2009. p. 358-373.

ELIAS, Norbert. *Estabelecidos e outsiders*. Rio de Janeiro: Jorge Zahar, 2000.

_____. *Introdução à sociologia*. Lisboa: Edições 70, 1999.

FRETEL, J. Habiter l'institution: habitus, apprentissages et langages dans les institutions partisanes. In: LAGROYE, J.; OFFERLÉ, M. (Org.). *Sociologie de l'institution*. Paris: Belin, 2011. p. 195-217.

_____; LAGROYE, J. "Faire avec ce qu'on a." Les élections municipales à Rouen. In: LAGROYE, Jacques; LEHINGE, Patrick; SAWICKI, Frédéric (Org.). *Mobilisations électorales*: le cas des élections municipales de 2001. Paris: PUF, 2005. p. 15-36.

FREYMOND, N. La "redécouverte" des institutions par les sociologues; paradoxes et oppositions dans le renouvellement de l'analyse institutionelle. In: LAGROYE, J.; OFFERLÉ, M. (Org.). *Sociologie de l'institution*. Paris: Belin, 2011. p. 33-53.

GAÏTI, B. "Politique d'abord": le chemin de la réussite ministérielle dans France contemporaine. In: BIRNBAUM, P. (Dir.). *Les élites socialistes au pouvoir*: les dirigeants socialistes face à l'État — 1981-1985. Paris: Puf, 1985. p. 53-86.

_____. Entre les faits et les choses: la double face de la sociologie politique des institutions. In: COHEN, A.; LACROIX, B.; RIUTORT, P. *Les formes de l'activité politique*: elements d'analyse sociologique XVIII-XX siècle. Paris: PUF, 2006.

GARRAUD, P. *Profession: homme politique*. Paris: L'Harmattan, 1989.

GARRIGOU, A. *Les élites contre la république*: Science Po et l'ENA. Paris: La Découverte, 2001.

GAXIE, D. Économie des partis et rétributions du militantisme. *Revue Française de Science Politique*, v. 27. n. 2, p. 123-154, fev. 1977.

_____. *La démocratie représentative*. Paris: Montchrestien, 1993.

_____. Le vote comme disposition et comme transaction. In: _____ (Org.). *Explication du vote*. Un bilan des études électorales en France. Paris: Presses de la foundation nationale des sciences politiques, 1989. p. 11-36.

_____. Les logiques du recrutement politique. *Revue Française de Science Politique*. v. 30, n. 3, p. 5-45, fev. 1980.

_____; LEHINGE, P. *Enjeux municipaux*. La constitution des enjeux politiques dans une election municipale. Paris: Presse Universitaire de France, 1984.

_____; OFFERLÉ, M. Les militants syndicaux et associatifs au pouvoir? Capital social colectif et carrière politique. In: BIRNBAUM, P. (Dir.). *Les élites socialistes au pouvoir*: les dirigeants socialistes face à l'État — 1981-1985. Paris: Puf, 1985. p. 105-138.

GELLNER, E. Patrons and clients. In: _____; WATERBURY, J. (Ed.). *Patrons and clients in Mediterranean societies*. Londres: Duckworth, 1977. p. 1-16.

GRAZIANO, L. Patron-client relations in southern Italy. In: SCHMIDT, S. W. et al. (Ed.). *Friends, followers and factions*. A reader in political clientelism. Berkeley: University of California Press, 1977.

GRILL, I. G. As bases sociais da especialização política no Rio Grande do Sul e no Maranhão. In: _____; REIS, E. T. dos; BARROS FILHO; J. *Elites, profissionais e lideranças políticas*: pesquisas recentes. São Luís: EDUFMA, 2008a. p. 27-82.

_____. *As bases sociais dos compromissos*: a constituição de um espaço de concorrência eleitoral no sul do Rio Grande do Sul. Dissertação (mestrado) — Programa de Pós-Graduação em Ciência Política, Universidade Federal do Rio Grande do Sul, Porto Alegre, 1999.

_____. Descendentes de imigrantes na política do Rio Grande do Sul e do Maranhão: ascensão social, afirmação eleitoral e cooptação política. In: FERRETTI, S. F.; RAMALHO, J. R. *Amazônia*: desenvolvimento, meio ambiente e diversidade sociocultural. São Luís: Edufma, 2009. p. 137-160.

_____. *Parentesco, redes e partidos*: as bases das heranças políticas no Rio Grande do Sul. Porto Alegre. Tese (doutorado em ciência política) — Universidade Federal do Rio Grande do Sul, Porto Alegre, 2003.

_____. Processos, condicionantes e bases sociais da especialização política no Rio Grande do Sul e no Maranhão. *Revista Sociologia e Política*, n. 30, p. 65-87, 2008b.

GRYNSZPAN, M. Os Idiomas da patronagem: um estudo da trajetória de Tenório Cavalcanti. *Revista Brasileira de Ciências Sociais*, n. 14, p. 73-90, out. 1990.

GUILLEMIN, A. Aristocrates, propriétaires et diplomés. La lutte pour le pouvoir local dans le département de la Manche. *Actes de la Recherche en Sciences Sociales*, n. 42, p. 33-60, 1982.

HMED, C.; LAURENS, S. Les résistances à l'institutionnalisation. In: LAGROYE, J.; OFFERLÉ, M. (Org.). *Sociologie de l'institution*. Paris: Belin, 2011. p. 131-148.

HUBÉ, N. Le recrutement social des professionnels de la politique. In: COHEN, A.; LACROIX, B.; RIUTORT, P. *Nouveau manuel de science politique*. Paris: La Découverte, 2009. p. 335-357.

KARADY, V. La conversion socioprofissionnelle des elites: deux cas historiques en Hongrie. In: BROADY, Donald; SAINT MARTÍN, Monique de; PALME, Mikael (Org.). *Les elites*: formation, reconvertion internationalisation. Paris; Stockolm: CSEC_FUKS, 1995.

KUSCHNIR, K. *O cotidiano da política*. Rio de Janeiro: Jorge Zahar, 2000.

LACROIX, B. Ordre politique et ordre social: objectivisme, objetivation et analyse politique. In: GRAWITZ, Madeleine; LECA, Jean (Dir.). *Traité de Science Politique*. La science politique; l'ordre politique. Paris. PUF, 1985. v. 1, p. 460-565.

_____; LAGROYE, J. (Org.). *Le président de la République*: usages et genèses d'une institution. Paris: Presses de la FNSP, 1992.

LAGROYE, J. De l'objet local à l'horizon local des pratiques. In: MABILEAU, M. (Org.). *A la recherche du local*. Paris: L'Harmattan, 1993. p. 166-182.

_____. Étre du métier. *Politix*, n. 28, p. 5-15, 1994.

_____. Le leadership en questions. Configurations et formes de domination. In: SMITH. A.; SORBERTS, C. *Le Leadership Politique et le Territoire*. Les cadres d'analyse em débat. Rennes: Presses Uniniversitaires de Rennes, 2003a. p. 49-72.

____. Les processus de politisation. In: ____ (Org.). *La politisation*. Paris: Belin, 2003b. p. 359-372.

____; OFFERLÉ, M. Pour une sociologie des institutions. In: ____; ____ (Org.). *Sociologia de l'institution*. Paris: Belin, 2011. p. 11-32.

LANDÉ, C. H. Groups politics and dyadic politics: notes for a theory. In: SCHMIDT, S. W. et al. (Ed.). *Friends, followers and factions*. A reader in political clientelism. Berkeley: University of California Press, 1977b. p. 506-510.

____. Introduction: the dyadic basis of clientelism. In: SCHMIDT, S. W. et al. (Ed.). *Friends, followers and factions*. A reader in political clientelism. Berkeley: University of California Press, 1977a. p. XIII-XXVII.

LEFEBVRE, R. Se conformer à son rôle: les ressorts de l'intériorisation institutionelle. In: LAGROYE, J.; OFFERLÉ, M. (Org.) *Sociologie de l'institution*. Paris: Belin, 2011. p. 219-247.

LÉVÊQUE, S. Bibliographie sur l'entrée en politique. *Politix*, n. 35, p. 171-187, 1996.

LIMA, J. G. do N. *Diversificação de papéis e divisão do trabalho político especializado*: análise a partir de uma "família de políticos no Maranhão". Dissertação (mestrado) — Centro de Ciências Humanas, Universidade Federal do Maranhão, São Luís, 2011.

MARENCO, A.; SERNA, M. Por que carreiras políticas na esquerda e na direita não são iguais? Recrutamento legislativo em Brasil, Chile e Uruguai. *Revista Brasileira de Ciências Sociais*, São Paulo, v. 22, n. 64, p. 93-113, 2007.

MARTIN, D. C. Identités et politique. Recit, mythe et idéologie. In: MARTIN, D. C. (Org.). *Cartes d'identité*. Paris: Presses FNSP, 1994. p. 13-37.

____. Le choix d'identité. *Revue Française de Science Politique*, v. 42, n. 4, p. 582-593, 1992.

MATONTI, F. *Intellectuels communistes*. Essai sur l'obéissance politique. La nouvelle critique (1967-1980). Paris: La Découverte, 2005.

MAYER, A. C. The significance of quase-group in the study of complex societies. In: SCHMIDT, S. W. et al. (Ed.). *Friends, followers and fac-*

tions. A reader in political clientelism. Berkeley: University of California Press, 1977.

MÉDARD, J. Le rapport de cliéntèle: du phénomène social à l'analyse politique. *Revue Française de Science Politique*, v. 26, n. 1, p. 103-131, fev. 1976.

MEIMON, J. Sur le fil: la naissance d'une institution. In: LAGROYE, J.; OFFERLÉ, M. (Org.). *Sociologie de l'institution*. Paris: Belin, 2011. p. 105-129.

MICELI, S. Carne e osso da elite política brasileira pós-30. In: FAUSTO, B. (Dir.). *História geral da civilização brasileira*: o Brasil republicano. Sociedade e política (1930-1964). São Paulo: Difel, 1981. p. 557-596.

NAY, O. L'institutionnalisation de la région comme apprentissage des rôles. Les cas des consellers régionaux. *Politix*, n. 38, p. 18-46, 1997.

_____. Les règles du recrutement politique: pour une approche institutionnaliste de la sélection politique. L'exemple des candidats à l'élection régionale. *Politix*, n. 44, p. 161-190, 1998.

OFFERLÉ, M. Entrées en politique. *Politix*, n. 35, p. 3-5, 1996.

_____. *Les partis politiques*. Paris: PUF, 1997.

_____. Mobilisations électorales et invention du citoyen: l'exemple du milieu urbain français à la fin du XIX siècle. In: GAXIE, D. *Explication du vote*. Paris: Presses de la Fondation Nationale des Sciences Politiques, 1989. p. 149-175.

_____. Professions et profession politique. In: _____. *La profession politique*. Paris: Belin, 1999. p. 7-35.

PALMEIRA, M.; GOLDMAN, M. Apresentação. In: PALMEIRA, M.; GOLDMAN, M. (Org.). *Antropologia, voto e representação política*. Rio de Janeiro: Contra-capa Livraria, 1996. p. 1-12.

PERISSINOTTO, R. M. et al. Origem social dos parlamentares paranaenses (1995-2006): alguns achados e algumas questões de pesquisa. *Sociologias*, v. 22, p. 280-313, 2009.

PHELIPPEAU, E. *L'invention de l'homme politique moderne*. Paris: Bélin, 2002.

_____. La division du travail en politique. In: COHEN, A.; LACROIX, B.; RIUTORT, P. *Nouveau manuel de science politique*. Paris: La Découverte, 2009. p. 91-108.

PIZZORNO, A. Sur la rationalité du choix démocratique. In: BIRNBAUN, P.; LECA, J. *Sur l'individualisme*. Paris: Presses FNSP, 1986. p. 316-325.

POWELL, J. Peasant society and clientelism politics. In: SCHMIDT, S. W. et al. (Ed.). *Friends, followers and factions*. A reader in political clientelism. Berkeley: University of California Press, 1977.

RODRIGUES, L. M. *Mudanças na classe política brasileira*. São Paulo: PubliFolha, 2006.

_____. *Partidos, ideologia e composição social*. São Paulo: Edusp, 2002.

SAWICKI, F. Classer les hommes politiques. Les usages des indicateurs de position sociale pour la compréhension de la professionnalisation politique. In: OFFERLÉ, M. *La profession politique XIX-XX siècles*. Paris: Éditions Belin, 1999. p. 138-141.

_____. Le Leadership politique: un concept à remettre sur le métier? In: SMITH. A.; SORBERTS, C. *Le leadership politique et le territoire*. Les cadres d'analyse em débat. Rennes: Presses Universitaires de Rennes, 2003. p. 73-92.

_____. *Les réseaux du Parti Socialiste*: sociologie d'un milieu partisan. Paris: Belin, 1997.

SILVERMAN, S. Patronage and community-nation relationships in central Italy. In: SCHMIDT, S. W. et al. (Ed.). *Friends, followers and factions*. A reader in political clientelism. Berkeley: University of California Press, 1977. p. 293-304.

TARROW, S. *Peasant communism in Southern Italy*. New Haven: Yale University Press, 1967.

WEBER, M. *Ciência e política:* duas vocações. São Paulo: Cultrix, 1993.

WEINGROD, A. Patronage and power. In: GELLNER, E.; WATERBURY, J. (Ed.). *Patrons and clients in Mediterranean societies*. Londres: Duckworth, 1977. p. 41-52.

WOLF, E. Aspectos das relações de grupos em uma sociedade complexa: México. In: _____. *Antropologia e poder*: contribuições de Eric R.

Wolf. Organização de Gustavo Lins Ribeiro e Bela Feldman Bianco. Brasília; São Paulo; Campinas: Ed. UnB; Imprensa Oficial; Ed. Unicamp, 2003a. p. 73-92.

_____. Parentesco, amizade e relações patrão-cliente em sociedade complexas. In: _____. *Antropologia e poder*: contribuições de Eric R. Wolf. Organização de Gustavo Lins Ribeiro e Bela Feldman Bianco. Brasília; São Paulo; Campinas: Ed. UnB; Imprensa Oficial; Ed. Unicamp, 2003b. p. 93-116.

CAPÍTULO 8

Representantes políticos, relações pessoais e reputação

Marcos Otavio Bezerra

Quando se observam as unidades político-administrativas, os grupos sociais, as expectativas e ações que se encontram associadas a certa concepção de representação política que funda parte do trabalho cotidiano de deputados federais e senadores, constata-se que não há necessariamente uma coincidência entre a concepção oficial, estatal, e a concepção prática que define estas unidades, expectativas ou ações.[1] Estas não são devidamente compreendidas se fixamos o foco de observação nos marcos que estabelece a Constituição Federal ao referir-se às atribuições de deputados como "representantes do povo" e de senadores como "representantes dos estados e do Distrito Federal". Mas essa não coincidência é conhecida e explicitada pelos próprios parlamentares. Ela é vivida como inerente ao exercício do mandato e, portanto, não é experimentada como um problema que exija algum tipo de solução. Como me explicou um deputado federal (PFL-PE)[2]

---

[1] Uma primeira versão deste trabalho foi apresentada no 33º Encontro Anual da Anpocs, em 2009, no Fórum intitulado "As ciências sociais e o estudo da política". Agradeço aos participantes os comentários feitos. Beneficio-me ainda das discussões efetuadas durante o curso "Antropologia dos modos de regulação social", realizado no Programa de Pós-Grduação em Antropologia Social, do Museu Nacioanal da Universidade Federal do Rio de Janeiro (PPGAS/MN/UFRJ, em 2006), oferecido em conjunto com Moacir Palmeira, Beatriz Heredia, Ana Claudia Marques, John Comeford e Renata Menezes.

[2] As observações e entrevistas mencionadas nas páginas que se seguem foram reunidas no contexto de diferentes pesquisas desenvolvidas entre os anos de 1996 e 2006. A natureza do mandato e o vínculo partidário dos políticos mencionados são aqueles mantidos por ocasião das entrevistas. Ao longo do texto retomo também depoimentos de prefeitos, secretários e vereadores de três municípios das regiões Serrana e Centro-Norte do estado do Rio de Janeiro.

ao referir-se ao trabalho parlamentar, se a produção da legislação nacional é tida publicamente como a tarefa principal do deputado, este não é o aspecto de fato valorizado pelos eleitores de seu estado. Ele resume seu argumento nos seguintes termos: "Enfim, a realidade ["a expectativa da população"] é mais forte do que as leis, do que a constituição, o que seja. As pessoas acham que o deputado que elas mandaram para Brasília é o representante delas em Brasília. Essa não é a ideia fundamental do parlamento, mas é a ideia do povo, supera".[3] Não é difícil perceber nessa compreensão sobre a representação política certa tensão, em termos do que se considera subjetivamente válido, entre os preceitos legais e a convenção.[4] Mas não é exatamente esse aspecto que gostaria de examinar. O que me parece mais relevante para a compreensão do trabalho de representação política é a atribuição pelo parlamentar de maior importância à chamada expectativa da população. Levar a sério esta diferenciação e hierarquização entre as atribuições constitui, portanto, o ponto de partida deste artigo. Trata-se de reconhecer que o marco oficial e o que é descrito como expectativas da população constituem realidades para os parlamentares, ou seja, referências importantes na definição da natureza e do significado de suas ações. Interessa-me, por conseguinte, examinar os processos e relações sociais que se instituem em torno dessas referências e o modo como se articulam a certa concepção de representação política e práticas de representação.

---

[3] O contraste entre a participação nos "debates legislativos" e a dedicação às demandas pontuais é destacado também por um ex-prefeito e deputado (PMDB — ES) que, para ressaltar a atuação junto à burocracia governamental, compara o trabalho que faz o parlamentar em certas ocasiões ao de um "despachante". Diz: "Porque às vezes o deputado é levado pela própria sociedade a participar de outras discussões que não são prioritárias para o país. (...) Eu vim ontem [para Brasília] para hoje ficar correndo atrás de audiência, atrás de informações que as pessoas pedem (...). Se eu saio do Plenário para ir a um Ministério, a um Departamento do Congresso Nacional ou a uma Secretaria para ver um processo, estou dentro de um pequeno grupo de cidadãos brasileiros, ou, às vezes, de uma pessoa".
[4] Utilizo aqui as distinções efetuadas por M. Weber (1994) entre direito, costume e convenção.

POLÍTICA, RELAÇÕES PESSOAIS E FAVORES

A ideia de que cabe ao parlamentar representar as pessoas em Brasília ganha contornos formais no Regimento Interno da Câmara dos Deputados ao ser inscrita na rubrica "reivindicações das comunidades representadas". Assim, ao referir-se ao "exercício do mandato", o Regimento assegura ao deputado a prerrogativa de "promover" junto aos órgãos da administração pública os interesses públicos e reivindicações dos grupos que representam (Art. 226, V: "Promover, perante quaisquer autoridades, entidades ou órgãos da administração federal, estadual ou municipal, direta ou indireta e fundacional, os interesses públicos ou reivindicações coletivas de âmbito nacional ou das comunidades representadas"). Ao se acompanhar o cotidiano do trabalho parlamentar, observa-se que a possibilidade regimental de atuar junto aos órgãos públicos em nome do interesse dos representados delimita um conjunto amplo de relações do parlamentar com eleitores e lideranças políticas estaduais e municipais.

Mas essas relações, e este é outro aspecto que gostaria de destacar no momento, não estão pautadas em obrigações decorrentes estritamente das posições institucionais ocupadas pelas pessoas, sobretudo quando se têm em conta os vínculos estabelecidos entre políticos no exercício de seus mandatos. Essas relações assentam-se em grande medida em obrigações — como a lealdade e a retribuição de favores recebidos — que a título de uma primeira aproximação designo como pessoais. Como procuro demonstrar a seguir, ao concentrar a atenção especificamente em relações estabelecidas entre políticos que ocupam posições institucionais nos planos nacional e municipal, o trabalho de representação política — e especificamente aquele em que está em jogo a promoção de interesses materiais dos representados — pode ser interpretado como constituído ao mesmo tempo de relações institucionais e pessoais.[5]

---

[5] A articulação entre relações institucionais e pessoais como qualidade da política, a despeito de esta ser feita no âmbito de instituições municipais ou nacionais, é ressaltada por M. Palmeira (2000).

A análise sobre como obrigações pessoais se inscrevem nos laços estabelecidos entre os próprios políticos permite trazer à luz dimensões significativas dos processos de constituição dos representantes políticos e de suas práticas de representação. É o caso, por exemplo, da definição da reputação dos representantes. Lembro que, ao refletir sobre a representação política, P. Bourdieu argumenta que esta é constituída por duas espécies de capital político: o "capital delegado" e o "capital pessoal". Em termos amplos, o primeiro é descrito como detido e controlado por uma instituição — o partido, o sindicato etc. — e sua aquisição é viabilizada através do pertencimento e investimento na própria instituição. O segundo firma-se no fato de se ter um "nome", uma "reputação pessoal", está associado à notoriedade, ao fato de ser conhecido e reconhecido. Este pode ser acumulado ao longo do tempo através da posse de qualificações específicas, caso do capital de notável, ou através de ações inaugurais, carismáticas no sentido weberiano, caso do capital heroico ou profético (Bourdieu, 1989:187-194). A construção de uma boa reputação é uma das questões em jogo na relação do parlamentar com os políticos locais.[6] Como lembra o deputado (PFL-PE) ao mencionar as condições para que alguém dispute com chances reais a eleição para um cargo eletivo, é "preciso ter um nome que seja altamente conhecido".[7] A construção desse nome está associada, em parte, à habilidade e aos recursos sociais de que dispõe o parlamentar para atender, ou fazer crer que está empenhado em atender, as solicitações que lhes são encaminhadas.

Considerando neste momento somente as ações empreendidas pelos próprios políticos com vistas ao atendimento de seus "pleitos" mútuos, é importante ressaltar que o resultado positivo destas ações, ou seja, a obtenção do serviço ou bem solicitado, não é

---

[6] Para uma discussão a respeito da relação entre política e reputação no âmbito de "comunidades morais", ver Bailey (1971).
[7] As outras condições mencionadas são: um discurso (que esteja de acordo com o que as pessoas desejam ouvir) e uma "tecnologia" (como os meios de comunicação e o contato direto com os eleitores, o *"corpo a corpo"*).

entendido pelos agentes envolvidos nessas relações simplesmente como a realização de obrigações institucionais — o que poderia ocorrer caso os agentes interpretassem as ações a partir da referência às normas regimentais —, mas como favores solicitados, concedidos e recebidos. Essas ações e os favores obtidos geram, por conseguinte, obrigações e compromissos pessoais entre os políticos.[8] Como observou Carl Landé (1977) em meados dos anos 1970, remetendo a trabalhos escritos nas duas últimas décadas, estudos elaborados sobre "sociedades em desenvolvimento" sugerem que relações pessoais desempenham uma parte mais importante na organização das atividades políticas do que os grupos baseados em identidades de classe, ocupacional ou afinidades ideológicas (Landé, 1977). No caso do Brasil, a importância das relações pessoais no âmbito do exercício da representação política parece estar associada, entre outros aspectos, a uma concepção sobre a política que a articula à distribuição de favores e ao peso relativo que têm instituições políticas, como os partidos, na competição pelo mandato parlamentar.[9] Nos termos mencionados acima, as práticas de representação parecem dever menos ao capital delegado do que pessoal. Isto contribui para que os mandatos sejam percebidos pelos próprios parlamentares como algo que resulta sobretudo de seus próprios esforços e ações individuais. Nesse sentido, as trocas de serviços e apoios entre parlamentares e lideranças políticas locais, interpretadas em termos de favores, convertem-se em investimentos na consolidação de laços que são ao mesmo tempo experimentados como políticos e pessoais.

A identificação de relações pessoais no contexto de instituições como o Estado e o mercado tem sido interpretada recorren-

---

[8] É somente no contexto dos sistemas morais específicos e da história das relações sociais entre os agentes envolvidos nessas trocas de bens e serviços que podemos compreender os sentidos atribuídos aos seus gestos. Se certos bens e serviços concedidos e recebidos são pensados como favores e geram créditos e dívidas pessoais, isto deve-se ao modo como essas ações são entendidas. Ver a esse respeito Mauss (1974), Leach (1989) e Sigaud (2004).
[9] A respeito destes aspectos, ver, respectivamente, Palmeira (2000) e Ames (2003).

temente como sobrevivência de relações tradicionais e indício de desenvolvimento incompleto dessas instituições. Abordagens inspiradas nesses pressupostos, com viés claramente normativo, acabam por atribuir às relações pessoais um estatuto secundário no ordenamento das relações sociais que delimitam, por exemplo, o Estado e a política.[10] O tratamento analítico concedido às relações pessoais por Landé (1977), Wolf (2003), Bailey (1971) e Palmeira (2000), entre outros, permite, ao contrário, pensar nessas relações em termos positivos, isto é, uma forma de ordenação dos laços sociais que segue uma lógica própria.

Como Landé (1977), utilizo a noção de relação pessoal para designar um vínculo "direto" entre duas pessoas, de caráter voluntário e que envolve a expectativa de trocas mútuas de favor, isto é, algo obtido de uma forma mais vantajosa do que o adquirido no mercado ou que nele não poderia ser conseguido. A relação funda-se em obrigações mútuas entre os parceiros que não se confundem, mas se combinam, com aquelas resultantes de suas posições institucionais ou do pertencimento comum a grupos formalmente instituídos. É importante ressaltar que esse tipo de vínculo não se assemelha a outros vínculos descritos como de natureza pessoal e que também estão presentes no âmbito de atividades políticas, como aqueles fundados no carisma, distinção já mencionada acima, vizinhança ou familiares.[11] Interessa-me, portanto, examinar como a concessão e o recebimento de serviços, ajudas e apoios entre políticos situados no plano nacional e municipal integram suas relações, julgamentos sobre suas reputações e práticas de representação.

A presença na política de relações pessoais fundadas na circulação de bens e serviços tem sido observada especialmente duran-

---

[10] Para uma discussão sobre como as relações pessoais têm sido pensadas nas ciências sociais, ver particularmente a introdução de Marques (2007).

[11] A literatura sobre a relação entre política e família no Brasil é extensa. A título de exemplo, lembro alguns trabalhos recentes: Carvalho (1966), Lewin (1993), DaMatta (1987), Heredia (1996), Kuschnir (2000), Marques (2003), Barreira (2006), Heredia e Palmeira (2005), Cañedo (1994, 2002 e 2003), Comeford (2003) e Grill (2008).

te o "tempo da política".[12] As contribuições analíticas mais promissoras do ponto de vista do entendimento do lugar que essas relações ocupam nas práticas políticas se encontram em trabalhos que se recusam a pensá-las estritamente em termos de clientelismo político, corrupção eleitoral ou como o resultado de ausências (de consciência, ideologia ou programa partidário). Abordagens inspiradas nessas perspectivas têm se mostrado insuficientes para tornar compreensível esse fenômeno à medida que incorporam uma visão idealizada das práticas políticas, comumente referida aos preceitos legais; inscrevem a concessão de favores no âmbito de atos automáticos de troca (bens e serviços concedidos retornam sob a forma de votos) e recorrem a explicações essencialistas (como a ideia de que tais práticas resultam da "cultura política"). A constatação dos limites que esses pressupostos colocam para o entendimento do lugar que a concessão e o recebimento de favores ocupam nas práticas políticas eleitorais pode ser estendida à análise sobre o modo como os favores se apresentam nas relações entre os representantes políticos. Desse modo, retomo algumas formulações que me parecem úteis para pensar essas relações.

A continuidade observada entre as relações políticas e os laços cotidianos permite relativizar a ideia de pensar a atividade política como constituída de relações sociais de natureza específica e estranhas ao dia a dia das pessoas. Ao analisar os laços políticos na Córsega, J.-L. Briquet (1997), por exemplo, chama atenção para a ligação entre os laços constituídos fora da política e os que dão conteúdo às relações políticas, o que contribui para que as "relações interpessoais" apareçam nas relações políticas como uma espécie de continuidade natural (Briquet, 1997:37). Assim, o laço político é percebido e apresentado como um laço pessoal e afetivo, oposto a uma relação neutra e anônima, associado ao ideal da cidadania cívica. Observações nessa direção também são feitas por Heredia e

---

[12] Para uma discussão sobre a noção de "tempo da política", ver Palmeira e Heredia (1993). Para análises sobre solicitações e concessões de bens e serviços pensadas como favores fora do *tempo da política,* ver, por exemplo, Bezerra (1999) e Heredia (2002).

Palmeira em trabalho sobre eleições e voto entre populações rurais no Brasil. Além de demonstrarem que obrigações sociais mantidas no âmbito das relações familiares, de amizade e vizinhança se estendem à política, os autores lembram que "o recebimento de um bem material, no tempo da política, tanto quanto de um serviço pensado como favor ou ajuda, fora do tempo da política, faz o eleitor sentir-se comprometido com o candidato doador" (Heredia e Palmeira, 2005:466). Essas observações permitem pensar, portanto, na possibilidade de sobreposição entre laços políticos e pessoais e no modo como obrigações sociais estabelecidas fora ou no âmbito das atividades pensadas como políticas ganham significados políticos.

A atenção aos bens e serviços trocados em termos de favor deve ser acompanhada de uma preocupação em apreender o valor diferencial que eles têm para os agentes envolvidos. Há pequenos e grandes favores e as obrigações sociais que lhes são associadas não são equivalentes. Remetendo uma vez mais às continuidades observadas entre as atividades políticas e o modo como as relações sociais são contextualmente estruturadas — por exemplo, em termos de gênero, idade, honra, reputação etc. —, Heredia e Palmeira (2005:469) argumentam que "a avaliação social diferencial dos bens e o modo como as atividades são ordenadas por gênero não desaparecem" no âmbito das relações mantidas com os políticos. Pode-se acrescentar a essas considerações sobre a pertinência de se qualificar a natureza dos favores concedidos e recebidos, o fato de que os pedidos feitos aos políticos e entre eles são avaliados também em termos de sua legitimidade. Se existem pedidos que não têm, por diferentes razões, como ser atendidos, há aqueles tidos como ilegítimos (como aprovação em concursos públicos ou comissão sobre recursos governamentais transferidos). Mas é preciso lembrar ainda que a legitimidade ou não dos pedidos não reside exclusivamente na natureza daquilo que é solicitado, mas depende também do estado da relação — da história da relação, do quanto se sentem obrigadas — entre as pessoas envolvidas.

Acusações de promessas não cumpridas, reclamações de eleitores e supostos aliados políticos que não retribuem os favores recebidos, deslocamentos de apoio político, denúncias de falta de lealdade e traições são evidências de que as obrigações pessoais constituídas a partir das práticas de concessão e recebimento de bens e serviços não possuem o status de regras invioláveis. Como argumentam Vilella e Marques (2002:66) a partir da observação de eleições municipais em municípios do Sertão de Pernambuco: "A lógica da conversão do recurso/favor em recurso/voto não é propriamente racionalizada e fruto de cálculo, mas é objeto constante de construção tática e avaliação". Estar atento para essa possibilidade de que os favores concedidos não sejam retribuídos conduz a outra dimensão das obrigações associadas às relações pessoais, que é a que diz respeito ao modo como se lida com as incertezas que lhes são inerentes e as manobras e argumentos mobilizados para justificar a não retribuição ou a quebra de compromissos. Como verifica também M. Goldman (2006) ao acompanhar diferentes eleições em Ilhéus (BA) a partir da perspectiva de um Centro Afro-Cultural (o que permite observar o desdobramento de favores, promessas e compromissos ao longo do tempo), a concessão de votos em razão de favores recebidos e compromissos assumidos é uma prática sujeita a divergências, conflitos e negociações (2006).

A transposição de laços sociais estabelecidos fora do campo político para este e vice-versa, a classificação — em termos de legitimidade e viabilidade, por exemplo — dos pedidos e favores concedidos e as incertezas e negociações envolvidas nas práticas de concessão e retribuição de bens e serviços sob a forma de favores são aspectos também observados nas relações entre os representantes políticos. A incorporação dessas dimensões nas relações entre os representantes pode contribuir para uma maior compreensão do lugar que nelas ocupam as relações pessoais e sua dinâmica.

O foco no exame das relações entre políticos, nas quais se incluem a concessão e o recebimento de diferentes bens e serviços sob a forma de favor, não deve ignorar o fato de que estas ocorrem, como mencionado acima, entre pessoas que ocupam posições políticas institucionais.[13] A percepção de agentes políticos de que parte de seus laços sociais está condicionada à posição institucional que ocupam é explicitada em relatos, nos quais queixas e ressentimentos se misturam, a respeito do afastamento de pessoas, até então próximas, quando os mandatos se encerram. Como observa um ex-prefeito e ex-deputado estadual da região centro-norte fluminense, o "valor" do político é indissociável do cargo ocupado: "Política é o seguinte: se você tem mandato você vale muito, se você não tem mandato vale pouco para a grande maioria das pessoas. (...) Quando está com o mandato, você está com muita gente à sua volta. Você perdeu o mandato, o pessoal normalmente se esconde". A situação em relação ao cargo explica também as dificuldades experimentadas por um prefeito, no exercício interino da função, para se aproximar de parlamentares. Tendo assumido inicialmente o cargo na condição de vice-prefeito — o prefeito havia sido afastado pela Justiça devido às suspeitas de irregularidade —, este toma iniciativas para entrar em contato com um dos deputados mais presentes na região e que ocupava na ocasião um cargo de ministro. A aproximação, no entanto, não se consolida ("não tive aceitação", diz o prefeito). A dificuldade para se "aproximar dos políticos" é por ele entendida como decorrente do fato de não ter sido eleito. Mas isso muda após assumir efetivamente o mandato. A partir desse momento, ele é procurado por representantes de diferentes partidos interessados em consolidar a presença do partido no município e um emissário do deputado lhe procura e transmite a intenção de que seja firmado o compromisso. O caso sugere que o exercício efetivo do mandato constitui uma espécie de passaporte exigido para o ingresso na comunidade de políticos.

As posições institucionais têm sido valorizadas, entre outros aspectos, pelas possibilidades que criam para seus ocupantes — devido ao domínio das regras e códigos de funcionamento das instituições, o acesso a recursos e a espaços de decisão e o conhe-

---

[13] Este é o caso, como sugere E. Wolf (2003), em que as "estruturas formais" antecedem temporal e logicamente as "estruturas informais"; que devem sua existência e operam em decorrência das primeiras.

cimento de pessoas — de ampliarem a extensão e a natureza dos favores concedidos (ver, por exemplo, Palmeira, 2000 e Kuschnir, 2000). A concessão de bens e serviços sob a forma de favor tem sido uma estratégia conscientemente utilizada por representantes políticos com o objetivo de acumular um capital de relações pessoais a partir do estabelecimento de dívidas pessoais. Entre parlamentares e funcionários de gabinete é recorrente a percepção de que o trabalho em torno da produção legislativa e a fiscalização do Poder Executivo não são eficazes do ponto de vista eleitoral. Em conversas ouve-se com frequência relatos sobre parlamentares que realizam um destacado trabalho legislativo, mas não se reelegem. Já a avaliação sobre o trabalho de atendimento dos pedidos de eleitores e especialmente de lideranças políticas é outra. A ele atribui-se a capacidade de promover dividendos eleitorais significativos. Porém sua importância reside não nos votos diretos que propicia, mas nos apoios que assegura de lideranças políticas nos estados e municípios. A relação entre os atendimentos, as disputas eleitorais e o exercício do mandato manifestam-se, por exemplo, na estratégia eleitoral adotada pelo deputado (PFL-PE), que afirma esforçar-se somente para obter a votação mínima necessária, pois, desse modo, acredita que terá menos trabalho ao ter de "dar assistência" a um número menor de prefeitos. A organização da estrutura de apoio ao candidato depende, por sua vez, de avaliações que prefeitos e lideranças efetuam sobre a capacidade deste de atender suas demandas e dos compromissos políticos e pessoais estabelecidos em função dos favores trocados.

LAÇOS POLÍTICOS ENTRE REPRESENTANTES E CIRCULAÇÃO DE FAVORES

As medidas postas em prática a partir da posição ocupada no Congresso Nacional relacionadas à estruturação dos laços políticos por meio dos quais as campanhas eleitorais são realizadas têm por referência principal, à primeira vista, o estado ao qual o parlamentar encontra-se vinculado politicamente. Como relata o deputado (PFL-PE): "O nome é federal, mas na realidade ele representa um estado. Então, ele só pode tirar voto naquele estado. O que ele faz aqui ele tem que estar voltado para o estado dele". Essas medidas através das quais a referência ao estado ganha realidade são traduzidas particularmente como manifestações de atenção, ou de indiferença quando ausentes, às localidades que integram o que os parlamentares designam como suas "bases eleitorais".

Cabe observar que a categoria "base eleitoral" não delimita simplesmente uma unidade geográfica ou administrativa, apesar de a noção de território estar contida em sua definição, mas especialmente um espaço de relações sociais. Ao apresentar-se como representante de sua "base", o parlamentar acredita, e quer fazer crer, que está falando em nome da totalidade de seus membros, eleitores reais ou supostos. Mas essa "base" constitui apenas uma comunidade imaginada, pois uma observação mais detida evidencia que o parlamentar atua de fato referido às demandas específicas dos membros de sua rede política ("grupo político"). Este aspecto torna-se mais claro quando se leva em conta, como indicam inúmeros estudos que examinam relações políticas nos municípios,[14] que nas localidades (municípios, estados ou regiões) encontram-se aliados e adversários políticos. É isto que lembra um deputado a seus pares, em depoimento a uma Comissão Parlamentar Mista de Inquérito (CPMI), ao referir-se à atenção concedida a seu "grupo": "Os senhores hão de convir comigo que não tenho unanimidade no meu estado, tenho meu grupo do lado de cá e tenho meus adversários do lado de lá. (...) Se as lideranças que fazem parte de meu grupo solicitarem vou aos ministérios pedir. Outros prefeitos são adversários, não me procuram" (CPMI do Orçamento, Flávio Derzi, 14/12/1993, p. 11). Se o parlamentar concede prioridade às solicitações das lideranças de seu "grupo", é com elas que, por sua vez, conta para que seu nome seja divulgado nos municípios.

---

[14] Ver, entre outros, Leal (1975) e Palmeira (1996).

As lideranças locais têm, desse modo, participação no estabelecimento e na conservação dos contatos mantidos pela população de determinada localidade com os representantes nacionais. Os investimentos e serviços que estes podem proporcionar à localidade a partir das posições que ocupam passam geralmente pelos políticos locais com os quais mantêm laços. Isso fica claro na situação vivida por um ex-prefeito da região serrana. O caso demonstra como a concessão por parte de um político nacional ou estadual de benefícios para a população pode deixar de ser viabilizada se isto significa o fortalecimento do adversário do aliado político no município. O ex-prefeito conta, com certa dose de lamento, que o deputado que apoiou tinha o controle de três secretarias estaduais. E pelos votos obtidos no município estava disposto a fazer algo pelo mesmo. No entanto, o ex-prefeito estava na condição de oposição e qualquer benefício proporcionado ao município fortaleceria a posição de seu adversário: "Então, [diz ele] o fato é que esse deputado hoje não pode fazer nada em troca dos votos que ganhou aqui porque eu não estou no poder e tudo que ele fizer ganha o político que está lá". A relação com o município e seus moradores, geralmente salientada no discurso público dos parlamentares, aparece, portanto, subordinada às relações mantidas entre os políticos. Em suma, é por meio sobretudo dessas relações que os parlamentares se apresentam como representantes das localidades.

Essa identificação das relações entre políticos como feita de relações pessoais encontra correspondência na concepção que segmentos da população têm da política. Como ressalta M. Palmeira (2000), a percepção da política (e do "governo") como algo externo à comunidade não significa que esta seja pensada como impessoal, mas como feita "de relacionamentos pessoais entre homens extraordinários, 'pessoas de conhecimento'". A visão dos laços políticos como laços pessoais e a mobilização destes no contexto de ações que são definidas como políticas são mencionadas pelos próprios políticos quando explicam o modo como encaminham soluções para suas demandas. Após afirmar que a relação com o governo federal "depende de conhecimento e competência", um ex-prefeito e ex-deputado estadual exemplifica, mediante uma situação hipotética, como procederia para "chegar" ao ministro da Saúde. Explica, então, que seria necessário recorrer a um deputado federal com "moral" junto ao ministro. A escolha desse deputado depende, porém, do conhecimento dos partidos políticos que controlam o Ministério e da identificação das lideranças deste partido no estado. Na situação relatada, o entrevistado menciona dois parlamentares e conclui afirmando: "Todos dois são meus amigos, muito tempo na política". Nota-se, portanto, que são mobilizados laços partidários, estaduais e pessoais. A coexistência de vínculos partidários e pessoais na determinação das ações políticas define a relação deste mesmo político com um deputado federal com atuação na região. Para explicar sua participação na campanha desse último, mesmo não exercendo cargo político, ele informa que, além dos apoios políticos mútuos, foram criados juntos, foram amigos de infância, frequentaram as casas e chegou a namorar uma colega de sua irmã. A crença de que decisões políticas são fundadas em relações de amizade e parentesco justifica, aos olhos de um prefeito, os recursos recebidos por seu colega do município vizinho, a quem atribui o fato de ter relações de parentesco com um deputado, de almoçarem e se visitarem regularmente.

Mas o estabelecimento e a manutenção de laços sociais entre parlamentares e lideranças municipais firmam-se também em relações pessoais constituídas a partir de favores. De modo amplo, essas trocas incluem, por parte dos parlamentares, manifestações de atenção às localidades via lideranças que integram suas redes políticas e, por parte dessas últimas, a mobilização de suas estruturas eleitorais e medidas de divulgação do parlamentar como representante e promotor de benefícios para a localidade. Estas trocas não são pontuais, inscrevem-se na história da relação entre os políticos e estão referidas tanto ao passado quanto ao futuro de suas posições políticas. Referindo-se aos motivos que conduzem um prefeito a escolher a que candidato ao parlamento concederá apoio, um deputado (PMDB-ES) ressalta que estes dependem mais de "conveniências pessoais" e do "grupo político" do que de partidos: "Às vezes está prevendo o futuro político dele ou às vezes está pagando uma conta cara. Já recebeu um apoio lá atrás, que às vezes é político, às vezes é financeiro para a campanha, então, está pagando um benefício que já obteve". As trocas de serviços e bens entre os parlamentares e lideranças locais, especialmente prefeitos, adquirem formas próprias, ou seja, têm uma temporalidade, envolvem favores e expectativas mútuas particulares e estão associadas a valores que, apesar de não serem exclusivos destas relações (como lealdade, confiança, traição etc.), têm aí o seu lugar.

Assim, ao descrever as formas que adquirem as trocas de apoio, ajuda e favores entre representantes políticos em alguns de seus momentos e contextos, que correspondem àqueles por eles próprios definidos, minha intenção é indicar o conjunto amplo de relações sociais nas quais se inscrevem, os sentidos que estes atribuem às suas ações e o modo como se relacionam com a questão da construção da reputação do representante.

Se os laços entre parlamentares e prefeitos são mais visíveis durante as disputas eleitorais, quando são propositalmente expostos publicamente nos materiais de campanha dos candidatos, uma vez que apontam para o capital de relações sociais de que cada um dispõe, as eleições são, geralmente, apenas um momento em que ações de caráter recíproco entre os representantes políticos são observadas. Essas ações, como os pedidos de intervenção junto aos órgãos governamentais e as solicitações de recursos encaminhadas aos parlamentares, inscrevem-se em expectativas associadas às posições institucionais e às obrigações pessoais decorrentes dos benefícios mútuos obtidos pelos políticos em termos de favores pessoais.

A dedicação de parlamentares à resolução das solicitações originadas de suas "bases eleitorais" está associada diretamente a seus interesses eleitorais. A disputa eleitoral é, portanto, a ocasião por excelência em que esperam que seus esforços sejam reconhecidos pelas lideranças locais. A necessidade, definida pelo modo como estão organizadas as eleições, que os candidatos aos cargos nacionais e estaduais têm do apoio de lideranças locais atribui a estas um poder relativo em relação aos primeiros. Os vínculos com as lideranças locais constituem, no limite, uma condição para que o candidato se faça presente nos municípios: "Se ninguém dá apoio a você naquele município, você não vai nem lá" (deputado PFL-PE). A definição das lideranças locais sobre a distribuição dos apoios funciona como uma espécie de seleção dos candidatos, especialmente quando eles estão fora de suas "bases principais", aptos a participar da política local, isto é, a disputar os votos disponíveis naquela localidade.

Da perspectiva do candidato (senador ou deputado), nos limites do município, o prefeito torna-se o "cabo eleitoral" mais valorizado: "O prefeito é o cabo eleitoral mais importante" (deputado PMDB-ES). Seu valor neste momento reside, sobretudo, na estrutura eleitoral — rede de contatos, acesso à população, viaturas, meios de comunicação, empregos, prestação de serviços etc. — que pode colocar à disposição do candidato. A divulgação do nome do candidato na localidade realiza-se também por meio de inaugurações e comícios, quando são atribuídas a ele as ações que resultaram em recursos, programas e obras realizadas. E a importância de se contar com o apoio do prefeito cresce de modo proporcional à presença que tem o poder público municipal na vida cotidiana dos moradores, ou seja, que dependem dos serviços e empregos controlados a partir da prefeitura: "A grande força nessas regiões é o governo, a prefeitura. Quem está na prefeitura está com a força" (senador, PMDB-PB). Uma evidência da eficácia da mobilização dessas redes de apoio é a votação obtida por parlamentares em localidades nas quais sequer estiveram presentes, mas cujas candidaturas são articuladas por lideranças locais.

A montagem da estrutura local de apoio à candidatura pode exigir, como no caso do estado da Paraíba,[15] um conhecimento sobre unidades sociais como as famílias, uma vez que a dinâmica das relações entre elas atravessa as relações políticas nos municípios: "Então, na minha região, em cada cidade cristalizou-se uma

---

[15] Ver Lewin (1993).

família ou um grupo familiar e essas cidades até hoje são assim. (...) As famílias nas cidades se unem em blocos. (...) E, em cada cidade, a gente sabe quem é o nosso aliado e quem é o nosso adversário. Então, é um relacionamento fácil porque é feito na base da confiança" (senador, PMDB-PB). A campanha política, portanto, depende da articulação entre as famílias, especialmente a conquista da "chefia de cada grupo familiar". Isto exige um detalhado conhecimento da história da relação entre as famílias — das alianças e dos antagonismos —, de seus interesses e do "perfil psicológico" de seus membros ("explosivos", "afáveis", "brigões").

O parlamentar espera, portanto, que o apoio concedido às lideranças locais — nas eleições municipais e ao longo de seu mandato através do atendimento de suas solicitações — seja reconhecido através da colaboração em sua própria campanha. A retribuição é entendida aqui como manifestação e reafirmação da lealdade. "Lealdade é isso: se hoje eu estou lá ajudando o prefeito a ganhar as eleições, que depois, então, ele também me dê a retribuição" (deputado, PMDB-ES). Esse deputado, que teve a experiência como vice-governador de ter "subido no palanque" de boa parte dos candidatos a prefeito eleita em seu estado e quando de sua candidatura ter contado com poucos prefeitos "ao seu lado na rua pedindo votos", lembra que na política a falta de "coerência" e "lealdade" é grande. O ressentimento do deputado em relação aos prefeitos demonstra que as expectativas de reciprocidade não são obrigatoriamente concretizadas. O que também é evidenciado pela percepção de que a falta de lealdade é uma prática regular. As concessões de apoio não eliminam, portanto, as incertezas que fazem parte, em maior ou menor grau, dos laços entre os representantes.

Ao examinar a participação dos políticos locais nas eleições nacionais, um vereador (PMDB) de um município do Centro-Norte descreveu sua inserção como a de um "cabo eleitoral". Em seu entender, aos políticos locais cabe a tarefa, sobretudo, de mobilizar suas estruturas eleitorais em favor dos candidatos apoiados. Este observa que, enquanto os candidatos a deputado federal mantêm uma relação mais direta com o Poder Executivo, os candidatos a deputado estadual aproximam-se dos vereadores. Nos dois casos, porém, para que a "máquina funcione", ou seja, para que os "cabos eleitorais" de prefeito e vereadores trabalhem, faz-se necessário o repasse de recursos que permita cobrir os custos, entre outros, de gasolina, refeições e salários das pessoas mobilizadas na campanha. Mas no caso de municípios de sua região, o vereador informa que foram estabelecidos também valores, por parte de prefeitos e vereadores, a título pessoal, para a concessão do apoio a candidatos a deputado federal e estadual. Isso ocorre paralelamente, como em seu caso, ao apoio dado a parlamentares que historicamente "têm ajudado o município". Esse apoio, porém, não é estritamente individual. Ele é negociado pelo seu "grupo político" no município: "Não adianta você ficar sozinho que não vai dar voto a ninguém". O leque de candidatos que pode vir a ser apoiado é discutido no âmbito do grupo e as propostas de concessão de apoio negociadas com os próprios candidatos.

O trabalho efetuado pelos líderes locais em favor de seus candidatos consiste basicamente na arregimentação de votos e divulgação de seus nomes. Ao mencionar atividades realizadas com esse propósito, vereadores lembram com frequência da organização de reuniões, participação em eventos públicos, programas de rádio, comícios e, sobretudo, da associação do candidato a obras realizadas. As obras, nos termos de um vereador da região serrana (PSB-RJ), tornam-se um "palanque" para o candidato e constituem uma demonstração objetiva de sua ligação e interesse pela localidade. Como ressalta um secretário municipal da região Centro-Norte, cabe ao prefeito "projetar o nome" do político demonstrando para a população que tem sido bem atendido por ele ("Se o político fizer uma coisa para você e você não projetar o nome dele, na verdade, para ele não tem retorno").

A definição sobre o apoio aos candidatos aos cargos nacionais não deixa de estar relacionada às disputas políticas no âmbito local. As eleições nacionais e estaduais, desse modo, são apropriadas localmente e tornam-se uma oportunidade para que as lideranças locais meçam e demonstrem suas forças políticas (eleitorais).[16] Nessas situações podem ser escolhidos candidatos que sequer conhecem o município. Foi o que ocorreu quando do apoio de dois vereadores (PMDB) do centro-norte fluminense, sendo um deles presidente da Câmara, a um candidato a deputado estadual que se elegeu com uma boa votação no município. Já o ex-prefeito de um município da região serrana informa ter esperado seu adversário definir quem apoiaria para então definir seu candidato, que também foi um desconhecido do município. Assim, fez campanha basicamente por meio de solicitações dirigidas às pessoas cadastradas em sua mala direta e o candidato acabou sendo o segundo mais votado, tendo o candidato do adversário ficado em quarto: "Era interessante para eu mostrar força com um candidato que nunca tinha vindo aqui". Mas sua decisão envolveu também a escolha de outro candidato com chances de se eleger tranquilamente no município. O apoio nesse caso justifica-se como um investimento no futuro, uma vez que se pauta na expectativa de que numa possível disputa eleitoral o candidato poderia "vir a me ajudar não só politicamente como financeiramente".

A referência do ex-prefeito à ajuda política e financeira define em grandes linhas as expectativas que têm os políticos locais em relação aos parlamentares que integram suas redes políticas e pessoais quando das eleições municipais. Contribuições em dinheiro e material de campanha constituem formas recorrentes de políticos em cargos nacionais e estaduais tomarem parte, através do apoio aos integrantes de seu grupo político, das eleições locais. Outros aspectos valorizados são as participações em eventos de campanha (comícios, caminhadas, carreatas, reuniões etc.) e as declarações de apoio, confiança e competência do candidato. A exibição pública dos laços mantidos com políticos nacionais e estaduais é uma forma de demonstração do capital político e da força do candidato, pois se acredita que através desses laços é possível assegurar maiores benefícios para a localidade.

---

[16] A esse respeito ver, respectivamente, Graham (1997) e Leal (1975) para as eleições no Império e na Primeira República.

Do ponto de vista dos parlamentares, sua participação nas disputas eleitorais locais é descrita em termos tanto de "solidariedade" quanto de "obrigação". A presença no município ao lado do candidato por ele apoiado — em reuniões, comícios e comunidades — é tida como um gesto de apoio, já que o parlamentar empenha seu próprio prestígio no candidato. Ademais, ela contribui para valorizar os eventos na medida em que o parlamentar, tido como alguém "de fora" e importante, "vira uma atração para as pessoas" (deputado, PFL-PE). Mas essa presença é vivida também como obrigação já que se acredita que a ausência pode ser interpretada pela liderança local como desinteresse do parlamentar pelo município, um gesto de "abandono".

O envolvimento de políticos em cargos nacionais nas disputas locais tende a variar em função, entre outros aspectos, do peso que cada um dos municípios possui na configuração de sua "base eleitoral". Nas "bases principais", especialmente no município de origem política do parlamentar, a participação tende a ser maior, o que significa envolvimento nas discussões e articulações locais em torno das candidaturas. Nos demais, ela é tida como secundária e caracteriza-se especialmente pelas manifestações de apoio aos candidatos.

Além da presença em eventos de campanha, parlamentares ressaltam que também contribuem com líderes locais ao promoverem a realização de obras no município. As obras, por sua vez, são apresentadas como o resultado dos vínculos mantidos pelo candidato com o parlamentar: "O parlamentar procura mostrar à comunidade que a ligação do prefeito com o parlamentar é importante para levar benefício para o povo. (...) Você vai recordar as obras que você fez no bairro. (...) Você vai mostrar a intimidade que você tem com aquela comunidade. Soma demais" (Deputado, PMDB-ES). Os benefícios proporcionados ao município sob a forma de obras e serviços são desse modo uma forma de objetivação da eficácia das relações estabelecidas.

A presença dos parlamentares nos municípios não se reduz, porém, aos períodos eleitorais. Ela é também valorizada pelas lideranças locais em outras ocasiões. As visitas, como geralmente são designadas, são interpretadas como uma demonstração de atenção aos políticos locais aos quais os parlamentares encontram-se vinculados e às questões de interesse do município. Nesse sentido, o fato de um deputado federal despachar em seu gabinete é interpretado pelo vereador de um município da região serrana (RJ) como uma demonstração de "carinho" e "interesse" por ele e pela cidade, que, por sua vez, acredita que se sente orgulhosa de o deputado estar frequentemente presente ("É um deputado que não esquece o nosso município, é o deputado que tem mais obras realizadas no município"). Essas visitas contribuem, assim, para renovar os laços entre os políticos e desses com a localidade. Para tanto, essas ocasiões são marcadas por visitas rápidas às "comunidades" que integram a base eleitoral das lideranças e encontros mais restritos, como almoços dos quais participam membros do grupo político mais próximo.

As visitas aos municípios são vividas pelos parlamentares como algo importante no exercício de seus mandatos. Essas são realizadas especialmente nos finais de semana e dias nos quais não há sessões no Congresso. Esses eventos são concebidos pelos parlamentares como parte de seu trabalho como representante e manifestam indignação com matérias publicadas pela imprensa que dão a entender que eles trabalham somente nos dias em que se encontram em seus gabinetes em Brasília. A presença nos municípios fora das eleições é, segundo o deputado (PMDB-ES), vista pelos representantes políticos locais "com carinho". A importância desta presença é ressaltada pelo deputado (PFL-PE), que acrescenta ainda que, se dependesse do prefeito, "a gente morava lá". Elas são desejadas mesmo levando-se em conta que frequentemente implicam tempo e despesas para o prefeito e lideranças locais já que, comumente, em nome da hospitalidade, arcam com as despesas relativas a deslocamento, hospedagem e alimentação do parlamentar e acompanhantes. As visitas resultam geralmente de convites realizados pelas lideranças locais e, como a participação em programas de rádio e televisão, fotos e matérias na imprensa local são vistas como uma forma de assegurar a presença nos municípios. Elas, no entanto, favorecem o contato pessoal entre as lideranças e, como observa o deputado (PFL-PE), apontando para o que parece ser uma das condições da atividade política: "política é uma coisa que depende um pouco da presença pessoal". Essa presença nos municípios obedece a uma ordem hierárquica estabelecida sobretudo pela votação obtida pelo parlamentar. Os municípios priorizados e aqueles visitados com maior regularidade, em alguns casos quinzenalmente, são também aqueles nos quais se obteve maior votação. Neles, tidos como a "base eleitoral principal", se conhece o prefeito, o vereador, um profissional, o líder da igreja, da associação de moradores, isto é, "as pessoas são chamadas pelo nome". Com essas pessoas, o contato é permanente. Essas visitas, como mencionado, são oportunidades para comparecimento em reuniões e "encontros comunitários", já que favorecem o contato com um número maior de pessoas. A presença do parlamentar no município, como sugere o vereador mencionado ao referir-se à ideia de orgulho, contribui para a valorização da localidade pelos próprios moradores. Como observa também o deputado (PFL-PE), a visita de um parlamentar, pessoa vista como dotada de poder, opera como uma forma de reconhecimento, para a população, da importância de seu município: "Se for aos lugares todo mundo gosta, todo mundo quer ver o deputado. (...) E quanto mais longe, mais importante a presença, porque menos gente importante vai naquele lugar".

Ao lado dessas visitas esporádicas e sem datas previamente estabelecidas, a presença de parlamentares nos municípios está relacionada ao seu calendário de festividade. Aniversário da cidade, procissão da padroeira e exposição agropecuária são exemplos de festas que mobilizam moradores da cidade e região e para as quais frequentemente são convidados parlamentares estaduais e federais que mantêm ligações com os representantes locais. Esses momentos são fortemente valorizados pelos políticos pela possibilidade que oferecem de exposição pública e estabelecimento de contatos com os moradores. Ademais, a participação nesses eventos em que as sociedades locais celebram a si mesmas é uma forma de atualizar os laços de identidade com as mesmas. Ausentar-se dessas ocasiões é correr o risco de, nos termos do deputado (PMDB-ES), "deixar de ser gente dali".

Quando se têm em conta as ações dos parlamentares tidas pelas lideranças locais como manifestações de atenção às localidades, não há dúvida de que a inclusão no orçamento federal de previsão de investimentos em seus municípios é uma das mais valorizadas. A obtenção de recursos federais é considerada em termos práticos como a principal atribuição do representante político. Um ex-prefeito e deputado (PMDB-ES), ao referir-se à importância do vínculo do prefeito com o parlamentar, destaca: "Primeiro, [o prefeito] vai ter alguém aqui em Brasília para conseguir audiência em prazo mais recorde. (...) Outro ponto é a canalização de recursos financeiros. Acho que o objetivo maior que o prefeito tem é dinheiro para o município". Se essa concepção ganha força nos municípios menores cujas receitas dependem sobretudo dos repasses estadual e federal — "[o parlamentar] também foi eleito dentro daquela retórica de que o deputado do interior tem que trazer recursos", informa um secretário de Saúde de um município da região serrana (RJ) —, ela não é, porém, exclusiva desses municípios. Tomando como exemplo o caso do estado do Rio de Janeiro, a propaganda eleitoral de 2010 evidencia que a obtenção de recursos e a promessa de que serão empreendidos esforços para que isso ocorra são medidas apresentadas por candidatos (a senador, deputados federal e estadual) de diferentes partidos, respectivamente, como conquistas e propostas de seus mandatos. Na concorrência pelos recursos federais, os prefeitos recorrem prioritariamente aos deputados que obtiveram maiores votações no município já que se acredita que são estes que têm maior compromisso com o município. Anualmente, portanto, prefeitos recorrem aos parlamentares com a expectativa de que possam obter recursos para seus municípios. O sucesso ou não na obtenção desses recursos torna-se para as lideranças locais uma forma de demonstração do interesse nos vínculos mantidos com elas e um critério de julgamento sobre o poder do político encarregado da solicitação.

Confrontados com essas expectativas, os parlamentares se veem diante da necessidade de gerir demandas que geralmente estão além de sua possibilidade de atender. No entanto, eles se empenham no atendimento dessas demandas porque reconhecem também que elas são parte de sua atribuição; especialmente quando o mandato é examinado da perspectiva que os vinculam, pelos votos, às localidades e suas lideranças. A esse respeito retomo declaração de um respeitado senador (PFL-PE), publicada (em 1988) pelo jornal *Folha de S.Paulo*. Diz ele: "A luta política por mais verbas para os estados é uma função inerente ao parlamentar". Em outra ocasião, nesta mesma direção, argumenta um deputado (PMDB-BA): "Considero que é um dever do parlamentar lutar bravamente para conseguir a maior soma de recursos possíveis para o seu estado ou para a sua região" (CPMI do Orçamento, Genebaldo Correia, 19/11/93, p. 6). A expectativa em relação à obtenção dos recursos federais constitui, portanto, uma realidade e uma atribuição assumidas publicamente, e raramente questionadas pelos agentes políticos. O temor de que o fracasso na promoção de investimentos seja interpretado como desinteresse pelo município ("Pode dar a impressão àquele município que você não se interessou, não fez nada pelo município" (deputado, PFL-PE)) impõe-se como uma espécie de obrigação associada ao mandato. Vê-se, assim, que a distribuição de recursos para os municípios não é adequadamente interpretada, como sugerem análises centradas na noção de clientelismo político,[17] se pensada estritamente em termos de uma lógica instrumental e intenção manipuladora do parlamentar. O que revela essa concepção da representação política partilhada por parlamentares é que eles estão de certo modo presos a ela e, por conseguinte, sujeitos às pressões advindas das lideranças políticas de sua rede política ("grupo político").

---

[17] Sobre a noção de clientelismo político ver, entre outros, os textos reunidos em Strickon e Greenfield (1972), Schmidt et al. (1977), Eisenstadt e Lemarchand (1981) e Roniger e Günes-Ayata (1994). Para uma discussão sobre o uso do conceito na análise do caso brasileiro, ver, entre outros, Carvalho (1997), Graham (1997) e Banck (1999).

A definição sobre como as verbas serão distribuídas — para quem, para onde, em que quantidade etc. — constitui uma decisão estratégica para o parlamentar, uma vez que repercute diretamente na configuração e no estado de suas relações políticas e pessoais. A apresentação de emendas parlamentares durante a etapa de elaboração da proposta orçamentária no Congresso Nacional constitui a via institucional através da qual os parlamentares buscam atender às solicitações de recursos financeiros originadas de suas "bases eleitorais".[18] Ao participar da elaboração do orçamento é comum, portanto, o parlamentar dar prioridade a previsões de investimentos em programas e obras que atendam aos membros de suas redes políticas. A intervenção dos parlamentares na elaboração do orçamento ocorre particularmente na rubrica destinada aos investimentos do governo federal, que, por sua vez, corresponde a uma parcela pequena do orçamento. Mas, se do ponto de vista da totalidade do orçamento anual as propostas e alterações dos parlamentares são restritas, essas, porém, tornam-se valiosas quando consideradas da perspectiva dos municípios e das relações políticas. A incorporação na concepção da representação política da obtenção de recursos como atribuição parlamentar torna sua capacidade para realizar essa tarefa um dado central da estruturação das relações entre os políticos.[19] Isto, por sua vez, tem con-

---

[18] A Lei Orçamentária Anual (LOA), que corresponde ao orçamento anual, é primeiramente objeto de discussão nos órgãos do Executivo através de etapas coordenadas pelo Ministério do Planejamento e Orçamento. Em seguida, a proposta do Executivo é remetida pelo presidente da República ao Congresso Nacional. Na Comissão Mista de Planos, Orçamentos Públicos e Fiscalização (CMPOF), única Comissão estabelecida constitucionalmente e a que reúne o maior número de membros, a proposta é analisada, modificada e votada. Aprovada pelo plenário do Congresso, a LOA é encaminhada para o presidente da República para que seja sancionada; o que é feito com ou sem vetos. Como a Lei Orçamentária tem sido interpretada como tendo caráter apenas autorizativo, cabe observar que a decisão final a respeito da liberação das verbas depende em última instância do Poder Executivo.

[19] Para ressaltar a importância das emendas orçamentárias elaboradas pelos parlamentares na concepção da representação política e na estruturação de seus laços políticos com as localidades, remeto ao primeiro pronunciamento do presidente da Câmara empossado em fevereiro de 2011, deputado Marco Maia (PT-RS), no qual defende o pagamento das emendas orçamentárias dos parlamentares.

sequências para a definição das atribuições a que se dedicam os parlamentares ao longo de seus mandatos.

O reconhecimento institucional, isto é, do conjunto dos membros do Congresso, do interesse dos parlamentares na alocação de verbas desta natureza objetiva-se na forma da chamada "cota". Produto de um acordo informal vigente entre os parlamentares, a "cota" consiste em um valor fixo reservado a cada parlamentar para que ele distribua segundo suas prioridades (em 2008, o valor de R$ 5 milhões pôde ser repartido em até 20 emendas). A "cota" é um caso em que a posição institucional do político cria as condições para que ele amplie sua capacidade de distribuição de serviços e recursos sob a forma de favores. O fato de estarem em jogo recursos do Estado evidencia como a redistribuição estatal dos recursos conjuga-se com o modo de redistribuição pessoal dos parlamentares. Assim, os recursos estatais, ao entrarem no circuito de relações entre os políticos, convertem-se em meios de distribuição de reconhecimento e criação de autoridade.

Esta relação entre a distribuição de recursos e o estabelecimento de compromissos políticos e pessoais entre os agentes envolvidos, reforçada pelo fato de que envolve um processo de seleção por parte de parlamentares e lideranças locais, pode ser observada quando se consideram os critérios utilizados por estes na definição de a quem os pedidos são feitos e os pedidos de quem são atendidos. Há, neste aspecto, um consenso entre parlamentares e lideranças locais no que diz respeito ao critério dominante. A votação obtida pelo parlamentar na localidade é entendida como uma forma de criação de "compromisso" com o mesmo. Nos termos de um ex-secretário municipal, a votação coloca o parlamentar em dívida com o município e as lideranças que o apoiaram ("Ele deve ao município"). O sentimento de obrigação com esses municípios é partilhado pelos parlamentares que afirmam conceder a eles uma maior atenção, o que é traduzido sob a forma de visitas mais regulares e empenho para a viabilização de investimentos. Assim, a votação alcançada nos municípios hierarquiza, do ponto de vista das lideranças locais, os parlamentares aos quais se recorre e, do ponto de vista dos parlamentares, os municípios que, mediado por sua rede de relações, devem ter seus "pleitos" priorizados.

LAÇOS POLÍTICOS, CORTESIA E RECONHECIMENTO

Ao focar algumas das dimensões das relações entre parlamentares e lideranças políticas locais, especialmente aquelas por eles destacadas — como a defesa dos interesses das lideranças locais junto aos órgãos do poder público, a presença nos municípios, o apoio financeiro e material de parlamentares aos seus candidatos nas eleições municipais, a mobilização por parte destes de suas estruturas eleitorais quando de eleições nacionais, a promoção nos municípios do nome de políticos estaduais e nacionais e a obtenção de recursos para investimentos —, procurei demonstrar como essas relações se estruturam em termos de obrigações e expectativas fundadas em posições institucionais — como a de representantes políticos — e pessoais — como as fundadas nos serviços e bens trocados sob a forma de favores. Mas o investimento e a preservação desses vínculos em termos pessoais manifestam-se também, e de forma particularmente especial, no modo como os contatos — estabelecidos diretamente, por telefone ou através de assessores — são conduzidos, uma vez que são interpretados pelos agentes políticos como demonstrações de atenção, consideração e interesse. Esses contatos seguem certa etiqueta (Elias, 1987) e se a percepção por parte dos interlocutores de que estão sendo tratados com deferência fortalece os laços, gestos que indiquem falta de apreço e consideração geram insatisfações e, no limite, afastamentos. Nesse último caso, tanto os laços pessoais quanto políticos são abalados, uma vez que aquilo que cada um pode disponibilizar ao outro a partir de suas posições institucionais é colocado em questão.

A importância atribuída pelos agentes políticos a demonstrações de conhecimento e intimidade pode ser observada em situações em que está em jogo o reconhecimento do interlocutor, seja através do nome ou da posição social ocupada. Segundo o relato de um vereador que presenciou a situação, uma prefeita recém-eleita, mas ainda não empossada, em um encontro com o governador (RJ), onde estavam presentes outros convidados, viveu como desagravo o fato deste, por ter tido pouco contato com ela apesar do apoio que lhe deu, não ter lhe reconhecido. A prefeita ficou "ressentida" e o mal-estar só foi desfeito durante um almoço no Palácio Guanabara, mediado pelo vereador e um deputado estadual, entre o governador e a prefeita.

Duas situações vividas pelo então prefeito de um município da região serrana (RJ) revelam como o modo de acolhimento por parte de parlamentares e autoridades governamentais é interpretado por lideranças locais como manifestação de maior ou menor interesse por suas demandas. Assim, se, por um lado, o tratamento formal que lhe foi dispensado por um deputado com larga votação em sua região lhe desperta ressentimentos, por outro, os gestos de cortesia e demonstrações de empenho em relação ao seu "pleito" por parte de um assessor do ministério o levam a crer que teria sucesso na viabilização de seu projeto de pavimentação de uma estrada municipal. Recebido pelo parlamentar, o prefeito critica o tratamento formal que lhe é dispensado, o controle do tempo e do assunto: "Ele é incapaz de perder um minuto com você. Levanta, fica em pé e te dá a mão. Ele trata com você estritamente aquilo que foi tratado. Ele não divaga dois minutos com uma conversa ou outra. Eu acho aquilo horrível. Você vem conversar, você quer tocar nos assuntos com o cara. O cara não te dá chance. Obviamente que o tempo dele é importante, mas o meu também é importante". A atitude é traduzida como falta de atenção, pouca consideração e evidencia o diferencial de poder entre eles. Esta experiência contrasta com o tratamento recebido do secretário de Políticas Regionais do Governo Federal: "O cara me atendeu maravilhosamente: 'prefeito, faça o seu projeto'. Eu fiquei doido". O prefeito fez o projeto e toda vez que retornava era "otimamente bem atendido" e estimulado. "Eu me animava cada vez mais. [Pensava]: 'Consegui o mapa da mina'. (...) O cara atendia bem demais, deixou na sala dele conversando. Eu falei: 'se eu não conseguir com ele, não consigo com ninguém. Não consegui com ninguém mesmo". Tempo para receber, conversar, orientação e incentivo convenceram o prefeito do sucesso de sua empreitada a ponto de investir recursos na elaboração do projeto e divulgação da obra no município. Ele concluiu, porém, que os recursos só estavam sendo liberados para quem "tinha deputado" e o deputado que mobilizou não foi capaz de viabilizar o projeto.

A preocupação de parlamentares em preservar sua boa reputação junto às lideranças locais por meio de gestos de cortesia e de um tratamento que lhes distinga pode ser observada, por exemplo, nos contatos telefônicos e pessoais realizados no gabinete dos parlamentares. Um dos aspectos que sustenta esses contatos, como indicado acima, é a concepção de que cabe ao parlamentar agir em favor de seus representados. A percepção por parte das lideranças locais de que isso não se realiza pode, em último caso, fazer com que este julgue negativamente o parlamentar, o considere ineficiente ou "ingrato" por não reconhecer as ações de apoio concedidas.

Este contato, como mencionado, segue uma etiqueta cuja lógica pode ser resumida na ideia de que se busca fazer crer que o parlamentar está empenhado em atender à demanda que lhe foi encaminhada e, portanto, se vincule ao parlamentar pelo sentimento de dívida. Efeito que o caso do prefeito mencionado acima confirma. Assim, exige-se dos assessores que eles tenham, por exemplo, "jogo de cintura", "sutileza" e "malícia". O contato deve ser conduzido tomando-se o cuidado de não "chatear", "aborrecer", "agredir", "rejeitar" ou "constranger" o interlocutor (prefeito, liderança política ou eleitor). Ademais, comentários são efetuados com o propósito de singularizar a relação de modo que o demandante creia que é especial. Como ocorre também nas ocasiões em que os prefeitos encontram-se no Distrito Federal, são adotadas medidas para que eles se sintam "prestigiados". Nesse sentido, os gestos de cortesia e os serviços concedidos sob a forma de dons aos prefeitos são uma forma de deferência aos mesmos. Se, por um lado, isso já é uma demonstração do quanto essas ligações com parlamentares podem reverter em benefício do prefeito, por outro, esses atos de concessão de prestígio contribuem para a criação e consolidação dos vínculos existentes na medida em que se inserem no circuito de favores e serviços concedidos e recebidos por parlamentares e prefeitos. A ideia de que a troca de favores e serviços cria créditos e dívidas pessoais, ou seja, estabelece compromissos políticos, para usar a categoria utilizada pelos agentes, está associada às estratégias conscientemente postas em ação com o propósito de assegurar a imobilização de pessoas.

Parlamentares e assessores acreditam que as ações de cuidado dispensadas ao prefeito contribuem para consolidar suas relações e inclusive diferenciá-lo dos demais parlamentares. Interessados em obter os recursos necessários para viabilizar os projetos em seus municípios é comum os prefeitos encaminharem seus pleitos a mais de um parlamentar. Ao fugir do exclusivismo, a ação do prefeito introduz uma incerteza na relação com os parlamentares. Além disso, há a própria concorrência entre os parlamentares pela busca de apoio dos prefeitos e lideranças locais em seus municípios. Nesse contexto, acredita-se que estes valorizam o parlamentar que lhe deu a maior atenção: "Esperou no aeroporto", "saiu à noite com ele", "arrumou hotel para ele ficar". Enfim, tudo se passa como se as lideranças políticas, sobretudo os prefeitos, fossem alvo de uma concorrência entre os parlamentares em termos de manifestações de generosidade.

"FORÇA" E REPUTAÇÃO ENTRE REPRESENTANTES POLÍTICOS

As práticas de cortesia, apesar de contribuírem para diferenciar os políticos do ponto de vista da demonstração do interesse que nutrem por suas relações, não são uma garantia de manutenção dos laços existentes. Seus efeitos decrescem se não são acompanhadas da obtenção efetiva das solicitações de recursos, serviços, apoios etc. E a capacidade de o político atender a essas solicitações é avaliada como resultado de sua "força", categoria que no contexto destas relações parece remeter a uma noção nativa de poder. E, assim como os gestos de generosidade, a percepção sobre o poder dos políticos produz uma diferenciação entre eles. Do ponto de vista das lideranças locais, a avaliação sobre a "força" de um parlamentar pode estar na origem de uma aproximação ou afastamento deste. E, para estes, as indicações mais comuns desta "força" são o sucesso no atendimento dos pleitos e o controle de órgãos públicos.

Assim, a atenção recebida pelo prefeito de um município da região serrana não foi suficiente para que continuasse a contar com um parlamentar com expressiva votação no mesmo. O parlamentar se projetou na região em determinado momento em virtude de diversos "serviços prestados". Ao eleger-se, o prefeito alega que procurou o parlamentar, mas aos poucos constatou que ele não conseguia resolver as questões por falta de "expressão": "Era um deputado sem expressão absolutamente nenhuma em Brasília, seus pleitos no orçamento não saíam e raramente conseguia alguma coisa de benefício para o município. Aí fui me afastando dele". Ele não tinha, portanto, a "força" que afirmava publicamente ter. Desse modo, observa-se que as solicitações constituem para os envolvidos na relação uma espécie de teste nas quais são colocadas em jogo as representações sociais partilhadas de seu poder. A falta de êxito, como nesse caso, afeta a reputação do político.

Diante da situação, o prefeito decide procurar um parlamentar reconhecidamente com "força" na região. Este de fato é uma referência para os políticos locais, independentemente da vinculação partidária, o que sugere como sua reputação opera como um meio de acúmulo de mais capital pessoal. Fazendo jus à fama, o recurso solicitado para um projeto é liberado, mas o prefeito alega que se deparou com outra questão, a solicitação de uma comissão sobre o valor liberado efetuada por um emissário do parlamentar. Diante da situação, ele alega que não se "identificou" com o parlamentar e passou a recorrer a um senador do estado.

Se o malogro gera insatisfações, o atendimento dos pedidos contribui para consolidar os laços e o sentimento de obrigação com o "grupo político". No caso de um vereador da região serrana (PMDB), observa-se que a "confiança" em seu "grupo" é fruto da regularidade com que as "promessas" são cumpridas. Após listar uma série de investimentos efetuados pelo governo estadual no município, ele justifica a lealdade ao "grupo", no qual inclui um deputado federal e o governador, nos seguintes termos: "São pedidos que eu fiz através do deputado que foram aceitos. Eu não posso deixar agora o governador na mão, ou quem seja do grupo dele. Eu tenho que acompanhar, por uma questão de coerência". A relação com o deputado se estende por mais de 10 anos e diante da hipótese por mim levantada de apoiar simultaneamente outro candidato ele recusa enfaticamente a possibilidade ("Não seria legal, não faço isso não").

Como mencionado, as posições institucionais são valorizadas pelos políticos, entre outros aspectos, pelas possibilidades que oferecem de ampliar a distribuição de recursos e serviços sob a forma de favor. O acesso e controle de órgãos públicos constituem para os representantes políticos uma objetivação de seu poder político. Referindo-se a um deputado a quem apoiou, mas a quem não havia recorrido por não ocupar cargo político na ocasião, um ex-prefeito da região serrana ressalta: "Ele tem a força de três secretarias. Tem o poder de barganha muito grande".

Da perspectiva das relações entre os políticos, os órgãos públicos são avaliados, portanto, em termos de quem tem seu controle, se aliados ou adversários políticos. Da natureza dessas relações depende em grande medida a possibilidade de se utilizarem os serviços de determinado órgão. Este, por sua vez, longe de seu funcionamento aparecer como pautado por princípios universais, imparciais ou racionais (elementos que compõem o modelo weberiano da burocracia racional-legal), revela-se condicionado por essas relações que são ao mesmo tempo, como venho argumentando, políticas e pessoais.

Assim, ao se examinar os relatos efetuados por lideranças políticas locais sobre o funcionamento dos órgãos públicos observa-se que a leitura feita é frequentemente em termos dos contatos pessoais mantidos com deputados estaduais ou federais que os controlam. O ex-secretário de um município da região Centro-Norte dá um exemplo. Ele explica-me que "as ajudas do governo estadual" vêm especialmente sob a forma de obras. Mas a condição é que sejam autorizadas pelos deputados que têm o domínio do órgão público. Ex-funcionário do órgão estadual de estradas, ele lembra que diante de uma solicitação de um prefeito ou vereador a orientação dada pelos funcionários é: "Olha, você para conseguir, você tem que pedir a fulano [nome do deputado]". Outra evidência do controle dos órgãos pelos políticos e de seu uso político, aqui entendido como relacionado aos interesses daqueles que têm o seu controle, é fornecida por um ex-prefeito e deputado estadual. Convidado a assumir a Secretaria Estadual de Saúde, ele afirma que declinou, pois esta estava "toda loteada". Sua avaliação é de que haveria muito pouco espaço para realizar seu trabalho, uma vez que corria o risco de se restringir a "cuidar dos interesses de 10 a 12 deputados".

Onde o acesso e funcionamento dos órgãos da administração pública dependem das relações políticas e pessoais mantidas com aqueles que têm o seu controle, as nomeações para os cargos constituem uma manifestação de poder do político. Nomear pessoas de confiança é assegurar que o órgão será conduzido de um modo favorável ao político. Isso significa, por exemplo, que ele terá acesso ao mesmo e que os adversários não vão utilizá-lo de modo a prejudicá-lo. Por essas razões, na nomeação está em jogo também a própria reputação do político, sobretudo nas localidades em que ele é uma liderança política. Nessas situações, como explica um deputado federal (PFL-PE), é um fato "grave" quando o adversário indica para os cargos pessoas que "são contra": "É como se fosse uma espécie de desmoralização sua". A nomeação de um "adversário" é vivida como uma forma de invibialização de acesso ao órgão e algo que "constrange", uma vez que coloca publicamente em questão a "força" do político.

Já vimos que a avaliação das lideranças locais a respeito da reputação do parlamentar e de sua força política está relacionada ao resultado efetivo de seus pleitos. Mas se os parlamentares consideram a promoção dos interesses das lideranças locais junto à administração pública uma dimensão importante de seu trabalho como representantes, eles, porém, ressaltam a relatividade de sua eficácia. Descrevem-no como marcado mais por fracassos do que sucessos. Segundo o deputado (PFL-PE), a regra é não resolver as questões e sugere que apenas 10% dos pleitos têm solução favorável. A dificuldade para a liberação de recursos é também mencionada por outro deputado (PDT-SC): "Isso aqui não é para mim, isso aqui é muito difícil. Você luta muito por uma coisa e não consegue nada". Esses relatos apontam para a relativização do poder do parlamentar e o risco efetivo que suas reputações como representantes correm no momento em que se comprometem com os pedidos.[20]

CONCLUSÃO: O REPRESENTANTE POLÍTICO, O COLETIVO E O INDIVIDUAL

Os laços estabelecidos entre os representantes políticos, assim como as relações com eleitores ou com autoridades governamentais, constituem uma dimensão significativa do fenômeno da representação política. Como procurei acentuar, eles estão associados, entre outros aspectos, às práticas concebidas como de representação e à reprodução da própria condição de representante.

---

[20] As chances que têm os parlamentares de atender às demandas não são idênticas. Elas dependem de fatores como conhecimento do funcionamento da burocracia federal, contatos com funcionários e posicionamento em relação às diretrizes do Poder Executivo, isto é, a condição de "situação" ou "oposição" (Bezerra, 1999). Esse último fator é particularmente considerado pelas lideranças locais que acreditam que a condição de "situação" é um critério utilizado pelo Executivo na avaliação das solicitações dos parlamentares. Isso reforça a posição dos parlamentares "governistas" e mantém vivos os fenômenos do "adesismo" (Queiroz, 1976) e do "governismo" (Leal, 1975).

Esses laços e o trabalho de representação política que os sustenta não são, porém, devidamente compreendidos se se considera exclusivamente a representação oficial, isto é, estatal das atribuições do representante. Isso porque há o risco de se deixar de fora da análise tudo aquilo que diz respeito às práticas fundadas na convenção e que os representantes experimentam como a "realidade". A consideração das práticas e expectativas efetivas que norteiam a atuação dos representantes não deve, por sua vez, conduzir ao erro contrário de negar o lugar que as inserções e obrigações institucionais têm na estruturação de suas condutas. A percepção dos representantes sobre o poder ("força") entre eles é evidência nesse sentido. Assim, a partir do foco em determinadas situações procurei demonstrar como pode ser rentável para a compreensão das práticas cotidianas de representação política examinar como se articulam obrigações institucionais e pessoais.

A observação de situações em que os laços entre os representantes são reconhecidos como importantes (como presença nos municípios, eleições ou encaminhamento de interesses junto às burocracias governamentais) e de expectativas (como a prestação de serviços mútuos) e valores (como a lealdade e a reciprocidade) aos quais estão associados revela que esses laços se estruturam, ao mesmo tempo, em obrigações decorrentes de preceitos legais e de obrigações pessoais firmadas entre os representantes políticos em função da troca de serviços e bens sob a forma de favores. Conceber os laços políticos como laços também pessoais, no sentido aqui assumido, convida-nos a refletir de modo mais cuidadoso sobre o lugar que as solicitações, promessas, expectativas, concessões e recebimento de bens e serviços sob a forma de favores ocupam nas relações entre os representantes. Pelo que foi exposto pela literatura mencionada a respeito do modo como a distribuição de serviços e bens se inscreve nas práticas políticas, está claro que não é suficiente constatar sua existência. Mais do que uma espécie de princípio classificatório ou explicativo do "sistema político" ou do comportamento de políticos e eleitores, a distribuição e o recebimento de favores devem ser analisados no âmbito da história das relações e dos sistemas de julgamento em que ocorrem. Isso talvez possa ajudar a compreender melhor como se efetua o processo de mobilização e imobilização de pessoas no contexto das atividades políticas e o modo como se constrói a reputação dos representantes.

Propus também que uma parte do capital político do representante deve-se aos investimentos que faz em torno de sua reputação. As situações sociais e relações examinadas permitem sugerir que a reputação em seu sentido político — no contexto familiar, vizinhança, acadêmico ou esportivo certamente não tem o mesmo conteúdo significativo — varia em boa medida de acordo com a capacidade do político de distribuir benefícios, mediar demandas e realizar serviços que atendam a interesses coletivos (do estado, da região, do município, do grupo político etc.) e individuais (de um suposto eleitor, uma liderança política, um parente etc.). O que gostaria de destacar ao concluir é a observação de que as práticas de representação política examinadas envolvem processos de coletivização e individualização.[21]

Uma visão dominante do representante político nos contextos aqui considerados é a que o define como uma espécie de porta-voz dos interesses da população de uma determinada localidade (estado, região, município ou bairro). Mas se o representante existe como encarnação de um coletivo, nota-se que esse coletivo constitui de fato uma comunidade imaginada. Os contatos com essa população, quando existem, sobretudo dos representantes nacionais e estaduais, fazem-se através de suas redes pessoais e políticas ("grupos políticos"). Os laços com essa comunidade, porém, se objetivam especialmente através dos serviços, programas e obras promovidos. Esses são apresentados como benefícios para o conjunto da população. Nesse sentido, constituem uma forma de

---

[21] Para uma discussão sobre a apresentação e a percepção dos atos de protesto como coletivos e individuais, os sistemas de transformação do singular ao geral e a difícil relação entre os indivíduos como dotados de um corpo separado e os indivíduos como dotados de uma identidade por referência a um coletivo, ver Boltanski, Darré e Schiltz (1984).

construção do coletivo em nome do qual fala o representante. Mas também, tanto para a população quanto para o representante, são uma demonstração de reconhecimento desse coletivo. Para a população de uma localidade, o que parece valer é aquilo que é feito para as pessoas dali. Esse reconhecimento implica, por sua vez, um processo de individualização desses serviços e obras. Apesar de seu caráter público, os programas e as obras são publicamente apresentados como resultado da ação do representante. São uma demonstração pública da força, habilidade e prestígio do representante e de seu "grupo político". A vinculação do feito àquele que o patrocinou realiza-se através de inaugurações, associação de seu nome à obra ou serviço prestado (imprensa, comício, sites etc.) e placas comemorativas. Entender como esses processos de coletivização e individualização realizam-se no âmbito do fenômeno da representação política pode ser uma via para sua compreensão.

REFERÊNCIAS

AMES, B. *Os entraves da democracia no Brasil*. Rio de Janeiro: Editora da FGV, 2003.

BAILEY, F. G. *Gifts and poison*. The politics of reputation. Oxford: Basil Blackwell, 1971.

BANCK, G. A. Clientelism and Brazilian political process: production and consumption of a problematic concept. In: NAS, Peter J. M.; SILVA, P. (Ed.). *Modernization, leadership, and participation*. Netherlands: Leiden University Press, 1999.

BARREIRA, I. Campanhas em família: as veias abertas das disputas eleitorais. In: BARREIRA, C.; PALMEIRA, M. (Org.). *Política no Brasil*. Rio de Janeiro: Nuap; Relume-Dumará, 2006.

BEZERRA, M. O. *Em nome das 'bases'*. Política, favor e dependência pessoal. Rio de Janeiro: Nuap; Relume-Dumará, 1999.

BOLTANSKI, L.; DARRÉ, Y.; SCHILTZ, M.-A. La dénonciation. *Actes de la Recherche en Sciences Sociales*, n. 51, p. 3-40, 1984.

BOURDIEU, P. A representação política. Elementos para uma teoria do campo políticos. In: ____. *O poder simbólico*. Lisboa: Difel, 1989. p. 163-207.

BRIQUET, J.-L. *La tradition en movement*. Clientélisme et politique en Corse. Paris: Belin, 1997.

CANÊDO, L. B. A produção genealógica e os modos de transmissão de um capital político em Minas Gerais. *Revista do Colégio Brasileiro de Genealogia*, T. IV, n. 3, p. 9-37, 2003.

____. Caminhos da memória: parentesco e poder. Textos História, v. 2, n. 3, p. 85-122, 1994.

____. Herança na política ou como adquirir disposições e competências necessárias às funções de representação política (1945-1964). *Pró-Posições*, v. 13, n. 3 (39), p. 169-198, 2002.

CARVALHO, J. M. de. Barbacena: a família, a política e uma hipótese. *Revista Brasileira de Estudos Políticos*, n. 20, p. 153-193, 1966.

____. Mandonismo, coronelismo, clientelismo: uma discussão conceitual. *Dados*, v. 40, n. 2, p. 229-250, 1997.

COMERFORD, J. *Como uma família*. Sociabilidade, territórios de parentesco e sindicalismo rural. Rio de Janeiro: Nuap; Relume-Dumará, 2003.

DAMATTA, R. A família como valor: considerações não familiares sobre a família à brasileira. In: CARNEIRO, M. J.; PAULA, S. de (Org.). *Pensando a família no Brasil*. Rio de Janeiro: Espaço e tempo. Editora da UFRRJ, 1987. p. 115-136.

ELIAS, N. *A sociedade de Corte*. Lisboa: Editorial Estampa, 1987.

EISENSTADT, S.; LEMARCHAND, R. *Political clientelism, patronage and development*. Londres: Sage Publications, 1981.

GOLDMAN, M. Uma teoria etnográfica da democracia: a política do ponto de vista do Movimento Negro de Ilhéus, Bahia, Brasil. In: BARREIRA, C.; PALMEIRA, M. (Org.). *Política no Brasil*. Visões de Antropólogos. Rio de Janeiro: Nuap; Relume-Dumará, 2006. p. 203-226.

GRAHAM, R. *Clientelismo e política no Brasil do século XIX*. Rio de Janeiro: UFRJ, 1997.

GRILL, I. G. *"Heranças políticas"* no Rio Grande do Sul. São Luís: Edufma, 2008.

HEREDIA, B. A. Entre duas eleições. Relação político-eleitor. In: HEREDIA, B.; TEIXEIRA, C.; BARREIRA, I. (Org.). *Como se fazem eleições no Brasil*: estudos antropológicos. Rio de Janeiro: Relume-Dumará, 2002. p. 17-38.

____. Política, família e comunidade. In: PALMEIRA, M.; GOLDMAN, M. (Org.). *Antropologia, voto e representação política*. Rio de Janeiro: Contra Capa, 1996. p. 57-71.

____; PALMEIRA, M. O voto como adesão. In: CANÊDO, L. B. (Org.). *O Sufrágio Universal e a invenção democrática*. São Paulo: Estação Liberdade, 2005. p. 453-475.

KUSCHNIR, K. *O cotidiano da política*. Rio de Janeiro: Jorge Zahar, 2000.

LANDÉ, C. Introduction: the dyadic basis of clientelism. In: SCHMIDT, S. W. et al. (Ed.). *Friends, followers, and factions*. Berkeley: University of California Press, 1977. p. xiii-xxxvii.

LEACH, E. Dívidas, relações, poder. In: ____. *A diversidade da antropologia*. Lisboa: Edições 70, 1989. p. 143-167.

LEAL, V. N. *Coronelismo, enxada e voto*. São Paulo: Alfa-Omega, 1975.

LEWIN, L. *Política e parentela na Paraíba*. Um estudo de caso da oligarquia de base familiar. Rio de Janeiro: Record, 1993.

MAUSS, M. Ensaio sobre a dádiva. Forma e razão da troca nas sociedades arcaicas. In: ____. *Sociologia e antropologia*. São Paulo: EPU; Edusp, 1974. v. II, p. 37-184.

MARQUES, A. C. Política e questão de família. *Revista de Antropologia*, São Paulo, v. 45, n. 2, p. 417-442, 2003.

____. (Org.). *Conflitos, política e relações pessoais*. Fortaleza; Campinas: UFC; Pontes Editores, 2007.

PALMEIRA, M. Eleição municipal, política e cidadania. *Tempo e Presença*, n. 310, p. 7-15, maio/jun. 2000.

____. Política, facção e voto. In: ____; GOLDMAN, M. (Org.). *Antropologia, voto e representação política*. Rio de Janeiro: Contra Capa, 1996. p. 41-56.

_____; HEREDIA, B. Le temps de la politique. *Études Rurales*, n. 131-132, p. 73-87, 1993.

QUEIROZ, M. I. P. de. O mandonismo local na vida política brasileira. In: _____. *O mandonismo local na vida política brasileira e outros ensaios*. São Paulo: Alfa-Omega, 1976. p. 31-159.

RONIGER, L.; GÜNES-AYATA, A. *Democracy, clientelism, and civil society*. Colorado: Lynne Rienner Publishers, 1994.

SCHMIDT, S. W. et al. (Ed.). *Friends, followers, and factions*. Berkeley: University of California Press, 1977.

SIGAUD, L. Armadilhas da honra e do perdão: usos sociais do direito na mata pernambucana. *Mana*, v. 10, n. 1, p. 131-168, 2004.

STRICKON, A.; GREENFIELD, S. *Structure and process in Latin America*. Patronage, clientage and power systems. Albuquerque: University of New Mexico Press, 1972.

VILLELA, J. M.; MARQUES, A. C. Sobre a circulação de recursos nas eleições municipais no sertão de Pernambuco. In: HEREDIA, B.; TEIXEIRA, C.; BARREIRA, I. (Org.). *Como se fazem eleições no Brasil*: estudos antropológicos. Rio de Janeiro: Relume-Dumará, 2002. p. 63-101.

WEBER, M. *Economia y sociedad*. 2. ed. 7. reimp. México: Fondo de Cultura Económica, 1984.

WOLF, E. Parentesco, amizade e relações patrono-cliente em sociedades complexas. In: _____. *Antropologia e poder*. Brasília; São Paulo: Editora da UnB; Editora da Unicamp; Imprensa Oficial, 2003. p. 93-114.

POSFÁCIO

Odaci Luiz Coradini

De todos os aspectos da presente coletânea que poderiam ser tomados como ponto de partida para um posfácio, interessa particularmente destacar suas pretensões no sentido de marcar posição em termos teóricos e metodológicos. O autor do posfácio mantém uma perspectiva um tanto mais desencantada e crítica quanto aos eventuais efeitos e significados dessa ambição nas condições em pauta. Assim, na pior das hipóteses, o texto que segue pode servir como um esforço no sentido de ampliação das questões suscitadas e, portanto, para a discussão de alguns dos principais temas abordados pelos autores dos trabalhos aqui reunidos.

Nesse sentido, um dos pontos principais e mais gerais a destacar é que essa marcação de posição tem um caráter de confronto teórico e metodológico, ou seja, de contrapor concepções e ideias relativas às ciências sociais e possibilidades de colocá-las em prática. Ocorre que a importância e o significado de embates desse tipo, seja no âmbito das ciências sociais ou de qualquer outra área de conhecimento, dependem diretamente do seu grau de autonomia em face dos interesses e das pressões externas. Isso envolve uma série de problemas próprios de condições periféricas, aliados às particularidades da atual conjuntura brasileira, entre as quais se destacam: as condições de formação e de profissionalização e as modalidades de carreira de cientista social; as relações com aquilo que nas condições periféricas em geral e no Brasil é designado como "política", que inclui diferentes modalidades de acumulação de capital de relações sociais e de engajamentos e militâncias, assim como a ocupação de posições de mediação com instituições e organismos públicos; os processos de importação de esquemas teóricos e metodológicos, suas fontes diversificadas e suas relações com as políticas de incentivo ao ensino e à carreira nas ciências sociais. No caso específico da ciência política, como é retomado adiante, isso envolve de forma imediata e de modo particular os novos padrões de importação e os princípios de definição, com a especial imposição de algumas correntes norte-americanas, como o chamado modelo pluralista e a teoria democrática, entre outras.

Embora não possa ser detalhado num posfácio, diante das condições de geração das abordagens apresentadas e discutidas na presente coletânea, as características brasileiras de adoção ou adaptação são negativas. É interessante notar que, num artigo recente sobre o respectivo trajeto profissional para uma revista argentina (Coradini, 2010:160), o autor desse posfácio resume seu atual estado como submetido a dois tipos de terror completamente contraditórios entre si. O primeiro consiste na possibilidade de chegada a uma situação de não mais dispormos de condições físicas para continuar trabalhando com pesquisa em ciências sociais. O segundo terror é a possibilidade de algum aluno pretender ingressar e seguir esse tipo de carreira, sem qualquer chance de ser desenvolvida com as mínimas condições éticas e profissionais. O caso dos antigos alunos que já haviam ingressado em alguma carreira profissional vinculada às ciências sociais, embora tivesse vindo à mente, não é mencionado naquele artigo. Contudo, um lado positivo da presente coletânea é o de apresentar um conjunto de professores e pesquisadores em ciências sociais, em sua quase totalidade ex-orientandos de dissertação ou tese, visando marcar posição e difundir abordagens alternativas àquelas que prevalecem em nosso ambiente acadêmico. Certamente, deve haver muitos outros grupos ou indivíduos em condições e com intenções semelhantes em todo o Brasil, o que, à primeira vista, pode parecer animador.

Embora seja óbvio, é necessário destacar que essas abordagens, seja na ciência política ou no conjunto das ciências sociais, foram formuladas e são usadas tendo as atividades de pesquisa como sua própria razão de ser. Ou seja, trata-se da velha questão da autonomia desse tipo de atividade e de sua racionalidade própria, cuja exigência em condições como as brasileiras tende a ser vista, inclusive, como postura aristocrática. Mas há um ponto geral nas condições brasileiras, também abordado no mencionado artigo sobre o respectivo trajeto (Coradini, 2010), que deve ser destacado tendo em vista o que é apresentado adiante. Trata-se da ambivalência generalizada e sistemática que caracteriza qualquer discussão e uso de posições teóricas ou abordagens nas ciências sociais em condições em que qualquer tomada de posição corre o risco de acabar sendo dissolvida por clivagens e oposições que não têm os problemas analíticos como principal princípio de definição e de delimitação.

Essas clivagens e oposições têm como base as divisões em redes de disputa e trocas recíprocas pela ocupação de cargos no *spoil system* ao qual o ensino e a pesquisa no Brasil se subordinam e com o qual interagem, seja através das associações, das burocracias universitárias ou de cargos em organismos públicos em geral. Adiciona-se a isso o problema da inserção profissional e do controle das regras e dos recursos de apoio à pesquisa.

Nesse tipo de problema, a primeira condição para algum avanço é sua formulação em termos concretos, evitando, assim, não apenas as generalidades, mas também as idealizações relativas à formação e à prática das ciências sociais. Nesse ponto, a hipótese que tem sido das mais férteis é a de que, em condições periféricas, o problema central não está no maior ou menor grau de "atraso" ou de "avanço" e nem na quantidade ou na eficácia social e política da importação, adaptação e incorporação de ciência e tecnologia ou de modelos culturais. O problema central é que as lógicas de ação em que os controladores dos processos envolvidos se inscrevem consistem no inverso daquelas dos centros ocidentais. Certamente, é devido a isso que, além da mencionada ambivalência que caracteriza esse meio, todos os trabalhos de análise mais desencantados sobre os usos das ciências sociais são de autoria de estrangeiros (por exemplo, Pécaut, 1990; Saint-Martin, 1988) ou de "desenraizados" (Sigal, 1996).

No que tange às relações entre ensino e expectativas de carreira, inclusive as definições oficiais das carreiras vinculadas às ciências sociais no Brasil, essas acabam constituindo aglomerados de ocupações ou de atividades de natureza completamente distintas e, pior, incomensuráveis. Geralmente, essas atividades incluem desde o magistério de moral cívica ou algo semelhante para os graus pré-universitários de ensino ou em alguma disciplina das próprias ciências sociais no ensino superior, até atividades associadas à militância de *expertise* em organizações de defesa de interesses ou em organismos públicos (as chamadas assessorias ou consultorias), entre outros. Porém, sem um tipo definido ou investimentos significativos (materiais e institucionais) para a constituição de carreiras de pesquisador em ciências sociais.

No que tange aos formuladores e controladores das regras de acesso e dos recursos, as condições para o tipo de ciências sociais proposto na coletânea são ainda muito mais hostis e, devido à sua complexidade, somente pode ser exposta uma rápida síntese. O primeiro ponto a destacar é que, apesar do relativo aumento do montante global de recursos destinados à ciência e tecnologia no Brasil no período recente, sua quase totalidade consiste naquilo que é classificado como "pesquisa induzida" (em oposição à "universal") e, inclusive, sob a responsabilidade de diferentes ministérios e organismos públicos. O segundo ponto, que é o mais importante para o que está em questão, é que, devido às mencionadas lógicas de ação invertidas, as áreas ou disciplinas ou suas definições que não visam à "aplicação prática" não cabem nas definições oficiais. Por exemplo, nos centros ocidentais qualquer definição da sociologia ou das ciências sociais em geral comporta sua atribuição como componentes das ciências básicas (Bourdieu, 1984), em oposição àquelas de aplicação "prática" (medicina, direito). Ao contrário, o que temos é que, mesmo em documentos mais manifestadamente dirigidos para o universo escolar (como os planos de pós-graduação), nas definições e justificativas de áreas como as ciências sociais fica evidente sua completa falta de razão de ser e, consequentemente, sua ambivalência. Desse modo, acabam tendo como principal justificativa sua suposta condição de difusor de moral cívica, de formação de militância de *expertise* e de mediação cultural (MEC/Capes, 2004:49).

Há ainda outro ponto que deve ser rapidamente mencionado como um condicionante básico, que também é objeto de um trabalho específico (Coradini, 2013) e está mais diretamente relacionado com as regras de acesso e de distribuição de recursos de apoio à pesquisa. Como constatado e exposto naquele trabalho, no que tange ao CNPq (a princípio vinculado à pesquisa "universal"), essas regras constituem a projeção imediata e sistemática da condição de ocupante de cargo "político" no *spoil system* brasileiro. Assim, os recursos escolares, como as publicações especializadas e a orientação nos cursos de pós-graduação, somente têm maior importância na entrada ou no grau mais baixo da hierarquia. Na medida em que se eleva na hierarquização, vai aumentando o peso e a importância da ocupação de cargos "políticos", seja nas burocracias universitárias, em organismos públicos em geral e nas associações das áreas ou outros tipos de organização e defesa de interesses, tudo isso de modo interdependente.

Em síntese, o capital escolar somente tem alguma importância no início e, assim mesmo, na medida em que estiver relacionado com o capital de relações sociais (Coradini, 2011). A importância desse tipo de capital cresce de modo diretamente proporcional à respectiva posição na hierarquia das instâncias que formulam e controlam essas regras, cujos controladores ostentam carreiras de ocupantes desses tipos de cargos e um *éthos* de valorização dos mesmos como uma "realização profissional".

Há um último ponto geral que não pode deixar de ser abordado, mesmo que sinteticamente. Os posicionamentos assumidos no conjunto dos textos não se situam apenas no âmbito do conjunto das ciências sociais, mas particularmente distinguindo-se de vertentes hegemônicas da ciência política brasileira, área de formação da maioria dos autores. A principal razão pela qual esse ponto é importante decorre do fato de as abordagens apresentadas e propostas terem na autonomia do espaço escolar uma condição decisiva. Embora não seja uma exclusividade, essa disciplina não representa apenas um grau extremo de submissão às lógicas de ação e interesses externos, mas, inclusive, da falta de condições para a própria formulação e admissão disso como um problema legítimo.

Mas, como algumas das condições da ciência política são comuns ao conjunto das ciências sociais, enquanto outras são específicas, cabe mencionar prévia e rapidamente algumas dessas condições mais gerais. Num trabalho de investigação empírica sobre o conjunto dos professores de cursos de pós-graduação em ciências humanas e sociais no Rio Grande do Sul, foi perseguida a hipótese conforme a qual, nas condições periféricas em pauta, esses professores ocupam a posição de mediadores culturais. Essa mediação ocorre entre os polos centrais e periféricos e, simultaneamente, entre as diferentes esferas de atividades e modalidades de engajamento e formulação e defesa de interesses e esquemas de classificação (Coradini, 2005). Essa hipótese se demonstrou muito fértil e posteriormente outras tendências complementares a reforçaram. A principal dessas tendências é que, com o fim do período autoritário e o crescimento da intervenção de políticas governamentais e de organizações filantrópicas em diferentes esferas e o aparecimento ou reforço social e político de novas "questões", não apenas a posição de mediação ganhou força, mas também suas fontes de recursos institucionais e financeiros.

Acontece que, como já mencionado, a quase totalidade desses recursos consiste em investimentos em pesquisa por "indução" (não "universais"). Consequentemente, há o reforço da tendência de condicionamento do acesso aos recursos conforme a subordinação às temáticas e aos problemas política e ideologicamente já formulados e impostos. Mais que alguma "agenda" como alguma lista temática, a própria formulação das "questões" conforme os princípios e critérios de definição de problemas social e politicamente constituídos, de acordo com a estrutura de mediação do momento e de suas relações com o *spoil system* brasileiro, passa a ser a condição básica para o acesso aos recursos.

Outras das principais consequências disso é que aquilo que à primeira vista poderia parecer mera expansão e diversificação de investimentos em pesquisa envolve uma perspectiva promocional, ou seja, as ciências sociais são postas a serviço da consagração e difusão. Além do atestado de "justeza" de determinadas posições, associadas a definições de "problemas" social e politicamente já constituídos, estas chegam ao ponto de ser explícita e legitimamente formuladas em publicações em nome de suas diferentes disciplinas. É claro que isso está associado aos respectivos trajetos dos controladores das instâncias que geram e controlam as regras, que em geral constituem uma sucessão de ocupação de cargos em associações e em burocracias públicas. Mas isso também está diretamente presente na própria linguagem desse meio, permeada por categorias como "inserção", "líder", "inovação" e tantas outras, todas indicando para posições de mediação ou de "empresário político", assim como para a associação com ideologias afins com algum tipo de capitalismo de gestão.

Evidentemente, a ciência política no Brasil compartilha dessas tendências, mas, como mencionado, mantém algumas particularidades que devem ser brevemente mencionadas. Já foi constatado para o conjunto da América, uma das principais divisões entre os sociólogos e os cientistas políticos na "transitologia" consiste no apego dos primeiros aos "movimentos sociais" e a problemas de identidade e, dos segundos, às "elites" e regimes políticos (Combes, 2004).

Indo além, aquilo que em geral é classificado como ciência política no Brasil constitui um conglomerado compósito, no qual se sobressaem pelo menos três grandes temas empíricos e eixos de discussões de problemas de ordem "prática", social e politicamente constituídos. O primeiro consiste na importação e adaptação de doutrinas de moral cívica, dirigidas para diferentes públicos; o segundo consiste em estudos de mercadologia, decorrente particularmente do caráter mercadológico dos processos eleitorais e dos levantamentos de opiniões e interesses envolvidos; por fim, em terceiro lugar se destacam as preocupações com diferentes formas e versões de engenharia institucional.

É claro que esses grandes temas e preocupações interessadas estão diretamente associados a determinadas posições teóricas, em modalidades e graus diferenciados, cujos meandros não podem ser expostos aqui. Porém, há um problema geral que atravessa todos esses temas e perspectivas que não pode deixar de ser mencionado e que está na base de muitos mal-entendidos. Trata-se da própria noção de racionalidade subjacente e de suas relações com a axiologia.

Como é sabido, os esquemas analíticos e abordagens referidas nessa coletânea pressupõem uma racionalidade própria para as ciências sociais — de natureza distinta, portanto, daquelas das lógicas de ação presentes nos processos sociais. Não é por acaso que, por exemplo, uma revista com muito sucesso escolar, embora não necessariamente em termos comerciais, como a Politix, tenha adotado o subtítulo de "Revista de Ciências Sociais do Político"; ou seja, o fenômeno político como objeto. Como também é sabido, os esquemas hegemônicos na ciência política e nas filosofias subjacentes tomam a racionalidade das ciências sociais ou da ciência política como redutível àquela dos "atores" estudados, como um prolongamento instrumental melhor informado. Nesse sentido, além das tecnologias de manipulação de relações (particularmente aquelas provenientes de esquemas "pluralistas" com origens numa formação social liberal e puritana e importadas e adaptadas para uma situação neopatrimonial) como um dos casos exemplares, pode ser destacada no Brasil a junção da ciência política com os estudos de relações internacionais, anteriormente integrados aos cursos de direito, ou seja, uma disciplina por definição normativa.

Em síntese, trata-se de tecnologia de intervenção em problemas já social ou politicamente constituídos ou de constituição ou reformulação de outros, porém, sempre tomando as bases ontológicas já dadas, seja em nome de algum "pluralismo", de alguma "teoria democrática", do "comportamentalismo" ou de outra filosofia social. Assim, qualquer discussão teórica ou conceitual enfrenta o problema elementar de sua razão de ser, visto que não são apenas teorias e conceitos que entram em pauta, mas as próprias concepções de sociedade e de ciências sociais e as justificativas para sua existência.

Porém, ao contrário do que geralmente é difundido, isso não decorre apenas do deslocamento dos centros europeus para os norte-americanos como fonte de importação. Apesar da força das correntes centradas em problemas normativos como a "democracia", a própria ciência política norte-americana é completamente dividida e perpassada por conflitos incomensuráveis, como foi descrito inclusive por um de seus principais representantes (Almond, 1997). Além disso, o fato de algumas correntes com origem norte-americana terem se tornado dominantes no Brasil, como o "pluralismo", não significa que ocorra o mesmo lá. É interessante notar que posições como a do cientista político Theodore Lowi (1992) — simultaneamente como presidente da American Political Science Association —, escandalizado com a submissão da agenda da ciência política às políticas governamentais nos Estados Unidos, apesar de traduzidas no Brasil, não despertam maiores interesses.

Em suma, é bem provável que isso decorra do fato elementar de que qualquer interesse depende de determinadas condições para sua formulação e apresentação. Assim, a questão central na presente coletânea é saber quem tem interesse no tipo de discussão de esquemas e abordagens aqui proposta, já que as ciências sociais no Brasil estão ancoradas em organizações e redes formadas e mantidas com base no capital de relações sociais. Desse capital de relações sociais depende, inclusive, a ocupação de cargos nas burocracias universitárias ou governamentais em geral e nas instâncias de consagração.

O capital escolar e inclusive as ciências sociais podem, no máximo, servir de instrumento auxiliar na entrada. Talvez reste o consolo da possibilidade de que posições divergentes como as propostas aqui possam constituir uma espécie de "nicho" com direito à existência, sendo respeitável e elogiável em termos escolares, mas subordinado em termos institucionais e quanto ao acesso a recursos. De modo semelhante ao que ocorre com outros temas e abordagens sem maiores recursos em termos de capital de relações sociais ou "políticos", como se diz nesse meio. Contudo, o maior obstáculo para que esse tipo de "nicho" tenha algum sucesso decorre da própria natureza dos recursos em confrontos.

No entanto, as práticas sociais que estão na base da acumulação de capital de relações sociais não são apenas de natureza distinta ou divergente dos princípios e das regras estritamente escolares. As lógicas de ação envolvidas na acumulação de capital de relações sociais e na ocupação de cargos têm como um dos principais efeitos a formação de redes de dependência recíproca em cascata. Isso tem como consequência direta a já mencionada ambivalência generalizada. Essa ambivalência decorre da cumplicidade também generalizada que esse tipo de situação provoca. Na medida em que isso ocorre, torna-se muito desafiador realizar confrontos com base em princípios de ordem teórica ou metodológica, como se propõe a presente coletânea.

REFERÊNCIAS

ALMOND, G. A. Les tables séparées, écoles et sects dans la science politique américaine. *Politix, Revue des Sciences Sociales du Politique*, n. 40, p. 39-57, 4eme. trim. 1997.

BOURDIEU, P. *Homo academicus*. Paris: Les Editions de Minuit, 1984.

COMBES, H. De la politique contestataire à la fabrique partisane: le cas du parti de la révolution démocratique au Mexique. Thèse (doctorat) — Université Paris III, Paris, 2004.

CORADINI, O. L. A condição em falso: sobre um trajeto de professor e pesquisador em ciências sociais no Brasil. *Espacios en Blanco*, Buenos Aires, n. 20, p. 129-163, jun. 2010.

_____. Formation et insertion professionnelles des professeurs des sciences humaines et sociales au Rio Grande do Sul. *Cahiers du Brésil Contemporain*, Paris, n. 57/58-59/60, p. 223-259, 2005.

_____. Os professores de ensino superior como posição social, segmentação interna e relações com os centros internacionais. In: CANÊDO, L. B.; TOMIZAKI, K. A.; GARCIA, A. *Estratégias educativas das elites brasileiras na era da globalização*. São Paulo: Hucitec, 2013.

_____. Titulação escolar, mercado e capital social na hierarquização escolar: as relações entre a obtenção do título de doutor em sociologia e o ingresso na carreira. *Revista Pós Ciências Sociais*, n. 15, p. 39-53, 2011.

LOWI, T. The State in political science: how we become what we study. *American Political Science Review*, v. 86, n. 1, p. 1-7, 1992.

MEC/CAPES. Plano de Pós-Graduação (PNPG) 2005-2010. Brasília: Capes, 2004. Disponível em: <www.capes.gov.br/images/stories/download/editais/PNPG_2005_2010.pdf>. Acesso em: 10 ago. 2011.

PÉCAUT, D. *Os intelectuais e a política no Brasil*: entre o povo e a nação. São Paulo: Ática, 1990.

SAINT-MARTIN, M. de. À propos d'une rencontre entre chercheurs; Sciences sociales et politique au Brésil. *Actes de la Recherche en Sciences Sociales*, n. 71-72, p. 129-134, mars 1988.

SIGAL, S. *Le rôle des intellectuels en Amérique Latine*: la dérive des intellectuels en Argentine. Paris: Harmattan, 1996.

SOBRE OS AUTORES

Eliana Tavares dos Reis
Doutora em ciência política. Professora e pesquisadora da Universidade Federal do Maranhão (UFMA), vinculada ao Departamento de Sociologia e Antropologia e ao Programa de Pós-Graduação em Ciências Sociais. Coordena o Laboratório de Estudos sobre Elites Políticas e Culturais e integra o comitê editorial da *Revista Pós Ciências Sociais*. Desenvolve pesquisas na área de sociologia política, com ênfase em estudos de configurações propícias para a intervenção política militante e dos condicionantes e repertórios de afirmação de elites culturais. Publicou diversos artigos em revistas acadêmicas e em coletâneas sobre elites políticas e culturais.

Ernesto Seidl
Doutor em ciência política. Professor do Programa de Pós-Graduação em Sociologia e do Programa de Pós-Graduação em Antropologia da Universidade Federal de Sergipe (UFS). Coordenador do Laboratório de Estudos do Poder e da Política e pesquisador do CNPq. Atua na área de sociologia do poder e das elites e de processos de politização. Autor de: Recomposição do episcopado brasileiro e a autoridade de Roma. In: CANEDO, L. B.; TOMIZAKI, K. A.; GARCIA, A. *Estratégias educativas das elites brasileiras na era da globalização* (Hucitec, 2013); *Caminhos que levam a Roma*: recursos culturais e redefinições da excelência religiosa, Horizontes Antropológicos (2009); e coautor da coletânea *Peças e engrenagens dos jogos políticos no Brasil* (Oikos/EDUFMA, 2012).

Fabiano Engelmann

Doutor em ciência política. Professor do Programa de Pós-Graduação em Ciência Política da Universidade Federal do Rio Grande do Sul. Atua nas áreas de sociologia política, recrutamento e formação de elites, Judiciário e política. Autor de: *Sociologia do campo jurídico*: juristas e usos do direito (Sergio Antonio Fabris Editor, 2006); Los abogados de negocios y la Rule of Law en el Brasil en las décadas del 90 y 2000, Política — *Revista de Ciência Política de la Universidad del Chile* (2011); Globalização e poder de Estado: circulação internacional de elites e hierarquias do campo jurídico brasileiro, *Dados* (2012).

Fernanda Rios Petrarca

Doutora em sociologia. Professora do Programa de Pós-Graduação em Sociologia da Universidade Federal de Sergipe (UFS). Atua na área de sociologia política, com ênfase nas carreiras e disputas profissionais. Autora de: Construção do Estado, esfera política e profissionalização do jornalismo no Brasil, *Revista de Sociologia e Política* (2010) e Direitos humanos se conquistam na luta: igualdade racial, ativismo jurídico e defesa de causas coletivas no Rio Grande do Sul, *Sociedade e Estado* (2011).

Igor Gastal Grill

Doutor em ciência política. Professor do Departamento de Sociologia e Antropologia e do Programa de Pós-Graduação em Ciências Sociais da Universidade Federal do Maranhão (UFMA). Bolsista de Produtividade em Pesquisa da Fundação de Amparo à Pesquisa e Desenvolvimento Científico do Maranhão (Fapema) e coordenador do Laboratório de Estudos sobre Elites Políticas e Culturais. Atua na área de sociologia política, com ênfase em estudos sobre lógicas do recrutamento e especialização de elites políticas e interseções entre política e cultura. Publicou diversos artigos em periódicos acadêmicos, organizou coletâneas e é autor do livro *Heranças políticas no Rio Grande do Sul* (Edufma, 2008).

Marcos Otavio Bezerra

Doutor em antropologia social. Professor da Universidade Federal Fluminense (UFF). Membro do Núcleo de Antropologia da Política (Nuap) e pesquisador do CNPq. Atua nas áreas de antropologia do Estado e da política. Autor de: *Corrupção*: um estudo sobre poder público e relações pessoais no Brasil (Relume-Dumará, 1995); *Em nome das 'bases'*: política, favor e dependência pessoal (Relume-Dumará, 1999) e do livro coletivo *Política, governo e participação popular*: conselho, orçamento participativo e outras experiências (7Letras, 2012).

Odaci Luiz Coradini

Doutor em antropologia. Professor do Departamento de Ciência Política e do Programa de Pós-Graduação em Ciência Política da Universidade Federal do Rio Grande do Sul (UFRGS). Atua na área de sociologia política, com ênfase em estudos sobre elites culturais e políticas e ensino universitário. É autor de: *Em nome de quem?* Recursos sociais no recrutamento de elites políticas (Relume-Dumará, 2001); Associative/union commitment and recruitment of political elites: recent trends in Brazil, *International Journal of Contemporary Sociology* (2007); The divergences between Bourdieu's and Coleman's notions of social capital and their epistemological limits, *Social Science Information* (2010).

Wilson José Ferreira de Oliveira

Doutor em antropologia social. Professor do Programa de Pós-Graduação em Sociologia e do Programa de Pós-Graduação em Antropologia da Universidade Federal de Sergipe (UFS). Atua nas áreas de etnografia política, engajamento e militância política, Estado e políticas públicas e partidos políticos. É autor de: Gênese e redefinições do militantismo ambientalista no Brasil, *Dados* (2008); Engajamento político, competência e elites dirigentes do movimento ambientalista, *Revista de Sociologia e Política* (2008); Posição de classe, redes sociais e carreiras militantes no estudo dos movimentos sociais, *Revista Brasileira de Ciência Política* (2010).

Impresso nas oficinas da
SERMOGRAF - ARTES GRÁFICAS E EDITORA LTDA.
Rua São Sebastião, 199 - Petrópolis - RJ
Tel.: (24)2237-3769